경계인 김건후
金鍵厚, Ching Chien-heo, Herbert Kim, Герберт Ким

경계인 김건후
金鍵厚, Ching Chien-heo, Herbert Kim, Герберт Ким

엮은이 **김재원**

경인문화사

콜로라도 광산대학을 졸업하고 컬럼비아 대학원에 입학한 허버트 김(1928년 경).

| 추 천 사 |

역사학자들의 노력과 성과에 감탄할 때가 많다. 지나간 시대를 복원해 내고 평가하여, 미래 시대를 열어갈 지혜를 제시해 주는 경우가 그렇다. 감동적일 때도 많다. 한 개인의 삶을 되살려내고, 고난과 시련을 견디어 낸 인물을 통해 삶의 강인함과 역동성을 갖게 만드는 경우가 그렇다. 『잊혀진 이름, 잊혀진 역사』의 주인공인 김건후가 그러한 예일 것이다.

김건후는 독립운동 시기에 살았던 수많은 인물 중 한 사람이었다. 나라를 빼앗겼을 때, 그리고 빼앗긴 나라를 되찾기 위해 독립운동을 벌이던 시기에 민족 구성원 대다수는 엄청난 고난과 시련을 겪었다. 국내에서 일제의 직접 통치하에 있던 국민들의 삶도 엄청난 고통이었고, 해외로 이주하거나 독립운동을 전개하던 인사들도 힘겹고 생명을 보장할 수 없는 삶을 살아야 했다. 김건후도 그런 삶을 살았던 사람 중 하나였다.

객관적으로 보면, 김건후의 삶은 특별한 것은 아니다. 그 시대에 살던 사람들이 흔히 겪었을 그러한 삶이었다. 특별하게 이름을 남기거나 기억하기도 어려운 인물이다. 그의 아버지 김홍서가 흥사단과 대한민국 임시정부 등에서 중요한 지도자로 활동했던 인물이지만, 그가 김건후란 아들을 두고 있었다는 것도 제대로 알려지지 않았다. 알려진 인물이 아니라고 해서 역사적인 의미가 없는 것은 아니다. 김건후의 행적은 식민지시기에 겪었던 민족구성원들의 생활상과 삶의 모습을 이해할 수 있는 사례로, 중요한 역사적 의미가 있다고 하겠다.

　김건후는 다양한 경험과 파란만장한 삶을 살았다. 어린 나이에 독립운동가인 아버지를 따라 중국으로 갔고, 남경에서 대학까지 다녔다. 중국 국적으로 미국에 유학하여 광산학을 전공했고, 미국여인과 결혼했다. 어찌보면 평안한 삶을 살 수 있었지만, 소련으로 이주하면서 그의 삶이 뒤틀렸다. 소련에서 광산의 엔지니어로 활동하던 중 간첩혐의로 체포되었고, 5년여 동안 수용소와 감옥에 갇혀 있어야 했다. 강제노동을 하였지만, 삶과 죽음을 오가는 차마 견뎌내기 어려운 간고한 삶이었다. 국가와 정부, 어느 누구의 도움도 받을 수 없었다. 그것이 식민지시기에 한국인들이 처해있던 실상이었다.

　소련의 감옥에서 풀려났다. 아버지와 친분이 있던 소련주재 중국대사의 도움이 있었다. 다시 중국으로 가 감숙성에서 광산개발 업무를 하다가 해방된 조국으로 돌아왔다. 미군정청의 통역과 조선중석에서 일하며 안정을 찾았다. 미국에 출장하여 부인과 아들을 만났지만, 미국인 아내는 한국에 갈 수 없다고 하여 합의이혼을 했다. 이후 정정식이란 여인과 재혼을 하여 가정을 꾸렸지만, 8개월만에 6·25전쟁이 일어나 납북되고 말았다.

　김건후의 삶은 식민지와 독립운동, 해방과 6·25전쟁으로 이어지는 격동의 시기에 한국인이 살았던 삶의 한 모습이다. 누구에게나 있을 법한 일이었지만, 그야말로 파란만장한 삶이 아닐 수 없었다. 이러한 김건후의 행적과 삶의 모습이 역사학자들에 의해 세상에 드러나게 되었다. 더욱 감동적인 것은 따님인 김재원 교수의 애절함이다. 납북당한 후 태어나 얼굴조차 본 일이 없는 아버지의 흔적을 찾아 나섰고, 러시아·카자흐스탄 등지를 다니면서 아버지의 편린들을 조각조각 찾아낸 것이다.

　　김건후의 행적과 삶은 역사이다. 한 개인의 역사이기도 하고, 식민지와 독립운동 시기에 한국인들이 겪었던 한 부분을 이해할 수 있는 역사이기도 하다. 김건후의 삶은 후대들에게 큰 울림을 주기도 한다. 소련의 감옥과 수용소에서 견뎌내고 살아남은 이야기를 통해 삶에 대한 원초적인 감동을, 삶의 역정을 통해 한국인의 강인함과 원동력을 느끼게 만든다. 이 책은 김건후란 한 개인의 작은 역사이지만, 독자들에게 커다란 울림과 감동을 안겨줄 것으로 기대된다.

2024년 9월

한시준 전 독립기념관장

| 책머리에 |

    20세기 초, 전 세계를 뒤흔든 이념적, 정치적 격동 속에서 굴곡진 시대를 관통하며 살았으나, 잊혀진 역사 속으로 사라져버린 김건후金鍵厚, Ching Chien-heo, Herbert KIM, Герберт Ким라는 한 인물이 던지는 서사敍事의 의미를 이 논문집에서 고찰하였다.
    나라를 잃어 갈 곳 없는 디아스포라가 되어버린 나의 아버지 김건후의 흔적을 찾아 2016년 봄, 안개 낀 터널로 들어서면서 과연 이 터널을 통과할 수 있을지, 터널의 끝에서 환한 빛과 만날 수 있을지 아무런 확신도 기대도 가질 수 없었다. 그러나 한편으로는 아버지의 삶이 우리나라 근대사의 불행을 처절하게 담고 있을 것이란 막연한 짐작은 하고 있었기 때문에, 어디서든 그의 흔적을 찾아낼 수 있지 않을까 하는 가느다란 희망은 지니고 있었다. 한국에서 김건후로 태어난 그는 중국 국적을 획득하면서 친 치엔허가 되었고, 미국에 도착하여 청년 허버트 김으로 새로운 삶을 시작하였다. 그러나 미국 대공황은 학업을 마친 그를 소련으로 내몰았고, 소련에서 허버트 김은 러시아식으로 게르베르트 김으로 불렸다. 그의 이 여러 이름들은 그가 겪은 역경을 그대로 반영한다. 식민지가 되어버린 조국, 어린 나이에 독립운동가 부친을 따라 중국으로 떠난 망명, 상해 한인 망명가족의 궁핍한 삶, 낯설었던 남경에서의 학창시절, 한인 고학생의 미국유학, 소련에

서 겪은 외국인 광산 엔지니어로서의 삶, 스탈린의 대숙청과 그의 시베리아 강제수용소 수인생활, 일본의 대륙침략과 동북아의 변화, 세계 최초로 이념적 대립투쟁의 현장이 된 해방기의 한국, 한국전쟁 발발과 납북 - 그가 겪어야 했던 이 모든 역경은 조국을 잃은 한 지식인이 짊어져야 했던 모진 운명이었다. 그의 삶은 한반도를 둘러싼 격동의 현대사에서 한 무력한 개인이 겪어야 했던 처참한 현장과 희생과정을 생생하게 보여준다. 결국 그는 강대국의 제국주의와 전쟁의 피해자였다. 결코 잊혀져서는 안될 우리의 역사다. 과거를 돌이켜보고 정확하게 기억하는 것은 미래를 향해 가고 있는 현재의 소중한 자산이라 믿는다.

2022년 초에 출간된 『잊혀진 이름, 잊혀진 역사: 김건후, 칭치엔허, 허버트 김, 게르베르트 김』(푸른사상사)은 안개 낀 터널 속에서 찾아낸 김건후 관련 자료들을 모아 엮은 것이다. 그의 비극적 삶에 관한 그와 지인들의 육성이 담겨있다. 버치Leonard Bertsch가 언급한대로 미국이민이라는 유혹을 뿌리치고, 애타게 그리던 가족과의 결별을 감수하면서까지 되돌아온 조국에서 김건후는 불행하게도 "그가 꿈꾸던 명예롭고 국민에게 헌신적인 정권"을 만나지 못했다. 그는 "독립적 영혼이었고, 최고의 교육과 경험을 쌓은 광산 엔지니어"였다. 그리고, "그는 자신의 아버지로부터 물려받은 타고난 애국자"였다. 김건후는 자신이 겪었던 억울한 역경에 분노하기보다 다시 주어진 생명에 대한 감사의 마음으로 앞으로의 생을 새로 독립한 조국을 위해 봉사하겠다고 다짐하였었다. 오직 그는 조국의 재건과 번영에 헌신하고자 하였던 것이다. 그러나 그는 정의로운 조국에서 곧 태어날 아이를 키우며 광산 전문가로서 헌신하고 봉사할 날이 올 것이라는 희망을 가슴에 묻은 채 전쟁에 내몰려 무가치한 이념대립의 두 번째 희생 제물이 되어 영원히 사라져 버렸다.

　아버지의 모진 운명을 확인하려는 딸의 안갯속 여정은 아직 끝나지 않았고 끝낼 수도 없다. 그러나 그가 안개처럼 사라져버린 한국 전쟁 이후의 그의 흔적을 찾아나선다는 것은 현재 한반도의 분단상황에선 불가능에 가깝다. 여기에서 그의 흔적을 찾아 헤매는 안개 속 여정을 일단 마무리해야 함을 알고 있다.

　그리하여 이번 프로젝트는 그의 삶과 그가 살았던 시대적 상황의 유기적 관계에 관한 객관적이고 학문적인 관찰과 분석에 집중하고자 하였다. 김건후 프로젝트의 처음 의도는 그의 이동궤적(한국, 중국, 미국, 러시아)을 따라 그가 처했던 시대적 상황과 그의 개인적 삶의 상관관계에 천착하려는 것이었다. 그러나 새로이 발견한 자료들을 묶어 자료집을 먼저 출간하였다. 자료집 출판 후, 처음의 의도로 되돌아가, 일찍이 독립운동에 투신하신 부친 김홍서를 따라 조국을 떠나가 성장기를 보낸 남경시기부터, 미국 유학시기, 강제수용소 억류기간을 포함한 소련 체류시기, 석방 후 광산의 총공정사로 활동한 중국 체류기, 그리고 해방공간에 이르기까지 그의 행적을 시기별로 대분하여 김건후가 겪어낸 시대적 상황과 그의 삶의 연관성을 추적하였다. 한국, 미국, 카자흐스탄의 총 일곱 분의 저명한 전문학자들 — 김광재 박사, 윤은자 교수, 유승권 교수, 쿠로미야 교수, 아르튝바예브 교수, 카세노바 박사, 이승희 교수 — 이 김건후라는 한 인물의 개인사를 통한 근대사 연구에 열정적으로 집중하였다. 100여년 전에 동아시아에, 그리고 한반도에 불어 닥친 정치적 격랑에 맞닥뜨려야 했던 한 인물의 개인사적 서

사는 자칫 관련학자들의 관심 밖 주제일 수도 있었겠으나, 집필진은 그간 모아진 김건후 관련자료와 자신들이 축적해온 해박한 전문지식으로 충실한 연구결과를 도출해 내었다.

    그들은 풍부한 전문 지식과 경험을 축적하였으나 안타깝게도 새로운 한국의 재건을 위해 봉사할 기회마저 만나지 못했던, 파란 많은 기구한 삶을 살았던 한 한국인 광산 엔지니어의 삶의 의미를 새로이 조명하고 역사적으로 해석하였다. 논문집 집필에 참여한 모든 학자들께 결코 잊지 못할 감사의 마음을 가지고 있다. 특히 미주리대학 한국학 연구소에서 가진 이 프로젝트에 관한 첫 토론 때부터 '김건후의 미국'에 깊은 관심을 가지고 자료 수집에 적극 도움을 주신 유승권 교수와, 스탈린의 대숙청 시기 연구의 최고 권위자로 2017년부터 줄곧 '소련에서의 허버트 김'에 깊은 관심을 가지고 자료수집에 많은 조언과 지도를 아끼지 않았고, 『잊혀진 이름, 잊혀진 역사, 김건후, 칭치엔허, 허버트 김, 게르베르트 김』의 서문을 맡아주셨던 쿠로미야 교수, 카자흐스탄 내무부 문서보관소에 소장되어 있던 게르베르트 김의 재판기록에 접근할 수 있도록, 게르베르트 김의 구속 전 그가 부소장으로 근무하던 젤람벡 광산을 방문할 수 있도록, 그리고 페트로파블로브스크의 스탈린 희생자 추모광장의 기념벽에 게르베르트 김의 이름이 새겨지도록 도움을 제공해 주신 아르튁바예브 교수가 집필진으로 참여한 것은 그 역사적, 학문적 의미가 적지 않다. 늘 김건후 프로젝트에 많은 조언과 도움을 주시고, 바쁘신 가운데에도 아르튁바예브 교수의 러시아어 논문의 번역을 맡아 주신 문화체육관광부의 이건욱 박사께 진심으로 감사드린다. 또한 지대한 관심으로 이 논문집이 출판될 수 있도록 조언과 지도를 아끼지 않으시고 총론을 맡아 주신 최기영 교수님과, 다망하신 가운데에도 추천의 글을 주신 한시준 전 독립기념관 관장님께 깊은 고마움을 지니고 있다. 끝으로 이 프로젝트의 모든 과정을 끊임없는 협조와 조언으로 함께하며 지탱해 온 사위 이숭희 교수의 집필도 큰 의미를 지닌다. 아울러 김건후 프로젝트가 진행될 수 있도록 재원이 되어 주신 외조부님(기농 정세권 어르신)께 깊은 감사를 표한다.

한국의 참혹했던 근대사에는 김건후의 경우와 마찬가지로 지워진 혹은 잊혀진 인물과 묻혀진 사례가 적지 않을 것이다. 잊혀진 인물과 묻혀진 사례의 철저한 발굴과 복원으로 한국 근대사가 올바르고 촘촘하게 완성되기를 희망한다.

2024년 9월

김재원

차례

추천사 | 한시준 • 6
책 머리에 | 김재원 • 9

총론: 김건후와 그의 시대 | 최기영 • 17

김홍서의 독립운동과 망명생활 – 김건후 디아스포라의 기원 | 김광재 • 29
   1. 국내 활동과 망명 • 33
   2. 중국에서의 독립운동 • 44
   3. 망명생활과 가족들 • 63
   4. 맺음말 • 79

김건후와 남경 – 유학시기 | 윤은자 • 83
   1. 남경 이주와 남겨진 흔적들 • 85
   2. 남경의 유학 환경 • 87
   3. 남경의 한인유학생과 한인교회 • 90
   4. 남경의 '요시찰조선인' • 94
   5. '금릉' 학교의 한인유학생 • 97
   6. '금릉' 교정의 회억 • 102
   7. 남경의 김건후를 기억하며 • 105

1920년대 미국의 한인 유학생 – 김건후의 경우 | 유승권 • 109
    1. 한인 해외유학생과 개신교 선교사들 • 111
    2. 미국대학 한인 유학생의 삶 • 122
    3. 대공황과 외국인 유학생들에게 닥친 위기 • 127
    4. 허버트 김의 미국: 휴론대-콜로라도 광산대-컬럼비아대 • 130
    5. 폴린 립만과 결혼 • 133

소련에서의 김건후(1930-1942) | 쿠로미야 히로아키 • 139
    1. 스탈린의 산업화와 소련의 강제노동 • 143
    2. 암토르그와 소련의 외국인 기술자 • 145
    3. 스탈린의 대테러(1937-1938)와 김건후의 강제수용소 구금 • 155
    4. 국제적 상황과 석방 • 162
    5. 결론 • 168

사라 아르카 금광과 게르베르트 김 | 쟘빌 아르튁바예브 • 171
    1. 1000개의 구덩이 – 스테프냐크의 고대 지명 • 174
    2. 졸림베트 – 소비에트 황금의 시대 • 181
    3. 게르베르트 김의 사리-아르카에서의 삶 • 183

카자흐스탄의 외국인 억압과 복권 | 카세노바 하지라 오랄베코브나 • 191

해방 후 한국의 정치적, 사회적 혼란과 김건후의 적응 | 이승희 • 211

    1. 강대국에 의한 해방과 한반도 통합 정치체 • 213

    2. 김규식의 후견 • 215

    3. 하지의 정치고문 버치와 김건후 • 217

    4. 미국선교사 피치와 김건후 • 220

    5. 이승만 정부와 상동광산 기술고문 김건후 • 224

    6. 인민공화국 치하의 서울과 김건후의 납치 • 231

부록

1. 허버트 김 이야기 (김건후의 수기) • 237

2. 김건후 (金鍵/建厚) 연보 • 265

3. 사진자료 • 268

총론

김건후와 그의 시대

최기영 | 서강대학교 명예교수

1. 김건후와 『잊혀진 이름, 잊혀진 역사 : 김건후, 칭치엔허, 허버트 김, 게르베르트 김』
2. 논문집의 구성
3. 디아스포라와 김건후
4. 미시사적 접근

1. 김건후와 『잊혀진 이름, 잊혀진 역사 :
   김건후, 칭치엔허, 허버트 김, 게르베르트 김』

　　김건후金鍵厚는 널리 알려진 인물은 아니다. 그의 부친 김홍서(1886-1959)가 국내와 중국에서 독립운동을 전개한 독립운동가로 알려진 것과는 달리, 잊혀진 인물에 가까웠다. 그는 능력 있는 광산 기술자였다. 하지만 그가 살았던 시대와 지역이 평범한 삶을 살게 하지 않았다. 흔히 '운명'이라는 표현대로, 그는 운명을 비껴갈 수 없었다. 그리고 오래 가족을 제외하고는 모두 그를 잊고 있었다.

　　평안남도 함종에서 태어난 김건후는 그 생년이 자료에 따라 1902년부터 1905년까지 다르게 나타나고 있다. 그의 금릉대학 입학지원서에 따르면 1918년 망명해 있던 부친의 부름으로 중국으로 이주하여, 남경의 중학과 대학에서 공부하였다. 20년대에 미국에 유학하여 광산학을 전공하였고, 미국 여인과 결혼하였다. 대공황으로 미국에서의 취업이 쉽지 않자, 소련의 광산에서 7년여 엔지니어로 일하며 가정을 이끌었다. 그러나 스탈린의 대숙청 여파로 1937년 간첩혐의로 체포되어 사형선고를 받기까지 한 그는 25년형으로 감형되어 수용소와 감옥에 수감되어 강제노동에 동원되었다. 1942년에야 석방되어 중국으로 돌아올 수 있었는데, 부친과 친분이 있던 소련주재 중국대사의 도움이 있었다고 한다. 부인과 아들은 그가 체포된 뒤 어렵게 미국으로 돌아갈 수 있었고, 부인은 그의 석방을 위하여 미국 정부에 진정하는 등 노력하였다. 석방된 김건후는 감숙성에서 광산개발 업무에 종사하였으며, 해방 뒤 1946년 귀국하였다.

    국내에서 김건후는 군정청과 조선중석에서 일하였고, 1948년 공무로 미국에 갈 기회에 아내와 아들을 만났고, 합의이혼을 하였다. 미국인 아내는 남편을 따라 국내에 들어올 생각이 없었던 것이다. 1949년 그는 이광수의 중매로 정정식과 재혼하였고, 6·25 때 납북되었다. 신혼의 아내는 남편이 납북된 뒤에 딸을 낳았다.

    김건후를 학계에 소개한 것은 미국에서 한국 근현대사 자료 발굴에 애쓴 방선주 박사였다. 미국 국립공문서관 소장 RG 242 내 '노획문서' 가운데 「金建厚 심문록」(1매, 1950. 10. 9 접수, File No. 200569)을 해제하며, 그의 생애를 간단하게 언급하였다. 『미국 소재 한국사 자료 조사보고』 Ⅲ(국사편찬위원회, 2002)의 해제가 그것이었다. 그러나 이후 김건후의 생애와 활동을 크게 주목한 연구자나 연구는 없었다.

    김건후를 세상에 다시 알린 것은 『잊혀진 이름, 잊혀진 역사』(푸른사상사, 2022)라는 책이었다. 방선주 박사가 김건후 관련 자료를 소개한 지 20년 만의 일이다. 김건후의 생애를 소개하고, 김건후가 작성한 소련에서의 체포부터 수형생활과 석방에 이르는 영문 수기(하바드대학교 옌칭도서관 조지 피치 박사 기증문서)와 사진, 김건후의 재판기록(현재 카자흐스탄 대통령 직속 기록보관소 소장) 등의 여러 문서자료를 수록하였다. 국문과 영문으로 만들어진 이 책은 뵙지도 못한 아버지의 기구한 삶을 따라가며 기록을 찾은 딸의 노력으로 이루어질 수 있었다. 여러 해 '허버트 김 프로젝트'을 진행한 김건후의 딸 김재원 교수는 책의 뒷부분에 「에필로그: 안개 속 여정」을 실어 그 과정과 성과를 밝힌 바 있다. 막막한 출발이 지인들의 도움으로 하나씩 자료가 수집되는 순간들을 함께 경험하곤 한다. 특히 김 교수는 김건후가 작성한 두 종류의 소련 수형생활 수기와 버치의 기록 등을 지인의 도움으로 확보할 수 있었고, 또 자료수집을 위하여 미국과 러시아, 카자흐스탄 등지를 답사하였다. 그러한 점에서 『잊혀진 이름, 잊혀진 역사』는 김건후 관련 자료집의 성격을 지녔다고 하겠다.

2. 논문집의 구성

『잊혀진 이름, 잊혀진 역사』가 자료를 중심으로 엮어졌다면, 『경계인 김건후』라는 이 논문집은 김건후의 활동을 조망하는 형태로 구성되었다. 김건후를 중심에 두고 시대적인 배경과, 그 시대를 감내하는 한 개인에 관심을 두었다. 개인의 움직임을 통하여 한 사회를, 나아가 디아스포라의 관점에서 역사를 살펴보는 작업이라고 볼 수 있다. 이 논문집은 7편의 논문과 1편의 자료가 수록되었다. 그리고 집안에서 소장하고 있던 사진들을 함께 실었다. 개인적인 사진이지만 많은 이야기를 담고 있기 때문이다. 그 사진을 통하여 김건후의 삶과 그 시대, 그리고 주위를 돌아볼 수 있을 것이다.

논문

김홍서의 독립운동과 망명생활 : 김건후 디아스포라의 기원/김광재(국사
 편찬위원회)

김건후와 남경 : 중국유학/윤은자(전 남경대, 고려대)

1920년대 미국의 한인 유학생 : 김건후의 경우/유승권(미주리 주립대)

소련에서의 김건후, 게르베르트 김(1930-1942)/쿠로미야 히로아키(인디
 애나 주립대)

사라아르카 금광과 게르베르트 김/쟘빌 아르튁바예브(카자흐스탄 국립 구

밀료프 유라시아 대)

카자흐스탄의 외국인 억압과 복권/카세노바 하지라 오랄베코브나

    (카자흐스탄 국립 구밀료프 유라시아 대)

해방 후 한국의 정치적, 사회적 혼란과 김건후의 적응/이숭희(국방대)

자료
"허버트 김 이야기" 김건후 수기
예일대학교 신학대학원 도서관 소장자료
    (Yale University Divinity School Library, Eddy Papers, RG 32 Box 6 - Folder 125)

    김건후의 생애는 그가 활동한 지역으로 구별된다. 국내(1904-1918) - 중국(1918-1923) - 미국(1923-1930) - 소련(1930-1942) - 중국(1942-1946) - 국내(1946-1950) - 납북의 구분이 가능하다. 이 다양한 지역에서의 김건후의 모습에서 우리는 격동의 시대를 살아간 한 개인과 시대의 흐름을 함께 볼 수 있다. 이들 논문은 김건후의 생애와 활동을 시기·지역으로 천착하고 있는데, 중국 남경에서의 수학, 미국 유학 생활과 소련에서의 활동·수형, 카자흐스탄 사리-아르카 지역 광산에서의 김건후의 기술자 생활과 체포-석방에 이르는 과정을 밝힌 논고가 작성되었다, 아울러 해방 이후의 국내에서의 그의 움직임도 살피고 있다. 물론 소련(현재 카자흐스탄)에서의 김건후에 대한 논의는 중복되는 부분이 적지 않지만, 이전에 알려지지 않았던 많은 사실을 확인할 수 있다. 김건후와 관련된 이들 논문과 함께 수록된 부친 김홍서의 생애와 독립운동을 다룬 논고도 주목된다.

    마지막으로 김건후 본인의 소련 수형생활에 대한 영문 수기를 부록으

로 수록하였다. 피치 박사에게 전달되어 『잊혀진 이름, 잊혀진 역사』에 수록된 수기보다 짧은, 조지 에디 박사에게 1948년 5월 전달되었던 수기(예일대학교 신학대학원 도서관 소장) "허버트 김 이야기The Story of Herbert Kim"를 수록하였다. 역시 소련에서 수사와 재판, 그리고 수용소와 감옥생활, 석방까지를 간략하게 증언한 것이다.

3. 디아스포라와 김건후

이 논문집에서 검토되고 밝혀진 논의들을 통하여 김건후의 삶과 활동, 그리고 그 의의를 살펴보자. 먼저 그간 주목되지 않았던 김건후의 부친 김홍서의 생애와 독립운동이 잘 드러났다. 기독교인으로 대한민국임시정부를 비롯한 독립운동 기관과 한국독립당·민족혁명당 등 정당, 그리고 흥사단에서 활동한 인물로만 알려졌던 그가, 언론·출판·선전 활동에도 적극적이었음을 알 수 있었다. 한말에 대한매일신보사에서 근무한 바 있던 김홍서가, 상해에서 『독립신문』에 앞서 발간되었던 『독립신보』를 창간하고 주필로 활동한 사실은 특기할 만하다. 또한 교민단과 인성학교, 노병회 등 독립운동 단체를 주도하였고, 중개무역을 하는 대성공사라는 회사를 운영하기도 하였다. 상해한인교회의 주도적 신자였던 그는 남경의 금릉신학교에서 수학한 바 있었다. 상해에서 활동하던 그는 중일전쟁 발발 후 중경으로 이주하여 해방을 맞았다. 상해 한인사회 연구에 전념한 바 있던 김광재 박사에 의하여, 알려지지 않았던 부분을 포함하여 김건후의 부친 김홍서의 생애가 복원되었고 김건후의 삶과 활동을 이해하는데 크게 기여할 것이다. 그동안 김건후과 관련된 논의에서 가족과 연계된 부분이 미진하였다고 생각되는데, 이 부분을 보충할 수 있는 출발점이 아닌가 한다.

윤은자 교수가 검토한 김건후의 남경생활은 금릉중학과 금릉대학으로 직결된다. 국내에서 광성학교를 마친 그가 부친이 남경 금릉신학교에 재학하던 시기에 금릉중학에서 수학하고, 이어 금릉대학에 진학하였다. 남경에 거주하던 한국인들은 대부분이 기독교인인 학생이었던 점으로 미루어, 김건후는 전형적인 유학생이었다. 많지 않은 자료로 윤 교수는 그의 남경 시절을 복원해 내고 있다. 특히 유족이 지녔던 '남경 고려학생' 모임의 사진과 같은 새로운 자료로 남경 시절의 김건후의 모습을 볼 수 있어 흥미롭다.

유승권 교수의 중국 국적의 한인 미국 유학생에 관한 전반적인 논의는 김건후의 미국 유학 생활을 이해하는데 전제가 되는 작업이다. 일제하 미국에서 공부한 한인 유학생들은 1920년대 중반까지 상당수가 중국 국적을 취득하여 중국 여권으로 미국에 입국하였다. 1910년대에는 여권 없이 대한인국민회의 보증으로 입국하는 경우도 없지 않았으나, 1910년대 후반에는 불가능하였다. 조선총독부는 1920년대 중반까지 한국인의 미국 유학을 제한하는 정책을 유지하고 있었다. 따라서 한국인이 미국에 유학하기 위해서는 중국 귀화가 필요하였고, 김건후도 그 과정을 거쳤다. 부친 김홍서나 안창호 역시 중국에서의 독립운동과 여러 활동의 편의를 위하여 중국 국적을 가지고 있었음은 알려진 일이다. 또 한인 유학생의 생활을 소개하며, 김건후의 경우도 적절하게 설명하고 있다. 특히 유태계인 폴린과의 결혼과, 폴린과 아들 득원의 미국 시민권 문제를 잘 풀어준다. 다만 그가 미국에 유학하던 8년 동안 교포신문인 『신한민보』에 그의 소식이 몇 차례만 나타나는 것으로 미루어, 한인사회에서의 활동이 많지 않았던 것 같다. 고학하는 학생들의 모습이기도 할 것이다. 에디 박사에게 전달한 수기에는 그가 뉴욕

YMCA의 서기였다는 에디 박사의 소개가 첨가되었다. 최근 이 시기 한국인의 중국 유학에 관해서는 윤은자·이재령·조성환 등의 깊은 연구가 있어 참고가 되고 있고, 미국 유학에 관해서는 홍선표·김성은·정병준·김욱동·김선아 등의 연구가 있다.

대공황의 여파로 미국에서의 미래가 밝지 않다고 생각한 김건후는 소련에 광산 기술자로 취업하여, 1930년 7월 소련에 입국한다. 그 직전 4월 폴린과 결혼하였으며, 소련에서 1934년 1월 그들은 아들 득원을 얻는다. 그리고 그는 1937년 11월 스파이 혐의로 체포되어 1년 뒤, 1938년 12월 사형을 선고받았다가 곧 25년형으로 감형되었다. 1942년 5월 석방될 때까지 그는 감옥과 수용소에 갇혀 있었고 강제노역에 동원되었다. 쿠로미야 히로아키 교수의 논문은 1930년부터 1942년까지 소련에서의 김건후를 다루고 있다. 스탈린의 산업화와 강제노동, 소련의 산업구조, 그리고 외국인 기술자의 수용 등을 통하여 그가 소련에 갈 수 있었던 배경이 확인된다. 그리고 그에 대한 체포와 구금, 수감생활을 상세히 언급하고, 석방에 이르는 과정을 밝혔다. 우리에게 알려진 김건후의 파란만장한 삶의 큰 부분이 드러나는 것이다.

소련에서 김건후가 근무한 오늘날의 카자흐스탄 지역 광산에 대한 아르튁바예브 교수의 논고가 소련에서 그의 모습을 추가할 수 있다. 사르-아르카라 불리는 대초원 지역의 광산에 대한 역사적 변화와 함께 김건후가 근무한 광산과 생활을 알려주고 있다. 아르튁바예브 교수의 부친도 스탈린 시대에 광산에서 일하다가 체포되어 수형생활을 한 바 있었다. 이와 함께 카세노바 박사의 연구는 카지흐스탄 지역에서의 스탈린 시대의 외국인 억압문제로 김건후의 사례를 다루고 있는데, 카자흐스탄 내무부 특별국가기록보관소의 자료를 통하여 김건후의 생활과 체포에서 석방에 이르는 과정을 밝혀내고 있다. 소련에서의 수형생활을 회고한 김건후 자신의 기록과 함께, 직접적인 재판기록 등 다양한 자료의 발굴로 소련에서의 수난이 밝혀졌다고 하겠다.

소련에서 석방되어 중국 감숙성에서 탄광 개발에 참여하였던 김건후는 1946년 여름에 귀국하였다. 6·25시 납북될 때까지 4년은 그에게 또 다른 경험을 하게 한다. 이숭희 교수는 그의 국내에서의 모습을 살피고 있다. 해방 후의 정치적, 사회적 혼란을 그가 어떻게 적응하였는가 하는 주제는 매우 흥미롭다. 그는 중국에서 부친의 권유로 민족혁명당에 참여하였고, 해방 후 김규식의 정치 노선을 지지하였던 것으로 보인다. 그는 미 군정청의 통역을 거쳐 조선중석에 재직하면서, 피치 박사와 버치와 관계를 유지하였다. 1948년 10월 그는 조선중석의 장비 구입을 협의하기 위하여 미국으로 출장을 떠났다. 18년 만에 찾은 미국에서 11년 만에 아내와 아들을 재회하였지만, 미국인 아내는 한국에서 생활하기를 거부하여 협의이혼을 하지 않을 수 없었다. 공무를 마치고 귀국한 뒤, 그를 배척하는 세력에 의하여 대한중석에서의 위치가 위협을 받았으나 어렵게 넘길 수 있었다. 그러한 와중에 이광수의 중매로 그는 이화여대에 재직하던 건양사 창업주 정세권의 차녀 정정식과 재혼하였다. 그리고 8개월도 되지 않아 전쟁이 발발하자 그는 납북되었다. 기본적으로 정치적 관심이나 활동이 적었던 김건후가 소용돌이 속의 해방 정국과 정부 수립 이후의 운신은 제한적일 수밖에 없었을 것이다. 이 시기에 그는 개인적으로도 민족적으로도 많은 고민 속에서 민족의 대비극인 전쟁을 겪으며 사라졌다.

4. 미시사적 접근

김건후는 역사적으로 중요한 업적을 남기거나 역할을 한 인물은 아니었다. 그러나 그의 생애와 활동, 그리고 행적을 통하여 우리는 20세기 전반부의 작은 역사를 볼 수 있다. 더욱이 그는 여러 의미에서 경계인으로서 한국인이면서도 중국인으로, 한국과 중국, 그리고 미국과 소련에서 각기 다른 이름으로 불리면서 산 특별한 이력을 지니고 있다. 새로우면서도 생경한 문화와의 접촉, 그리고 광산학에 대한 깊은 관심, 유학과 인종차별 등, 김건후를 둘러싼 이러한 주제들을 디아스포라의, 나아가서 경계인의 관점에서 논의하는 작업이 요망된다고 할 것이다. 바로 개인을 통하여 한 사회를 살필 수 있는, 미시사적인 관점에서도 김건후의 경우는 좋은 주제가 될 것으로 생각한다.

김홍서의 독립운동과 망명생활
– 김건후 디아스포라의 기원

김광재 | 국사편찬위원회 편사연구관

1. 국내 활동과 망명
2. 중국에서의 독립운동
3. 망명생활과 가족들
4. 맺음말

김홍서金弘敍(1886-1959)는 일제강점기 중국에서 대한민국 임시정부를 비롯한 여러 단체에서 활동했던 독립운동가이다. 일찍이 대한제국기 서북학회에서의 국권회복운동, 대한매일신보를 비롯한 언론운동, 신민회를 통한 비밀결사운동, 그리고 임시정부 및 임시의정원 참여, 독립운동단체 및 정당 등 그 활동은 대단히 폭넓고 다양했다. 독립운동에 몸담았던 시간 또한 40년에 걸치는 장구한 것이었다. 이념적으로도 우익진영의 한국독립당으로부터 좌파 성격이 강한 민족혁명당에 이르기까지 유연하였다.

　　그럼에도 김홍서는 그간 학계에서 조명을 받지 못하였다. 출신지역이나 몸담았던 단체에서 그의 생애를 간략하게 정리하거나 독립운동인명사전에 올라가 있을 뿐이다.[01] 그렇게 된 데는 그가 저명한 지도자나 사상가가 아니라 행동가형 독립운동가였던 관계로 자신의 사상이나 생애를 글로 드러낸 것이 없으며 남아 있는 자료도 단편적이고 산재되어 있기 때문일 것이다.

　　그나마 최근 들어 그의 장남 김건후의 파란만장하고 비극적인 생애를 추적한 책이 나오면서 김홍서가 펼쳤던 독립운동의 일단과 한 가족의 다사

01　먼저 북한 출신 독립운동가로 소개되었다. 북한연구소, 「임시정부 대외홍보책 김홍서」, 『북한』 2006년 8월호, 2006. 홍사단 인물 101인 가운데 한 사람으로 선정되어 생애와 활동이 소개된 바 있다. 홍사단, 『홍사단인물 101인』, 2015. 독립기념관의 『독립운동인명사전』에도 등재되었다. 하지만 이들 소개가 내용적으로 소략하며 특정 오류가 계속해서 답습되고 있다.

다난했던 역사가 알려지는 계기가 되었다.[02] 만시지탄이 없지 않지만 그의 독립운동과 그 가족의 디아스포라를 탐구하는 작업은 한 개인이나 집안사뿐만 아니라 그를 통한 격동의 근현대사를 이해하는 데서도 중요한 일이라 하지 않을 수 없다.

본고는 대한제국기 계몽운동 시기부터 1945년 일제 패망으로 중경에서 환국할 때까지 김홍서의 독립운동을 고찰하고자 한다. 아울러 그의 독립운동을 이해하기 위해서는, 그의 독립운동을 지속 가능케 한 기반이 된 망명지 경제활동과 가족들이 경험한 이산의 역사도 따로 하나의 장에서 다루고자 한다. 김홍서라는 개인의 독립운동과 망명생활을 함께 조명하는 작업은 당시 중국지역에서 전개된 한인 독립운동가들의 활동을 보다 깊이 이해하는 데 기여할 것으로 생각된다.

본고에서 주로 활용된 자료는 임시정부 및 흥사단 문서, 일제가 독립운동을 감시하고 보고한 기록인『불령단관계잡건不逞團關係雜件』(일본 외교사료관 소장)[03], 독립운동가 신문조서 등이다. 또한 중국 현지 당안관의 관련 자료, 신문 기사나 경우에 따라 회고록이나 구술도 적절한 사료비판을 거쳐 이용하였다.

---

02 김재원·이승희 엮음,『잊혀진 이름, 잊혀진 역사: 김건후, 칭치엔허, 허버트 김, 게르베르트 김』, 푸른사상사, 2022. 김재원이 엮은 이 책은 부친 김건후의 파란만장한 개인사에 대한 자료와 회고문을 수록하고 있다. 아울러 김건후 기억 속의 김홍서와 험난한 근현대사의 노정을 걸을 수밖에 없었던 가족사의 생생한 모습을 담고 있다. 그 외에 중국 망명 시절 김홍서 일가의 모습을 담은 희귀 사진들이 실려 있어 사료집으로서의 가치도 적지 않다.

03 『不逞團關係雜件』(朝鮮人의 部 가운데 上海假政府, 在支那各地, 在上海地方)은 국사편찬위원회에서 한국사데이터베이스로 서비스하고 있다.

1. 국내 활동과 망명

1) 국내 활동

김홍서는 1886년 2월 3일 평안남도 함종군咸從郡 남리면南里面 훈련리訓鍊里(즉 江西郡 咸從面 訓鍊里)에서 태어났다.[04] 부친 김봉흡金鳳洽과 모친 봉덕鳳德(김씨) 사이에서 3남 2녀 중 장남이다.[05] 본적은 평안남도 평양부平壤府 신양리新陽里 140번지이며[06] 본관은 延安이다. 율암栗岩이라는 호가 있었지만 잘 사용하지 않았다.[07] 김지강金之剛(之岡, 志剛)이라는 이명이 많이 사용되었다.[08]

---

04 1914년 행정구역 개편 때 함종군은 강서군으로 바뀌었다. 본고에서는 김홍서의 출신을 언급할 때 1914년 이전은 함종, 이후는 강서로 표기하되 일반적인 경우는 강서로 한다.

05 「第百十五 團友 金弘敍 履歷書(1920년 9월 9일)」, 『도산안창호전집』 제10권 동우회Ⅱ: 흥사단우 이력서, 도산안창호선생기념사업회, 2000, p. 670).

06 朝鮮總督府 警務局, 『國外ニ於ケル容疑朝鮮人名簿』, 1934, p. 70.

07 「1936년 8월 10일 안창호가 김홍서에게 보낸 편지」(독립기념관 소장 자료). 편지에서 안창호는 김홍서를 율암이라는 호로 불렀다. 栗岩이라는 호의 내력은 "(함종에) 밤이 많이 나는데 껍질이 잘 벗겨지고 맛이 감미로운 것이 특징"(한국정신문화연구원, 「강서군」, 『한국민족문화대백과사전』 1, 1991)이라고 하는 사실과 관련이 있을지 모르겠다.

08 1922년 상해에서 중국 국적을 취득할 때 쓴 이름으로 비교적 많이 사용되었다. 『民族革命黨員 李初生 訊問調書(第四回 1939. 11. 2)』(『한민족독립운동사자료집』 46: 중국지역독립운동 재판기록 4, 국사편찬위원회, 2001, p. 194 ; 「상해 韓人의 동향에 관한 건」(1925. 2. 7), 프랑스조계 공무국 경무처 정보문서(1925. 2. 7), 국사편찬위원회, 『한국독립운동사』, 자료 20: 임정편 V, 국사편찬위원회, 1991, p. 51). 일본측 문서에 金弘瑞라는 이름도 보이나 이는 金弘敍의 오기이다. 「上海假政府 및 義烈團 其他 不逞鮮人의 狀況에 關한 件 1」(1924. 1. 29), 『不逞團關係雜件-朝鮮人의 部-在上海地方 5』. 한편 상해에서 정화암 등과 함께 활동한 아나키스트 가운데 金之江(본명 金聖壽)이라는 인물이 있었다. 그런데 당시에도 이 인물을 김홍서와 혼동하는 경우가 있었다. 1936년 프랑스조계 경무국은 일본측의 한인 체포영장에 나오는 金之江을 "金弘敍, 일명 金之岡 일명 金之紅"과 동일 인물로 잘못 파악했다[「한인 4명에 대한 체포 영장」(1936. 7. 27), 상해 프랑스영사관 경무국 차장→상해 프랑스 영사, 『프랑스 외무부 문서보관소 소장 한국독립운동 사료』 3, 국가보훈처·국사편찬위원회, 2016, p. 407]. 흥미롭지만 김홍서의 또 다른 이명이라고 되어 있는 金之紅은 프랑스조계 문서에만 보이고 있다. 이 또한 金之江의 오기일 것이다.

그가 태어난 강서는 평안도에서도 일찍 개화가 이루어진 지역이었다. 강서 사람들은 높은 산도, 그리 넓은 평야도 없는 자연환경 속에서 스스로의 힘으로 살 길을 개척해야 했기 때문에 유달리 자립심과 투지가 강한 것으로 유명하다. 강서 출신 인물로는 안창호, 양기탁, 손정도, 조만식 등이 있다. 강서군은 일찍부터 신교육과 기독교가 널리 보급된 지역으로 전국에서도 이름이 났다. 뿐만 아니라 3·1운동을 대표하는 시위 가운데 하나인 이른바 '모락장폭동'으로 불리는 봉기가 일어났을 정도로 민족의식 또한 왕성하였다. 아무튼 자립심과 개척정신, 불굴의 투지는 강서 기질로 이야기되기도 한다.[09] 이러한 강서의 전통은 김홍서가 나중에 기독교를 수용하고 독립운동에 투신하게 되는 배경이 되었다.

현재로서는 그의 출신과 신분을 알 수 있는 족보 자료를 찾아 볼 수 없다. 다만 자신의 이력서에서 부친의 직업을 농업으로 적은 것으로 보아 집안이 농업에 종사하였음을 알 수 있다. 경제적인 형편이 어느 정도인지는 몰라도 중국 망명 전까지 출생지에서 거주했으며 자신은 물론 아들 김건후가 함흥, 평양에서 학교를 다닌 것으로 볼 때 중농 정도는 되지 않았을까 짐작된다.

김홍서는 8세 때인 1894년부터 1904년까지 고향의 서당에서 한문을 익히면서 성장했다. 1904년 18세라는 늦은 나이에 함일학교咸一學校에 입학하여 20세인 1906년에 졸업하였다. 함일학교는 면소재지인 함일리에 있던 사립학교였다. 앞서 본 바와 같이, 강서 지역은 일찍부터 기독교를 받아들였는데, 군내 각지에 설립된 교회가 학교를 세워 계몽을 담당하였다. 대한제국기 교육을 통한 구국운동이 한창 벌어지고 있을 무렵 전국 각처에 사

---

09 장규식, 『민중과 함께 한 조선의 간디: 조만식의 민족운동』, 역사공간, 2007, pp. 13-14.

립학교가 수많이 설립되었는데, 당시 전국 군별로 볼 때 평안남도 강서군이 가장 많은 편이었다.[10]

함일학교도 그런 민족학교 가운데 하나였을 것이다. 애국정신을 고취하는 한편 신문화운동을 전개하던 학교를 다니면서 민족의식을 키워갔을 것으로 보인다. 함일학교를 졸업하던 1906년에는 동향인이자 6년 아래 후배 독립운동가 문일민이 입학하였다.[11] 이때 두 사람이 알고 지냈는지는 확실치 않지만 훗날 중국에서 독립운동을 함께 하는 동지가 되었다.

김홍서는 언제쯤 기독교를 수용했을까. 직접적인 자료는 없지만 함일학교 졸업 후 함종 기독소학교 교감을 지낸 것으로 보아 늦어도 함일학교 재학 때(1904-1906)는 기독교를 수용했을 것으로 보인다. 감리교파인 함종교회 권사로 있으면서 전도에 힘썼다고 한다.[12] 함종교회는 1903년 한 해 주일 낮 예배 인원이 417명, 예배당 규모는 23간, 일년 연보 총액도 484냥 8전 4푼으로 평양 남산현교회에 이어 두 번째였을 정도로 번성하였던 교회였다.[13] 그는 함종교회라는 작지 않은 교회의 권사로서 분주한 나날을 보냈다.

아울러 함종지역 교육운동에도 관심이 많았다. 당시 함종지역 학교설

---

10 平安南道道誌編纂委員會, 『平安南道誌』, 1979, p. 1206.
11 「第二三九 團友 文逸民 履歷書(1930년 5월 13일)」(도산안창호선생전집편찬위원회, 『도산안창호전집』제10권 동우회II, 홍사단우 이력서, 2000, p. 795). 김경준, 「무강 문일민의 삶과 의열투쟁」, 『한국독립운동사연구』 80, 독립기념관 한국독립운동사연구소, 2022, p. 116. 김경준은 문일민이 다닌 함일학교를 함북 경성의 유명 사립학교였던 咸一學校로 오해하였다. 1907년에 설립된 함북 경성의 함일학교는 독립운동사에 큰 발자취를 남긴 서일, 안무 같은 이들을 배출하였던 민족학교였다.
12 「南京在住 要視察 朝鮮人 身元調査에 관한 件」(1919. 4. 22), 淸野長太郞(南京領事館 事務代理)→內田康哉(外務大臣), 『不逞團關係雜件-朝鮮人의 部-在支那各地 1』.
13 『신학월보』 3-4, 1903년 4월(『신학월보 색인자료집』, 한국기독교역사연구소, 2000). 2019년 전북 군산 아펜젤러기념선교교회 특별전시전 내용.

립과 관련된 교육운동에 대한 그의 열의를 보여주는 기록이 남아 있다. 함일학교 재학 중이던 1905년 평안남도 함종군 기독교회의 유지 청년들이 청년학교를 설립하는데 각 관민의 연조捐助가 있었다. 기부자 가운데 2원元을 기부한 그의 이름이 올라 있다.[14] 1906년 함일학교를 졸업한 그는 함종면 소재 기독소학교 교감으로 부임하여 교육활동을 전개하였다.

교육운동에 종사하던 그는 1907년 당시 풍미하고 있던 계몽운동 단체인 서우학회, 서북학회에도 가입하여 활동하였다.[15] 교육 및 학회운동에 참여하는 한편 대한매일신보 운영에도 참여하였다. 흥사단 가입시 제출한 이력서에서 그는 1908년 대한매일신보사 회계로 일하였다고 하였다. 그런데 그가 대한매일신보 서울 본사에 근무하기 전에 고향 함종의 대한매일신보 지사원으로 있었던 것이 확인된다.[16]

대한매일신보는 지방의 독자들에게 신문을 보급할 수 있도록 각지에 지사를 두었다.[17] 지사의 책임자 지사원은 독자들의 구독 신청과 대금 징수 등 신문 보급과 관련된 일을 했다. 지사원은 일제강점기 국내 신문의 지방 지국장과 유사한 것으로 지역 유지나 영향력있는 인사가 주로 선임되었다. 당시 안태국, 김구 같은 지역의 유력 인사들이 지사원으로 활동하고 있었다.[18] 지사원 직책은 함종 지역사회에서 김홍서의 위상을 보여주는 것으로 이해해도 무방하다.

---

14 「함종군 기독교회 청년학교」, 『황성신문』 1905년 10월 13일자.
15 『서우』 제3호, 1907년 2월 ; 「會事記要」, 『서북학회월보』 제11호, 1909년 4월.
16 「特別社告」, 『대한매일신보』 1908년 7월 22일자.
17 이광린, 「대한매일신보 간행에 대한 일고찰」, 『대한매일신보 연구』, 서강대학교 인문과학연구소, 1986, p. 31.
18 박정규, 「대한매일신보의 참여인물과 언론활동」, 『대한매일신보 연구』, 커뮤니케이션북스, 2004, pp. 88-97.

대한매일신보 함종 지사원으로 있다가 상경한 그는 본사에서 회계업무를 보았다. 대한매일신보에서 일하게 된 것은 신문 창립자이자 동향 선배인 양기탁의 권유 내지는 추천이 있었을 것으로 짐작된다. "(김홍서가) 매일신보 회계로서 양기탁 등과 함께 동사를 경영"[19]했다는 일제의 보고를 볼 때 신문사 책임자였던 양기탁의 신임을 받았던 것으로 보인다. 회계 주임 임치정과는 밀접한 관계를 유지하였다.[20] 신문사에서 활동하던 중인 1910년 5월 대한매일신보 창업자인 베델 1주기 묘갈 건립에 '2환'을 기부한 사실이 확인된다.[21] 1910년 8월 총독부 기관지 매일신보로 바뀌면서 그의 대한매일신보 활동도 끝났다.

그는 반일비밀결사단체인 신민회에도 가입하여 활동하였다. 그가 신민회에 가입하였는지는 자료상으로 확인되지 않고 있지만[22] 함종에서 활동하고 있을 때 가입했을 것으로 보인다. 즉 함종에서 대한매일신보 지사원이나 서북학회에서 활동했는데, 지사원이나 서북학회 회원들 대부분이 신민회 회원들이었을 것으로 여겨지고 있어 그럴 가능성이 충분히 있다.[23] 서울에서는 신민회의 전국 연락원으로 활동하였다고 한다.[24] 그는 노백린, 이강, 임치정 등과 같이 신민회에 늦게 가담하여 크게 활약했던 경우로 이야기되고 있다.[25]

---

19 「중요한 不逞鮮人의 略歷 送付의 件」(1920. 7. 2), 上海總領事→外務大臣, 『不逞團關係雜件-朝鮮人의 部-在上海地方 3』.
20 「林蚩正 訊問調書」 1909년 12월 19일(『總理大臣李完用謀殺未遂事件記錄』). 임치정은 "친밀한 우인은 申報社員인 梁起鐸, 崔益, 金弘紋, 白潤德, 姜文秀"라고 하였다.
21 「特別社告」, 『대한매일신보』 1910년 5월 10일자.
22 105인사건과 일제의 탄압에 대해서는 다음 연구가 참고된다. 윤경로, 『105인사건과 신민회 연구』, 한성대학교출판부, 2012.
23 이송희, 「한말 서북학회의 애국계몽운동(상)」, 『한국학보』 31, 1983, p. 85.
24 「1963년 독립유공자 포상 관련 문서」(국사편찬위원회 소장).

김홍서는 1911년 일제가 신민회 회원들을 탄압한 105인사건에 직접 연루되지 않았다. 105인사건 이후 그는 1916년 중국 망명까지 주로 교육운동, 기독교 전도에 종사했던 것으로 보인다. 일제 평안남도 경무부의 조회에 의하면, 김홍서는 1912년 경성신학교에서 공부하다가 1년여 만에 퇴학하였다. 그러나 자신의 이력서에서 1912년 강서군 함종면의 사광학교四光學校 교감으로 부임하였다고 기록하여 경성신학교와 사광학교 재직 시기가 중복되고 있는데, 이력서의 내용이 맞을 것으로 짐작된다. 물론 짧은 기간이나마 경성신학교에 재학했던 것도 사실로 보여진다. 이로 미루어 그가 일찍부터 신학 공부에 대한 지향이 있었음을 알 수 있다. 이는 나중에 남경의 금릉신학 입학으로 나타나게 된다.

1912년 사광학교 교감으로 부임하여 교무를 전담하였다. 이때의 일은 그 자신이 편찬에 관여하였던 임시정부의 공식 사서인 『한일관계사료집』에 보인다.

> 쏘 平南 咸從郡 基督敎 四光學校는 一千九百五年에 設立ᄒ야 一九〇八年에 設立 認可를 得ᄒ엿고 設立者는 魯普乙이요 管理者는 金弘叙러니 一九一七年 三月에 當地 普通學校 校長 小村淸一郎과 憲兵出張所長 小川安吉이 無理히 四光學校 生徒의 學父兄을 壓迫ᄒ야 本校學徒들을 强制로 當地 普通學校 入學證書를 밧게ᄒ되 萬一 父母들이 不肯ᄒ면 杖之囚之ᄒ얏슴으로 畢竟에는 學生들이 다 轉學되고 本校는 廢止되엿스며....[26]

---

25 『흥사단100년사(1913-2013)』, 흥사단, 2013, p. 141. 김홍서의 신민회 활동 관련 내용에 대한 자료 근거는 제시되어 있지 않다.
26 『대한민국임시정부자료집』 7: 한일관계사료집, 국사편찬위원회, 2005, p. 91.

위와 같이 자신이 재직했던 학교와 관련되었기 때문에 일제에 의해 폐교되는 과정이 생생하게 묘사되고 있다. 사광학교 설립자 '노보을魯普乙'은 1892년 한국에 왔던 감리교 선교사 노블William Arthur Noble(1866-1946)로 보인다. 노블 목사는 한국에서 40년 이상 배재학당 교사, 평양·수원의 감리사로 활동했던 인물이다. 노블이 설립한 사광학교를 김홍서가 관리한 것으로 보이는데, 더 이상의 구체적인 내용은 파악하기 어렵다. 어쨌든 1905년 설립된 기독교 학교 사광학교는 그가 중국으로 망명한 다음 해인 1917년 일제의 탄압으로 폐교되고 말았다.

2) 중국 망명

1916년 김홍서는 중국 망명길에 올랐다. 1915년 그가 이른바 105인사건에 연루되어 4개월간 옥고를 치렀던 것이 계기가 되었다고 말해지고 있다.[27] 그런데 1915년은 105인사건으로 옥고를 치르던 윤치호, 양기탁, 안태국, 임치정 등이 석방되던 때이므로 105인사건에 연루된 것으로 보기는 어렵다. 평소 '불령선인'으로 감시를 받고 있던 그가 모종의 반일운동 혐의로 체포되어 취조를 받고 풀려났던 것으로 보는 것이 합리적이다. 그의 망명에는 더 이상 국내에서의 활동이 어렵다는 판단이 있었다.

성공적으로 망명하기 위해서는 탈출 경로를 사전에 확보하고 소요 경비를 마련할 필요가 있었다. 1916년 4월 평양 감리교 소속 기홀병원記笏病院, The Hall Memorial Hospital 사무원으로 들어간 것도 그러한 준비의 일환으로 보인다. 기홀병원은 1892년 평양으로 파송된 감리교 의료선교 서우

---

27 「1963년 독립유공자 포상 관련 문서」(국사편찬위원회 소장). 이후에 나온 글들은 김홍서가 105인사건에 연루되었다고 서술하고 있다.

드 홀Sherwood Hall이 교회(남산현교회의 시작)와 학교(광성학교의 시작)를 개척하는 동시에 진료소를 개설하고 선교활동을 한데서 시작되었다. 1894년 홀은 청일전쟁과 전염병으로 인한 환자들을 치료하다 순직하였는데, 1897년 홀 부인은 평양에 홀의 기념병원을 설립하였던 것이다.[28] 김홍서가 선교사 병원의 사무원이 될 수 있었던 데는 그 자신이 독실한 기독교 신자이기도 했지만 앞서 신문사의 회계 일을 맡아 봤던 경력이 참작되었을 것 같다. 병원 사무원으로 일하는 한편 이곳의 환자들을 대상으로 하는 전도에도 열성적이었다.[29]

    1916년 8월 말 그는 중국 상해로 떠났다. 당시 상해로 가는 주요 경로는 신의주, 진남포, 인천 등을 통하는 것이었다. 신의주에서 출발하는 경우에는 압록강 대안에 있는 안동으로 가서 해상으로 상해에 직항하는 경우이다. 또 하나는 봉천선으로 봉천奉天과 영구營口를 거처 천진에 이르러 진포津浦 철로의 종착역 포구浦口에 이르러 장강 대안 남경에서 수로로 상해에 도착하는 경우이다.[30] 이 가운데 김홍서는 안동에서 해상으로 상해에 직항하는 경로를 선택했던 것으로 보인다. 그는 신의주의 압록강 대안 안동현으로 넘어가 배일적인 영국인 쇼G. L. Shaw가 경영하던 이륭양행에 근무하는 양준명(양헌)의 도움으로 안동에서 출발하는 선박을 이용해 상해로 갔던 것으로 추측된다.[31]

---

28 유동식, 『한국감리교회의 역사 1884-1992』 I, 기독교대한감리회, 1994, pp. 289-290.
29 「南京在住 要視察 朝鮮人 身元調査에 관한 件」(1919. 4. 22), 淸野長太郎(南京領事館 事務代理)→內田康哉(外務大臣), 『不逞團關係雜件-朝鮮人의 部-在支那各地 1』.
30 김희곤, 「동제사와 상해지역 독립운동의 태동」, 『중국관내 한국독립운동단체 연구』, 지식산업사, 1995, p. 36.
31 김구도 이 경로로 망명하였다. 1919년 4월 신의주에서 안동으로 넘어가서 그곳 이륭양행의 선박으로 상해 포동 부두에 도착하였다. 김구 저·도진순 주해, 『백범일지』, 돌베개, 1997,

그렇게 판단하는 데는 근거가 있다. 중국으로 망명했던 그가 두 달 후인 1916년 10월 27일 다시 평양으로 돌아갔는데, 그때 그가 머물렀던 집에서 함께 기거했던 숭실대학 학생의 소지품에서 그들의 상해 망명을 권유하는 안명진의 통신문이 발견되었다. 통신문에는 중국으로 망명할 경우 우선 안동현에서 이륭양행의 양준명을 찾아가 그의 도움으로 선박을 이용하여 상해로 가는 방법 등이 상세히 소개되어 있었다. 1915년 9월 김홍서보다 1년 먼저 망명하여 남경 금릉대학에 들어갔던 안명진은 통신문에서 숭실 후배들에게 "상해로 오는 도중 안동현에서 양준명씨를 방문하여 소생의 부친 일을 이야기하면 만사 알선해줄 것이다"고 강조했다고 한다.[32] 평안도 강서 출신이자 105인사건으로 고초를 겪었던 저명한 독립운동가 안태국이 그의 부친이었기 때문에 그렇게 이야기하였다. 아무튼 김홍서가 이 통신문을 전달했을 가능성이 높다.

같은 해 10월 27일 다시 평양으로 돌아온 그는 기홀병원에 '잠복'하였다. 3, 4일 후 상해의 박영덕이 보내온 310엔円을 받은 그는 11월 5일 밤 동반자 1인과 함께 상해로 출발하였다. 박영덕은 동향 후배로 1919년 이후 임시정부 독립운동자금 모집 특파원으로 활동하게 되는 인물이다.[33] 김홍서가 기홀병원에서 어떤 활동을 했는지는 확실치 않다. 평양에서 그가 머물렀던 집에는 평양 숭실대학 및 중학 생도가 기숙하고 있었는데, 일제 경찰

---

p. 299.

32 「支那 上海 在住 不逞鮮人의 行動에 關한 件」(1917. 1. 6), 平安南道 警務部→朝鮮總督 等, 『不逞團關係雜件-朝鮮人의 部-上海假政府 1』. 이 문서에는 안명진의 통신문이 일본어로 번역되어 있는데, 1919년 4월 임시정부 수립 이전 한인들의 상해 망명 경로를 생생하게 보여주는 귀중한 자료로 사료된다.

33 「獨立運動資金募集者檢擧ノ件」(1920. 2. 10), 朝鮮總督府警務總長→次官, 『不逞團關係雜件-朝鮮人의 部-在內地 9』.

은 이들 6명의 학생들이 '위험사상'을 지닌 자들로 '재외불량선인'과 통신을 하고 있었다고 하였다.³⁴

상해에 도착한 김홍서는 이곳에서 한동안 활동하다가 남경으로 갔던 것으로 보인다. 이력서에서 "1916년-1919년 남경 거주, 1919년 이후 상해 거주"라고 기재하였기 때문에 망명 후 처음부터 남경에 정착 거주했던 것으로 이해하기 쉬운데 사실은 그렇지 않은 것으로 보인다. 1917년 1월 일제 평안남도 경무부가 그를 '재상해 불량 선인', '상해 재주 불령선인' 등으로 지칭한 것으로 볼 때, 망명 이후 일정 기간 상해에 체재하면서 활동했던 것으로 보인다. 상해 체재 동안 그가 어떤 활동을 하였는지 구체적으로 알 수 없지만 그곳에서 국외 독립운동가들과의 연락을 시도하였던 것으로 보인다. 일제 정보에 의하면, 그가 미주의 안창호, 북간도의 안태국, 시베리아 니콜리스크에 거주하던 양기탁 등과 서로 연락하고 중국 혁명당원과 협력하여 장래 국권 회복을 위해 힘썼다고 한다.[35]

김홍서가 상해에서 남경으로 갔던 것은 1918년 전후였을 것으로 추정된다. 남경에 도착한 그는 그곳의 동지들과 만나는 한편 신학교 입학을 준비하였다. 당시 남경에는 한인들의 예배모임이 운영되고 있었는데, 이 모임이 한인 커뮤니티의 기능을 하였다. 1915년 봄부터 남경에는 여운형, 서병호 등 한인 유학생들이 중심이 되어 일찍이 한국 YMCA 총무를 지내다가 일제에 의해 쫓겨나 남경 YMCA로 옮겨왔던 질렛 P. L. Gillet 목사 사택에서 한인예배모임이 열렸다.[36] 국내에서부터 독실한 기독교인이었던 김홍서 역

---

34 「支那 上海 在住 不逞鮮人의 行動에 關한 件」(1917. 1. 6), 平安南道 警務部→朝鮮總督 等, 『不逞團關係雜件-朝鮮人의 部-上海假政府 1』.
35 「南京在住 要視察 朝鮮人 身元調査에 관한 件」(1919. 4. 22), 淸野長太郎(南京領事館 事務代理)→內田康哉(外務大臣), 『不逞團關係雜件-朝鮮人의 部-在支那各地 1』.

시 한인예배모임에 참석했을 것으로 짐작된다.

　김홍서는 금릉신학 입학을 희망했지만 곧바로 들어가기는 어려웠을 것이다. 우선 한인 유학생들이 일반적으로 학비와 생활비를 해결하는 문제는 큰 부담이었다. 국내에서 오는 돈이 충분치 못하면 현지에서 고학을 하거나 장사를 해서 조달해야 했다. 게다가 현지 생활과 원만한 학업을 위해서는 상당한 정도의 중국어와 영어 실력이 선행되어야 했기에 한동안 어학공부에 부심했을 것으로 생각된다. 이렇게 해서 중국어의 경우 자신의 이력서에서 '최장기능最長技能' 혹은 '소긍所肯' 다시 말해 가장 잘 하는 것이 중국어라고 자신할 정도가 되었다. 능숙한 중국어는 몇 년 후 현지에서 중국인들을 대상으로 반일연설을 하거나 안창호를 수행하는 과정에서, 중한호조사 등 각종 단체 및 모임에서 중국어 통역을 맡는 등 독립운동을 진행하는데 자산이 되었다. 가족을 부양하기 위한 생업 경영에도 큰 도움이 되었음은 물론이다.

　그가 금릉신학에 입학한 것은 1918년이었다. 금릉신학은 1888년 미국 장로교와 감리교 등 5개 교단 선교회가 합동으로 설립한 신학교였다.[37] 『기독신보』 기사에 따르면, 1918년 김홍서는 백영엽白永燁과 함께 금릉신학에 입학하였다고 한다.[38] 백영엽은 금릉신학 재학 시기 임시정부 외교부 서기를 지냈으며 졸업 후에는 국내외에서 목사 활동을 한 인물이다. 그가 1918년 8월 금릉신학에 입학하였다고 하므로 김홍서의 금릉신학 입학도 1918년 8월로 보여진다. 그러던 중 국내에서 거족적인 3·1운동이 일어나고 상

36　윤은자, 「20세기 초 남경의 한인 유학생과 단체(1915-1925)」, 『중국근현대사연구』 29, 2008, pp. 28-30, p. 42.
37　김경하, 『태산을 넘어 험곡에 가도』, 한국장로교출판사, 1999, p. 144.
38　「上海鮮人敎會史 (11) 附 南京敎會史」, 『기독신보』 1922년 9월 6일자.

해에서 임시정부 수립을 위한 움직임이 시작되면서 김홍서는 학업을 계속할 수가 없었다. 1919년 3월 이후 남경 생활을 정리하고 상해로 가서 독립운동에 전념할 수밖에 없었음을 볼 때 금릉신학에서 공부한 것은 한 학기 정도의 짧은 기간이었다. 금릉신학 재학 시기 그의 학업을 보여주는 기록은 찾아볼 수 없지만 독립운동에 뛰어들기 위해 상해로 가게되면서 신학 공부는 접을 수밖에 없었던 것으로 보인다.

2. 중국에서의 독립운동

1) 임시정부 참여

1918년 11월 제1차 세계대전이 막을 내리고 전후 처리를 위해 파리강화회의가 열린다는 소식이 국내외에 전해졌다. 이에 한인들은 강화회의에 대표를 파견하여 한국문제를 의제화하기 위해 노력하였다. 이를 계기로 1919년 전민족적인 3·1운동이 일어나고 그 결과 대한민국 임시정부가 탄생하게 되었다.

3·1운동과 임시정부 수립이라는 흐름에 김홍서도 적극적으로 뛰어들었다. 남경에서 금릉신학에 다니던 그는 현지 신문을 통해서 혹은 상해를 왕래하면서 동지들로부터 3·1운동 발발 소식과 함께 상해에서 진행되던 임시정부 수립 움직임을 알게 되었다.

국내에서 3·1운동이 대대적으로 일어나자 국외 일본 외교기관들은 관할지역 거주 한인들의 동향을 면밀하게 감시하기 시작했다. 남경 일본영사관도 관할지역에 거주하던 요시찰 한인들의 동향에 대한 감시를 강화하였다. 일제는 남경에 거주하는 김홍서 및 임춘희가 1919년 2월 이래 국내에서 보내준 돈을 수령한 사실이 있는데, 학비로서는 지나치게 많은 점과 함께 김홍서에게 돈을 보내준 문경철이라는 인물이 송금 직후 숙소를 변경한 사실을 의심하였다. 또한 다니던 학교가 휴교 중이 아님에도 불구하고 그가 '상업 목적'으로 서주徐州에 갔다고 하거나 어딘가에 약 1주일간 여행하였으며 4월 12일경 돌아왔다가 곧바로 상해 방면으로 여행한 형적이 있다고 보고하였다.[39] 여기서 서주로 갔다는 것은 아마도 김홍서가 일본영사관의 감시를 따돌리는 연막 작전으로, 실제로는 상해에 갔던 것이다.

아울러 남경 일본영사관은 남경 하관세관에서 「임시정부선포문」 1만 매 뭉치를 발견하고 발신자와 수취인을 조사하고 있었는데, 김홍서가 고향에서 다액의 자금을 받은 것을 이와 관련된 것으로 파악하였다.[40] 「임시정부선포문」은 3·1운동 직후 국내에서 만들어진 한성정부가 4월 23일 발표한 것인데, 이것이 4월 3일 남경에서 대량 복제되어 봉천으로 우송될 순간 남경 하관 세관에 의해 압수되었던 것이다. 어떻게 해서 「임시정부선포문」이 남경에서 발견되었는지, 또 이 일에 김홍서가 어느 정도 관여하였는지 구체적인 내용은 알 길이 없다.

그가 상해로 갈 무렵 국내에서 3·1운동 민족대표의 위임을 받아 국내의 운동을 국외에 선전하고 세계 여론을 일으키기 위해 현순이 3월 1일 상해에 도착하고 있었다. 현순은 며칠 후 최창식, 이광수 등과 함께 프랑스조계 하비로霞飛路 329호에 독립임시사무소를 설치하고 임시정부 설립에 본격적으로 착수하였다.[41] 이 과정에 김홍서도 참여하였다. 늦어도 3월 중순

---

39 「南京居住 要視察 朝鮮人 身元調査」(1919. 4. 4), 淸野長太郎(南京領事館 事務代理)→內田康哉(外務大臣), 『不逞團關係雜件-朝鮮人의 部-在支那各地 1』.
40 위의 「南京居住 要視察 朝鮮人 身元調査」. 이 문서에는 「임시정부선포문」 필사본이 첨부되어 있다.
41 고정휴, 「대한민국임시정부의 성립과정에 대한 검토」, 『한국근현대사연구』 12, 2000, p. 98.

에는 그도 상해에 있었을 것으로 보인다.

그는 독립임시사무소에서 3월 28일자로『독립신보獨立新報』를 창간하고 주필로 활동하였다. 국내에서 대한매일신보에서 활동했던 경험이 십분 활용되었던 것으로 보인다. 등사판 신문인『독립신보』는 김홍서 외에 백남칠·배동선·이광수·김성근 등이 조력하여 제10호(4월 11일자)까지 발행하였다.[42]『독립신보』는 주로 국내에서 3·1운동 후 발간된 지하 비밀 신문 등의 신문과 포고문, 경고문 등 여러 전단을 번역해 실었으나 점차 일제의 압제에 저항하는 민중의 투쟁을 전했다. 신문과 전단은 3·1운동 후 상해에 망명한 지사나 선교사, 외국인으로부터 입수했을 가능성이 높다.[43]

그 외에 등사판 영어 소식지도 간행하여 외국인들에게 배포하였다. 3·1운동의 소식과 한국독립의 당위성, 그리고 일제의 만행을 국내외의 인사들에게 알리기 위한 것이었다.[44] 그런만큼 일제는 김홍서가 "남경 금릉신학교에 입학하여 면학 중 독립운동이 발생하였는데 이에 가담하고 또『독립신문』을 집필하여 위격危激의 문文을 초草하고" 있다고 하였다.[45] 일제의 보고에 보이는『독립신문』은『독립신보』로 보아야 할 것이다. '위격의 문을 초' 즉 위험하고 과격한 문장을 짓는다는 표현은 김홍서가 임시정부 수립 과정에서 적극적으로 활동했음을 뜻한다.

마침내 1919년 4월 10일 밤 프랑스조계 김신부로에서 제1회 임시의정원 회의가 열렸다. 이 자리에서 대한민국이라는 국호를 결정하고 헌법을

---

42 「鮮人發刊ノ『獨立新報』ニ關スル件」(1919. 4. 17), 在上海 總領事 有吉明→外務大臣,『한국독립운동사 자료』37: 해외언론운동편, 국사편찬위원회, 2001, p. 83.
43 강덕상 지음, 김광열 옮김,『여운형 평전』1, 역사비평사, 2007, p. 211.
44 최기영,「해제」,『대한민국임시정부자료집』별책1: 독립신문, 국사편찬위원회, 2005.
45 「중요한 不逞鮮人의 略歷 送付의 件」(1920. 7. 2), 上海總領事→外務大臣,『不逞團關係雜件-朝鮮人의 部-在上海地方 3』.

제정하면서 다음날 한국 역사상 최초의 민주공화제 정부인 임시정부가 수립되었다. 김홍서는 제1회 임시의정원 회의가 열려 임시정부가 수립되던 4월 10일, 11일에는 상해에 없었던 것으로 보인다. 상해에 있었다면 제1회 임시의정원 의원 명단에 이름이 올랐을텐데 보이지 않는다. 며칠 후인 4월 14일 임시정부가 차장제를 폐지하고 위원제를 채택할 때도 위원 명단에 그의 이름은 보이지 않았다.[46] 아마도 일제가 파악한대로 4월 12일 남경에 가서 상해에 없었기 때문으로 추측된다. 그가 다시 남경으로 간 것은 상해에서의 본격적인 활동을 위해 남경 생활을 정리하고 부인과 아이들이 남경에서 안정적으로 생활할 수 있도록 여건을 만들어줄 필요가 있었을 것이다.

1919년 4월 중순경 다시 상해로 돌아간 김홍서는 4월 22일 프랑스조계 김신부로 임시정부 청사에서 개원한 제2회 임시의정원에서 평안도 의원으로 선출되었다. 다음날 임시의정원 회의에 참석하여 국무원 비서장 조소앙과 내무차장 신익희의 사직원을 수리하고 차장제 폐지와 위원회 전환을 결의하였다. 그해 7월 8일에 열린 제5회 임시의정원 회의에서 상임위원회 군무위원으로 선임되었다. 계속하여 8월 27일부터 열린 제6회 임시의정원 회의에 참석하여 임시정부 개조 및 임시헌법 개정을 논의하고 임시헌법 수정 통과안을 임시정부에 제출하였다.[47] 제1차 개정 헌법이자 통합헌법인 이 헌법은 이해 9월 11일 상해의 임시정부가 당시 국내외의 대한국민의회와 한성정부를 통합하여 하나의 통일정부를 수립하는 근거가 되었다는 데서 그 의미가 자못 깊었다.

---

46 1919년 4월 14일 김홍서가 임시정부 재무부 위원으로 있었다고 하는 연구가 있는데, 이는 金弘權의 오기이다. 김홍권은 경남 하동 출신 독립운동가이다. 신용하, 『민족독립혁명가 도산 안창호 평전』, 지식산업사, 2021, pp. 200-201.
47 『대한민국임시정부자료집』 2: 임시의정원 Ⅰ, 국사편찬위원회, 2005, pp. 43-47.

같은 해 9월 김홍서는 임시의정원 의원 명의로 평양신학교 재학생 박종은에게 '대한야소교연합진정회'(1919.9.29.)의 '제휴 청원서'를 발송하였다.[48] 청원서는 상해 임시정부와 국내 교회를 연결하는 연락망 구축에 관한 구체적인 제안을 담고 있었다. 즉 상해부터 안동까지는 연락망이 구축되었으니 국내에서도 기독교계가 나서 신의주에서 평양을 거쳐 서울에 이르는 비밀 연락망을 구축해달라는 제안이었다. 청원서 발송은 임시의정원 의장 손정도가 평양 실정을 잘 아는 김홍서에게 부탁하여 진행된 일이었다. 손정도는 강서 고향 선배이기도 했다.[49]

김홍서의 의정활동 가운데 인상이 깊었던 것은 제7회 임시의정원이었다. 1920년 3월 16일 임시의정원 회의에서 이진산, 이유필 등과 함께 '개전開戰'에 대한 정부 방침을 질의하였다.[50] 또한 4월 30일 윤기섭의 주도로 이진산, 왕삼덕, 이유필 등과 함께 '군사軍事에 관한 건의안'을 정부에 제출하였다. 건의안은 군사회의 소집, 군무부의 만주 이전, 대대적인 군사훈련 실시, 군사지휘관 양성, 연내 독립전쟁의 개전을 제안하는 내용으로 이루어졌다. 서북간도지역의 활발한 독립전쟁에 고무된 임시의정원 회의에서 이 건의안은 3명의 기권자를 제외한 전원 일치의 가결을 얻을 수 있었다.[51]

---

48 「耶蘇教徒及假政府員의 國際聯盟會議에 대한 運動計劃의 건」(1919. 11. 28), 朝鮮總督府 警務局長, 『不逞團關係雜件-朝鮮人의 部-上海假政府 1』.
49 이덕주, 『손정도: 자유와 평화의 꿈』, 밀알북스, 2020, pp. 267-268. 이덕주는 '제휴 청원서'가 국내에 전달된 것은 손정도, 김홍서, 박종은이라는 3인의 '숭실 동문 네트워크'에 의해 이루어진 것이었다고 하였다. 김홍서를 숭실학교 졸업생으로 본 것이다. 그런데 김홍서는 숭실학교 졸업생이 아니었다. 아마도 숭실중학 5회 졸업생 가운데 '金弘瑞'(원적 함북 웅기, 직업 상업)라는 인물을 임시의정원 의원 김홍서와 같은 인물로 본 것 같다. 다시 말해 이 두 인물은 전혀 다른 사람이었다. 숭실대학교 한국기독교박물관, 『숭실교우회 회원명부』 평양숭실대학 역사자료집 VI, 2017, p. 29.
50 『대한민국임시정부자료집』 2: 임시의정원 I, pp. 69-70.
51 「尹琦燮氏等의 提出한 軍事에 關한 建議案」, 『독립신문』 1920년 4월 3일자.

사실 임시정부는 1920년을 '독립전쟁의 해'로 규정하였지만 준비 부족을 이유로 즉각적인 개전을 반대하고 있었다. 건의안은 즉각적인 독립전쟁을 반대하는 이러한 준비론을 비판함으로써 임시정부 내에서 독립전쟁의 당위성을 환기하는 의미가 있었다.

그 후에도 임시의정원에서 평안도 의원, 내무외무 위원, 상임위원으로서 지속적인 의정 활동을 펼쳤다.[52] 1934년 10월 2일 제27회 회의 때까지 임시의정원 의원으로 활동하다가 1935년 10월경 제28회 회의에서 해임되었다. 이 해 관내지역 단일대당으로 조직된 민족혁명당에 참여하여 임시정부와 멀어지면서 임시의정원 의원도 해임되었던 것이다.

임시의정원 활동 외에 정부 활동도 왕성하게 수행하였다. 그는 기본적으로 임시정부 내 정치세력 가운데 안창호 내지는 흥사단계열에 속했다. 일제도 김홍서를 이탁, 양헌, 한진교, 김승학 등과 함께 안창호 중심의 평안파 계열에 속하는 것으로 파악하였다.[53] 동지들이 김홍서를 1919년 이후 안창호의 '중국어 통역 비서'로 종사했다고 회고한 바와 같이, 안창호가 중국 인사들을 만날 때 통역으로 수행하거나 중국 관련 일에 발 벗고 나섰다.[54] 1932년 윤봉길의거 이후 안창호가 체포되어 국내로 압송될 때까

---

52 그 외 자료에 산견되는 김홍서의 임시의정원 활동 관련 사항을 간단하게 제시하여 장황함을 피한다. 1921년 5월 28일 임시의정원 제8회 평안도 의원, 같은 해 9월 25일 제9회 회의에 내무외무 위원으로 참석하였다. 1929년 12월 11일 제22회 회의, 1930년에는 상임위원으로 차리석 등과 함께 의정활동을 계속하였는데, 1931년 11월 경 제23회 회의에는 의원직을 사면하였다. 그러다가 1933년 10월 3일 제26회 회의 때는 평안도 의원으로 임시의정원에 진출하여 활동하였다.

53 「북경 및 상해 불령선인의 동정」(1921. 11. 11), 조선총독부 경무국장→내각 총리대신 등, 『不逞團關係雜件-朝鮮人의 部-在支那各地 2』.

54 「총리 봉안식에 참석한 한국대표 安昌浩 씨, 한국혁명의 근황에 대해 언급」, 『廣州民國日報』 1929년 6월 15일자; 「臨政消息」, 『신한민보』 1929년 7월 18일자. 1929년 중국 혁명의 지도자 손문의 유해가 북경에서 남경으로 이장될 때 김홍서는 통역 겸 비서로 임시정부 대표 안창호

지 김홍서는 안창호와 홍사단의 정치적인 테두리 안에서 활동했다고 할 수 있다.

임시정부가 수립된 후 상해에서 다시 안창호를 만나게 되었으며 홍사단에도 가입하였다. 1920년 2월 13일 홍사단 단소에서 안창호 등이 참석한 가운데 일종의 심층면접이라고 할 수 있는 '문답식'을 거행하고 입단을 허가받은 그는 예비단우로서 주요한, 김여제 등과 함께 입단식을 거행하였다.[55] 예비단우로서 일정 기간을 거친 후 정식 단원인 통상단우가 된 것은 그해 9월 9일이었다.[56]

그의 홍사단 입단이 순조로웠던 것은 아니었다. 1920년 안창호를 방문한 안정근이 김홍서를 '신용키' 어려운 사람이라거나 홍사단 입단을 불만스럽게 얘기한 사실이 있었다.[57] 안중근의 동생이었던 안정근은 이때 홍사단에 가입하였으며 임시의정원 의원을 역임하였던 인물이었다. 안정근이 어떤 이유로 김홍서를 부정적으로 인식했는지는 알 수 없다. 홍사단 단원 가운데는 일본 유수의 대학 출신으로 임시정부를 사실상 움직였던 소장기예들이 있었는데, 이들과 비교해 김홍서가 상대적으로 학벌이나 능력이 떨어진다고 판단하여 무시했던 것은 아닌지 모르겠다. 우여곡절 끝에 입단한 김홍서는 독립운동 시기는 물론 광복 후 환국해서도 평생 홍사단 단원으로 살았다.[58]

를 수행하였다. 1963년 독립유공자 공적심사를 위해 동지들이 작성하여 제출한 「故金弘敍先生鬪爭略歷」에는 다음과 같은 내용이 있다. "西紀 1919年 以來 島山 安昌浩先生의 中國語 通譯 祕書로 從事하다."

55 「안창호일기」 1920년 2월 13·14일자, 『도산안창호전집』 제4권: 일기, pp. 858-859.
56 「第百十五 團友 金弘敍 履歷書(1920년 9월 9일)」, 『도산안창호전집』 제10권, p. 670.
57 「안창호일기」 1920년 2월 20·24일자, 『도산안창호전집』 제4권, p. 862, 866.
58 『홍사단인물 101인』, 홍사단, 2015, pp. 197-198. 김홍서의 홍사단 활동에 대한 구체적인 내

그는 임시정부 수립 직후 짧은 기간 동안 국무원 참사[59], 임시공채관리국 공채모집위원[60], 교통부 부장[61]으로 활동하는 한편 언론·출판·선전활동에 주력하였다. 먼저 임시정부의 관찬사서인 『한일관계사료집』 편찬에 참여하였다. 1919년 7월 임시정부는 국제연맹에 일제 통치의 부당성을 호소하기 위해 임시사료편찬회를 조직하고 『한일관계사료집』을 편찬하기로 하였다. 편찬회의 총재는 안창호, 주임은 이광수, 위원은 김병조 등 9명이고 조역은 김붕준 등 20명이며, 김홍서는 간사로 선임되었다. 편찬 실무를 담당했던 그는 직접 집필에는 참여하지 않았지만 앞에서 본 바와 같이 자신이 경험했던 사광학교 관련 사실들이 사료집에 반영되었다. 그해 8월 하순에 마무리된 『한일관계사료집』 4권이 국제연맹에 제출된 후 편찬회는 해산했다.[62]

출판 활동도 다양했다. 1920년 12월 발행인 명의로 3·1운동 시기 일제의 만행을 고발한 『한국진상韓國眞相』이라는 책자를 펴냈다. 상해 영자신문 대륙보大陸報, China Press 기자 나다니엘 페퍼Nathaniel Peffer가 3·1운동 시기 국내에 파견되어 일제의 만행을 목격하고 고발한 책자로 한국 독립운동

용은 이 책을 참고하기 바란다.
59 「1919년 12월 11일-1920년 2월 9일」(附) 대한민국 원년도·2년 양년 국무원 직원 이동표」, 『대한민국임시정부자료집』 8: 정부수반, 국사편찬위원회, 2005, p. 132.
60 「臨時公債管理局 公債募集委員 一覽表(1920)」, 『雩南李承晩文書』 東文篇 7: 대한민국임시정부 관련문서 2, 延世大 現代韓國學硏究所, 1998, p. 299 ; 『대한민국임시정부자료집』 27: 내무부·교통부·재무부·문화부, 국사편찬위원회, 2008, p. 107.
61 「不逞鮮人動靜」(1923. 1. 17), 關東廳 警務局, 『不逞團關係雜件-朝鮮人의 部-上海假政府 4』. 일제 關東廳 警務局의 보고에 의하면, 1922년 12월 임시정부 교통부 부장인 김홍서가 길림교통부에 서면을 보냈다고 한다. 그런데 김홍서가 교통부 부장을 역임한 것은 다른 자료에서는 확인되지 않는다.
62 박걸순, 「대한민국임시정부의 역사서 편찬」, 『대한민국임시정부논문집』 하, 국가보훈처, 1999, pp. 429-430.

의 진실을 전 세계에 알렸다. 때문에 임시정부는 이 책을 번역하여 일본에 대한 선전자료로 활용하였다. 김여제가 번역한 국한문판은 『한국독립운동韓國獨立運動의 진상眞相』(獨立新聞叢書第一)이라는 타이틀로 독립신문사에서 출판되었다.[63] 김홍서는 이영렬과 함께 발행인으로 있던 삼일인서관三一印書館에서 이 책을 중문으로 번역하여 간행하였다. 『한국진상』이라는 제목으로 중국인들을 대상으로 하는 중문 번역판이었다.[64] 삼일인서관은 당시 독립신문을 발행하던 삼일인쇄소로 보이는데, 중국인을 대상으로 했던 책이기 때문에 인쇄소 이름을 중국식으로 '인서관印書館'이라고 붙인 것 같다.

1920년 12월 박은식의 『한국독립운동지혈사』도 발행하였다.[65] 『한국진상』과 같은 해에 간행되었지만 출판사는 달랐다. 『한국독립운동지혈사』의 저자는 박은식, 발행자는 이유필, 김홍서이며 발행소는 '상해上海 법계法界 포석로浦石路 창여리昌餘里 57 유신사維新社'로 되어 있다.[66] 이로 보아 같은 평안도 출신이자 홍사단 단원인 이유필과 함께 유신사라는 출판사를 운영하였던 것으로 보인다. 박은식과는 같은 해 『만선滿鮮에서의 일본군의 참해慘害』라는 제목의 일제의 잔학상을 폭로하는 한문 팜플렛을 함께 제작하여 각 방면에 배포한 인연이 있었다.[67]

현지 중국인들을 대상으로 하여 일제의 한국지배의 불법성과 한국 독

---

63 내다니엘 페퍼- 著, 金興濟 譯, 『韓國獨立運動의 眞相』(獨立新聞叢書第一), 1920. 국가보훈처는 1994년 이 책을 영인하였다.
64 費波, 『韓國眞相』, 上海: 三一印書館, 1920.
65 「대한민국 2년(1920) 주요사건」, 『대한민국임시정부자료집』 별책 2: 조선민족운동연감, 국사편찬위원회, 2009, p. 82.
66 「대한민국 2년(1920) 주요사건」, p. 82.
67 「대한민국 2년(1920) 주요사건」, p. 82.

립의 정당성을 선전하는 활동도 활발하게 수행하였다. 당시 상해에서 중국 내 최대 부수를 발행하던 상업지인 『신보申報』에 김홍서의 활동상이 종종 소개되었다. 1921년 2월 17일 화동기독교 교육회 연회에 여운형, 서병호와 함께 한국 대표로 참석해서 『한국현상韓國現狀』 소책자를 배포하였으며[68] 같은 해 5월 15일 상해 소년선강단少年宣講團에서 한국 대표로 연설하였다.[69] 1931년 3월 아주문화협회 상해 지회에서 집행위원의 한 사람으로 선출되었으며, 같은 해 10월 4일 대만의 혁명 영수 장위수蔣渭水 추도식에 상해 한인각단체연합회 대표로 참석하여 피압박약소민족이 연합하여 일본 제국주의를 타도하자는 비통한 추도 연설을 하였다.[70] 같은 해 10월 14일 동방문화학회에 참석하여 문화회 회원들의 단결에 대해 연설하였다.[71]

2) 독립운동단체 활동

김홍서는 임시정부 외에도 다양한 독립운동단체 및 정당에서 활동하였다. 그가 참여한 단체로는 임시정부 직할단체, 외곽단체, 지원단체 등으로 표현되는 단체들로 대개 임시정부를 지지 혹은 지원하려는 목적으로 조직된 것들이었다. 상해 대한교민단, 외교연구회, 시사책진회, 노병회, 국민대표회의, 중한호조사 등 단체들이다. 독립운동정당으로는 1930년 임시정부의 여당으로 조직된 한국독립당, 1935년 관내지역 단일대당으로 출범한 민족혁명당 등이 있다.

---

68 「華東基督教教育會年會三紀」, 『申報』 1921년 2월 18일자. 『韓國現狀』은 1920년 김홍서가 三一印書館에서 펴낸 『韓國眞相』으로 보인다. 본고에서 활용한 『申報』 기사는 윤은자 전 남경대학 교수가 제공한 것이다. 지면을 빌어 감사드린다.
69 「少年宣講團歡迎會紀」, 『申報』 1921년 5월 17일자.
70 「各界昨日追悼蔣渭水」, 『申報』 1931년 10월 5일자.
71 「東方文化學會茶會紀」, 『申報』 1931년 10월 15일자.

먼저 독립운동단체들이다. 1916년 남경에 정착하면서 상해를 오갔던 그는 상해 한인들의 교민단체인 대한교민단에 대한 애정이 많았다. 1920년 7월 26일 교민단 위원 선거에서 장붕, 이유필, 최창식 등과 함께 교민단 의사원에 선출되었다. 같은 해 11월 9일 의원 개선 때는 본구 의원에 선출되었다. 1923년 김홍서는 교민단 단장에 선임되어 동포들의 생활개선을 위해 노력했다. 교민단 간부였던 그는 상해 한인사회에서 궂은 일에 앞장섰다. 교민단에서 활동하면서 잠깐 동안이지만 교민단 산하의 인성학교 교사로도 봉직하였다. 상해에는 거주 한인 자제들을 대상으로 하는 인성학교가 설립되어 자제들에 대한 민족교육를 담당하고 있었다. 김홍서의 자녀들도 인성학교를 다녔다. 1919년 김태연이 교장으로 있을 때 교사로 있었다.[72] 이때 그는 인성학교 학생들을 데리고 남경으로 수학여행을 갔고, 학생들은 금릉대학에서 연극을 공연하여 많은 칭찬을 받은 일이 있다.[73]

교민단은 1932년 4월 홍구공원의거를 계기로 어려움에 처하게 되었다. 폭탄의거에 대한 일제의 보복으로 독립운동 간부들이 체포되거나 상해를 빠져나가면서 교민단 업무는 일시적으로 중단되었다. 1934년 1월 김홍서가 교민단 정무위원장으로 취임하면서 양기탁, 문일민 등과 함께 교민단의 정상화에 노력하였다. 교민단 명의로 같은 해 3월 1일의 「3·1절 기념선언」, 8월 29일의 「국치기념선언」을 발표하기도 하였다. 그러나 1935년 7월 관내지역 단일대당인 민족혁명당이 창립되면서 임시정부 폐지를 주장하는 여론이 조성되고 김홍서, 문일민 등이 항주, 남경으로 이동하게 됨으로

---

[72] 김광재, 「인성학교의 설립과 운영」, 『근현대 상해 한인사 연구』, 경인문화사, 2018, p. 407.
[73] 「仁成學校生徒 南京으로 修學旅行」, 『독립신문』 1920년 1월 10일자; 손과지, 『상해한인사회사』, 한울, 2001, p. 163.

써 교민단은 사실상 해체되기에 이르렀다.[74]

김홍서는 장기적으로 한중 군사합작과 독립전쟁 전비 마련을 위해 조직된 노병회에서 활동하였다. 노병회는 "조국광복을 위해 향후 10개년 이내에 1만 명 이상의 노병을 양성하고 백만원 이상의 전비를 조성함을 목적으로 한다"고 선언하였다. 그는 김구, 여운형 등 20여 명과 함께 노병회의 기초위원이 되어 군인양성 및 독립전쟁의 비용 조달을 위해 노력했다.[75]

노병회 설립 직후인 10월 8일 그는 조상섭과 함께 하남성의 풍옥상馮玉祥에게 파견되었다. 장차 독립전쟁을 수행하기 위한 한인 청년의 군사교육을 교섭하기 위해서였다.[76] 그 결과 그해 12월 한인 청년들이 한단군사강습소, 북경학생단, 개봉병공국 등으로 파견되어 군사훈련과 군사기술을 배우게 되었다. 계속하여 1923년 그는 중국 군벌 오패부吳佩孚 병영을 방문하여 한인 군대 양성을 위한 문제를 협의하였다. 노병회는 당장은 현실적으로 이루어지기 힘든 것이지만 장기적으로는 중국과 연합하여 독립군이 동삼성에 집결하여 조선으로 진출한다는 목표를 세워 놓고 있었다. 일제의 분석에 따르면, 일찍부터 오패부가 중국군이 조선을 거쳐 일본에 진공해야 한다고 '호언장담'한 바 있는데, 이러한 측면에서 노병회와 오패부의 이해가 맞아 떨어진 것이었다.[77]

그는 독립전쟁의 비용 조달을 위해 중국 측으로부터 무기 매매 관련

74　村田左文, 『上海及南京方面に於ける朝鮮人の思想狀況』, 朝鮮總督府 高等法院, 1936, pp. 154-156.
75　노병회에 대해서는 다음 연구가 참고된다. 김희곤, 「한국노병회의 결성과 독립전쟁 준비방략」, 『중국관내 한국독립운동단체 연구』, 지식산업사, 1995.
76　「노병회 외 상해정보」(1922. 10. 20), 육군성→외무대신, 『대한민국임시정부자료집』 32 관련단체 Ⅱ, 국사편찬위원회, 2009, p. 13.
77　「在支鮮人의 行動에 關한 件」(1923. 8. 9), 澤田牛麿(福岡縣知事)→內田康哉(외무대신) 등, 『不逞團關係雜件-朝鮮人의 部-上海假政府 5』.

일에 나섰다. 일제는 그가 중국 측과의 무기매매 중개에서 한국 측 교섭원이라고 하였다. 중국어와 영어를 잘 하였기에 가능한 일이었다. 실제로 1924년 그는 오패부 측과 교섭하여 다수의 무기를 매매하는 과정에 관여한 일이 있었다.[78] 1926년 중국군 의창군사령부 왕덕희王德熙와 무기 매매에 대해 교섭하였다.[79] 사천성 양삼楊森의 부하인 의창宜昌 군사령부 왕덕희라는 자가 상해의 김홍서에게 무기 매매에 관한 서신을 보낸 것이 일제 정보망에 포착되었다. 일제는 종래 국민혁명군이나 군벌 군대를 막론하고 한인에게 무기 매매를 의뢰하는 자가 적지 않다는 풍문이 있다고 지적하였다.

노병회는 1932년 4월 공식적으로 해산되었지만 1930년대 전반부터 중국군관학교에서 한인 청년에 대한 군사훈련을 실시하여 상당수의 독립군을 양성하는데 큰 힘이 되었음은 부정할 수 없을 것이다.

김홍서는 일제의 탄압과 독립운동 노선 대립으로 극심한 침체에 빠져 있던 임시정부를 개혁하기 위한 움직임에 동참하였다. 1923년 1월 3일 상해에는 국민대표회의가 개최되어 같은 해 6월 중순까지 국내외의 독립운동단체 대표 백여 명이 모여 임시정부 존폐 문제와 민족운동의 명운을 둘러싸고 활발한 논의를 벌였다.

김홍서는 공성단共成團 대표로서 국민대표회의에 참여하였다. 공성단이 어떤 단체인지 확실치 않지만 임시정부의 개혁을 주장하는 개조파 입장을 취했던 단체로 보인다. 이 회의에서 그는 의장 김동삼, 부의장 안창호, 윤해, 비서장 김병조에 이어 한진교, 차리석과 더불어 비서로 선출되었다.

---

78 「上海假政府 및 義烈團 其他不逞鮮人의 狀況에 關한 件 1」(1924. 1. 29), 芳澤謙吉(支那特命全權公使)→松井慶四郞(外務大臣), 『不逞團關係雜件-朝鮮人의 部-在上海地方 5』.
79 「지나군인과 조선인 간에 있어 무기매매에 관한 건」(1926. 12. 14), 조선총독부 경무국장→내각 척식국장 등, 『不逞團關係雜件-朝鮮人의 部-在支那各地 4』.

그런데 회의는 개조파와 창조파의 두 주장이 대립하면서 난관에 부딪쳤다. 결국 서로의 의견은 좁혀지지 못한 채 회의는 결렬되고 말았다.

한중합작 단체인 중한호조사 활동에도 열심히 참여하였다. 중한호조사는 상해, 장사, 성도, 한구 등지에서 조직되어 한중 인사들이 양국의 상호이익을 위한 외교활동과 독립운동을 추진하였던 단체였다.[80] 1923년 9월 1일 중한호조사 총회에서 김홍서는 여운형 등과 함께 한국 측 이사로 선출되었으며 문서과 주임으로 선임되어 활동하였다. 또 한중 양국인 각 10인이 평의원으로 선임되었다. 한국측은 김홍서를 비롯하여 김규식, 이탁, 여운형 등과 더불어 평의원이 되었다. 호조사 회의에서는 비용을 조달하기 위해 여러 가지 방안이 나왔는데, 그는 고려인삼 판매 영업에 대한 계획서를 제출하였다.[81] 호조사 활동에서 자신의 중국 인맥을 십분 활용하기도 하였으며 또한 이를 통해 친한 중국인 네트워크를 더욱 확대할 수 있었다.[82]

다음으로 독립운동정당 활동을 보자. 1920년대에 들어 임시정부가 침체되면서 그로 인한 난국을 수습하려는 노력이 국민대표회의로 추진되었다. 국민대표회의가 좌절된 뒤에도 관내지역 독립운동진영을 대동통일하려는 노력은 계속되었다. 이후 우익세력도 임시정부의 옹호·유지를 목적으로 세력을 결집, 1930년 1월 한국독립당을 창당하였다. 한국독립당은 임시정부를 지지·옹호하는 기초정당이라는 성격을 띠고 있었다.[83]

그는 임시의정원 상임위원으로 있으면서 안창호, 이동녕, 김구 등과

---

80 중한호조사에 대해서는 다음 연구가 참고된다. 조덕천, 『중한호조사와 한중연대』, 역사공간, 2021.
81 「上海情報」(1922. 12. 28), 朝鮮總督府 警務局長, 『不逞團關係雜件-朝鮮人의 部·上海假政府 4』.
82 그 외에 김홍서는 임시정부를 지원하는 대한적십자회, 외교연구회, 시사책진회 등의 단체에서 활동했는데, 모두 안창호가 주도하였던 것만 지적하고 지면관계상 구체적인 내용은 생략한다.
83 조범래, 『한국독립당연구(1930-1945)』, 선인, 2011, pp. 90-92.

함께 한국독립당 창당에 참여하였다. 한국독립당에는 상해에서 활동하고 있던 주요 민족주의 인사들이 망라되었다. 이들 가운데 김구, 이동녕, 안창호, 박찬익, 이유필 등은 국내 신민회 이래 함께 활동했던 인사들이었다.

　　1931년 그가 한국독립당에서 활동하고 있던 시기 일본은 9·18사변(만주사변)을 일으켜 만주를 장악하였다. 임시정부는 긴급 국무회의를 소집하고 '특무공작'을 추진하는 한인애국단을 결성하여 의열투쟁을 감행하였다. 1932년 4월 윤봉길의사의 홍구공원의거는 그동안 침체되었던 임시정부를 소생시키고, 독립운동에 활력을 불어넣는 일대 전기를 마련하였다. 하지만 그에 대한 대가도 컸다. 임시정부는 일제의 보복으로 상해를 떠나야 했다.

　　홍구공원의거는 한국독립운동이 중국의 동정과 재정적인 지원을 받는 계기가 되었다. 이에 따라 한국 독립운동 진영에 중국 측으로부터의 금전적 후원이 줄을 잇기 시작했다. 김구를 비롯하여 여러 단체와 인사들이 중국측 후원금을 받게 되었다. 이때 김홍서도 1932년 5월 중순 중국인 친한 인사 주경란朱慶蘭으로부터 300불의 후원금을 받은 것으로 나타나고 있다.[84]

　　그런데 문제가 된 것은 자금을 둘러싼 소문이었다. 중국측 후원금을 김구가 개인적으로 착복했느니, 조소앙·김철은 후원금으로 호화로운 생활을 했느니 하는 얘기들이 돌았다. 중국 측의 의연금을 둘러싸고 독립운동 세력 간에 감정이 상한 속에서 안창호가 진정한 혁명가가 아니라고 중상하는 기사가 신문에 게재되었다. '혁명영수' 안창호를 비방한 데 격분한 김구

---

84 「폭탄사건후에 있어서의 김구 일파 기타의 동정」(1932. 11. 10), 재상해 총영사→외무대신, 『한국민족운동사료』중국편, 국회도서관, 1976, p. 749.

계열과 홍사단 이유필 계열이 항주 임시정부 판공청에 찾아가 항주파 김철, 조소앙에게 항의하고 중국 측 의연금 7천 원을 압수했다(항주 판공청 습격 사건). 이 사건으로 임시정부 국무위원이던 김구, 조소앙 등이 사직하고 임시정부는 무정부상태에 빠졌다. 물론 김홍서가 이러한 독립운동세력 간의 정쟁에 관여한 흔적은 보이지 않는다.

윤봉길의거 이후 일제의 대대적인 한인 체포에 협조한 프랑스 조계당국에 대한 상해 한인들의 불만도 점점 커져갔다. 그 결과 1934년 초 박창세, 나창헌, 강창제, 문일민 등 급진적인 한인들이 프랑스 영사와 경찰국장을 암살하려고 계획하였다. 김구는 그 계획에 대해 단호하게 반대하였다. 박창세는 이를 무시하고 계획대로 프랑스조계 요인 암살을 강행하고자 했지만 미수에 그쳤다.[85] 김구가 지적하였듯이 이들의 행동은 '혁명난류革命亂類'에 가까운 것이었다. 같은 홍사단원이면서 문일민과 가까운 사이였던 김홍서는 이들의 과격한 활동과는 거리를 두었던 것으로 보인다.

홍구공원의거 이후에도 그는 상해를 떠나지 못했다. 상해에는 이미 오랫동안 거주하여 생활 기반이 형성되어 있었기 때문이다. 1932년 4월 이후에도 상해 홍사단 원동위원부 활동은 계속되었다. 1933년 1월 2일과 4일 원동임시위원부 신년회가 상해 프랑스조계 노반로魯班路에 있는 자신의 집에서 개최되는 등 명맥을 유지하였다.

같은 시기 관내지역 단일대당을 결성하기 위한 움직임도 활발해져 갔다. 그 결과 1935년 6월 25일 남경에서 각 혁명단체 대표대회가 개최되어 관내지역 단일대당인 민족혁명당이 조직되었다.[86] 효과적인 독립운동을

---

85 「박창세의 상하이 프랑스 영사 암살 계획」(1934. 5. 27), 프랑스 영사관 경무국 정무과, 『프랑스 외무부 문서보관소 소장 한국독립운동 사료』 3, 국가보훈처·국사편찬위원회, 2016, p. 298.
86 「1935年の上海を中心とする朝鮮人の不穩策動狀況」, 金正明 編, 『朝鮮獨立運動』 2, 東京: 原書房,

수행하기 위해서 분열되어 있던 독립운동진영을 통합한 단일대당의 취지에 공감한 그는 민족혁명당에 참여하였다. 그때까지 활동하였던 한국독립당도 민족혁명당에 통합되었다. 같은 해 7월 민족혁명당 창당 후 임원 선출에서 상해지부장에 선임되었다.

단일대당으로 출범한 민족혁명당은 얼마 지나지 않아 균열의 조짐이 나타나기 시작하였다. 신당의 주요 요직은 당내 실세인 의열단 계열이 장악하고 있었고 의사 결정 또한 그들에 의해 이루어졌다. 여기에서 오는 소외감과 이데올로기 문제 등으로 인한 갈등으로 한국독립당 출신들은 창당 3개월 만에 탈당하여 한국독립당을 재건하였다. 한국독립당에서 함께 활동했던 조소앙, 문일민 등이 민족혁명당을 이탈할 때 김홍서는 그들과 함께 행동하지 않았다. 모처럼 관내지역 독립운동정당들이 대동단결을 이룬 민족혁명당이 다시 결렬되는 것을 원치 않았을 것이다. 중일전쟁 직전인 1937년 1월 5일 민족혁명당은 남경에서 제2차 전체대표대회를 개최하였는데, 이때 그는 중앙집행위원의 한 사람으로 선출되었다.

1937년 7월 7일 북경 교외 노구교에서 일본군의 도발로 전면적인 중일전쟁이 발발하였다. 민족혁명당은 중일전쟁으로 인한 전화를 피해 피난길에 올랐다. 민족혁명당 대가족은 중경 도착 직후 독립운동에 평생을 바쳤던 도산 안창호의 서거 소식을 접했다. 1932년 4월 29일 윤봉길의거 당일 상해 일본영사관 경찰에 체포되어 국내로 끌려갔던 안창호가 1938년 3월 10일 서거하였다. 이 소식은 국내외에 널리 알려졌다. 국내에서는 일제의 혹독한 통제로 장례식 조차 제대로 치루지 못하였으나, 국외에서는 도처에

1967, p. 537.

서 추도회가 개최되었다.[87]

1938년 3월 13일 중경에 도착한 민족혁명당도 추도회를 열기로 결정하였다. 민족혁명당 중경 구당부는 4월 17일 중경시상회重慶市商會에서 안창호선생 추도회를 거행하였다.[88] 이날 오후 2시부터 개최된 추도회에는 한인과 중국인 등 수백 명이 참석하였다. 그들은 안창호를 애도하고 유지 계승을 다짐하였다. 이날 안창호의 약력 보고는 김홍서가 맡았다. 약력을 읽어 내려가던 그는 끝내 소리 내어 통곡하였다. 그로 인해 추도회장은 비분함이 가득했다고 현지 중국 신문들은 보도하였다.[89]

그가 중경에 머무르던 시기 관내지역 독립운동세력 간의 통합운동이 추진되었다. 민족혁명당 일행이 중경에 도착한 후 1년이 지난 1939년 3월 임시정부 대가족 선발대가 중경에 도착하였다. 다음날 김구가 민족혁명당 가족이 있던 남안 손가화원을 방문하였다. 민족혁명당의 윤기섭, 김두봉, 성주식, 김홍서, 최석순 등이 김구에 대한 환영회를 거행하였다. 이 자리에서 김구와 민족혁명당 인사들 간에 좌우 독립운동진영의 통합에 대한 논의가 이루어지면서 통일전선을 위한 분위기가 무르익어 갔다.[90] 이러한 노력은 김구와 김원봉이 좌우통합선언을 발표하는 계기가 되었으며 태평양전쟁 발발 후 민족혁명당이 임시정부에 참여하는 배경이 되었다.

민족혁명당 중앙집행위원으로 재직하던 김홍서는 동당 중경 구당부에 소속되어 총무로서 활동하였다.[91] 부인 김정숙도 민족혁명당 당원으로

---

87 『도산안창호전집』 제13권 논찬·추모록, 도산안창호선생기념사업회, 2000, p. 12.
88 「證人 李尙奎 訊問調書(第二回)」(1939. 11. 2), 『한민족독립운동사자료집』 46: 중국지역독립운동 재판기록 4, 국사편찬위원회, 2001, p. 128.
89 「旅渝韓僑昨悼安先生」, 『新蜀報』 1938년 4월 18일자.
90 김광재, 『대한민국임시정부의 민족혁명가 윤기섭』, 역사공간, 2009, pp. 193-194.
91 「證人 李尙奎 訊問調書(第二回)」(1939. 11. 2), 『한민족독립운동사자료집』 46, p. 136.

각종 행사에 참여하였다. 구당부는 매월 한차례 월례회를 개최하였는데, 국내외 정세, 회계 등을 보고하고 소조회 별로 제안사항을 제출하고 토의하였다. 여기서 결정하기 힘든 것은 계림의 민족혁명당 본부에 보고하였다.[92]

그런데 1940년대 민족혁명당에서의 그의 활동상은 중경 구당부 활동 외에는 자료상으로 잘 확인되지 않는다. 50대 중반을 지나는 나이이기도 하였지만 무엇보다도 장남 건후 문제로 노심초사하였기 때문일 것이다. 다음 장에서 구체적으로 다루겠지만 1937년 중일전쟁 이후 소련에서 광산 기술자로 일하던 건후가 강제수용소에 갇혀 생사를 알 수 없는 일이 있었다. 그로 인한 마음 고생 때문인지 민족혁명당 중앙집행위원이라는 원로로서의 상징적인 존재감 외에는 이전처럼 정력적인 활동은 볼 수 없었다.

다만 중경시기 평생 단원으로 활동했던 흥사단과 관련하여 특기할 만한 사건이 있었다. 1940년 10월 상해 흥사단 원동임시위원부 일부 단우들이 원동위원부 해소를 선언하였다.[93] 물론 이 과정에는 일제의 강압과 회유 공작이 있었을 것이지만, 송병조, 김홍서를 비롯한 재중경 흥사단 단원들은 해소성명서를 발표한 상해 흥사단 단원들을 통렬하게 비난하고 흥사단 부활을 천명하였다.[94]

---

92 「李初生 訊問調書(第三回)」(1939. 11. 9), 『한민족독립운동사자료집』 46, p. 159.
93 「興士團遠東支部 解消聲明書」, 『三千里』 1940년 9월호, pp. 8-9.
94 「선언서」(1940. 10), 『도산안창호전집』 제8권, p. 749.

3. 망명생활과 가족들

1) 망명지 경제생활

김홍서는 독립운동에 참여하는 한편 자신과 가족을 부양해야 했다. 가족 부양은 그로서는 절실한 문제였다. 많을 때는 열두 식구의 생계를 책임져야 하는 가장의 위치에 있었다. 독립운동에 참여하고 가족들을 부양하기 위해서는 수입이 있어야 했다. 그러므로 경제 활동은 독립운동을 장기적으로 수행하기 위해서도 꼭 필요한 일이었다.

독립운동과 아울러 경제활동을 중시한 데는 흥사단의 정신으로부터 영향을 받은 바가 컸다. 흥사단은 인재를 양성하며 경제적 실력을 키우는 것을 중시했으며 단원 개개인에 대한 훈련을 중시하였고, 이를 바탕으로 혁명활동을 수행하고자 했다.[95] 안창호는 단원들의 경제적 자립을 강조하면서 단원들에게 일정 수입이 보장되는 직업을 가져야 함을 역설했다. 그는 임시정부의 활동과 그 외 모든 독립운동, 혁명활동을 수행하는데 무엇보다도 재정 확보가 중요하다고 강조하였다.[96] 흥사단계열은 독립운동뿐만 아니라 일정한 직업을 가지고 경제활동을 하였다.

1921년 대성공사大成公司라는 중계무역을 하는 소규모 회사를 운영하였다. 주로 인삼, 고려포 등 한국 특산물을 수입하여 판매하고 중국 상품을 한국에 판매하였다. 국내 신문에도 광고를 실어 자신의 사업을 홍보하였다.

---

95 이명화, 『도산안창호의 독립운동과 통일노선』, 경인문화사, 2002, pp. 309-312.
96 「興士團第七回遠東大會經過」(1920. 12. 29, 독립기념관 소장 자료).

上海大成公司

上海는 原來 東西貿易의 關鍵處오 歐美交通의 要塞地라 所以로 近者에 六十五個國의 民族이 雲集하야 商業의 競爭이 日甚하는지라 本 公司는 此에 感하야 當地 各 有名한 公司 洋行과 特約하고 品質 堅實한 流行品을 內地 實業家 敎育 및 各界 僉位께 都賣 散賣하오니 愛顧 注文하시면 迅速 精選 提供하겠삽 … 金弘敍 白[97]

위에서 보는 바와 같이, 광고는 동서무역의 요충지라는 상해의 지리적인 이점과 그곳의 건실한 상품을 판매하겠다는 것을 국내 고객들에게 요령 있게 제시하고 있다. 광고에 의하면, 대성공사는 양화부洋靴部, 양복부, 안경부, 시계부, 서적부, 약재부, 주단부, 잡화부 등 다양한 상품을 취급하였다. 1925년 4월 20일 및 21일 이틀간 공공조계 서장로西藏路 모이당에서 고려포전람회高麗布展覽會를 열었다.[98] 한국산 견직물을 전시하고 판매하는 자리였다. 이때 중국 각계의 인사들이 많이 참관하였는데, 김홍서가 직접 전람회를 방문한 모 군벌 가족을 안내하였다고 한다.

독립운동과 상업활동의 편의를 위해 중국 국적을 취득하였다. 당시 상해의 한인 독립운동가들이나 사업가들은 중국에 귀화하는 경우가 많았다. 국내에서 바로 미국으로 유학을 가지 못하고 상해를 경유했던 학생들에게도 중국 국적이 필요했다. 상해에서는 수십 명의 한인이 한 번에 귀화 신청을 하여 중국 국적을 취득하였다.[99] 확실히 중국 국적은 독립운동을 하는데

---

97 「광고: 上海大成公司」, 『동아일보』 1921년 9월 29일자. 같은 해 10월 말까지 동일한 광고가 여러 차례 게재되었다.
98 「高麗布展覽會紀」, 『申報』 1925년 4월 22일자.
99 在上海日本總領事館警察部, 「中國歸化朝鮮人調」, 「特高警察ニ關スル事項」, 1934(『在支滿本邦警

서 오는 위험을 감소시켜 주었으며 사업상의 편의도 제공해 주었다.[100]

중국 국적을 신청한 것은 1921년 하반기였다.[101] 다음 해 초 일제는 김홍서가 함께 국적을 신청하는 다른 29명의 한인들을 대표해서 신청서류를 제출하고 수속을 맡았다고 하였다.[102] 29명의 한인들 가운데는 유명한 여성 독립운동가 김마리아 같은 이가 있었다. 이때 중국 국적을 취득한 김마리아는 1923년 6월 상해에서 국민대표회의가 끝난 후 미국으로 유학길을 떠났다.

김홍서는 1922년 5월 10일 자로 중국 국적을 취득하였다. 국적 신청시의 인적 사항은 나이 35세, 이름 김지강金之岡, 원적 한국韓國 평양平壤, 주소 강소성江蘇省 상해현上海縣, 직업 대성공사大成公司 주단상綢緞商으로 되어 있다.[103] 가족들도 동반하여 중국 국적을 취득했다. 중국 여권을 취득한 장남 건후는 다음 해인 1923년 11월 미국으로 떠났다.

중국 신문 보도에 따르면, 1925년 경 김홍서의 대성공사는 프랑스조계 개자이로愷自邇路 277호에서 한국으로부터 운송해온 고려인삼을 판매하였는데, 가격이 매우 '공도公道' 즉 공정하다고 소개하였다.[104] 조선후기 이

察統計及管內狀況報告雜纂(支那27)』(日本外務省外交史料館, D.2.3.28).

100 김광재, 「중국관내지역 한인의 국적 문제 일고찰 - 1933년 廣州에서의 '朴義一' 체포를 둘러싼 中日佛 교섭을 중심으로-」, 『사학연구』 110, 2013, pp. 368-369.

101 「韓國歸化人之查復」, 『申報』 1921년 12월 20일자.

102 「上海在留鮮人支那ヘ歸化ニ關スル件」(1922. 2. 28), 上海總領事→外務大臣(外務省外交史料館藏, 『外務省警察史』 第42卷, 支那ノ部 中支, 東京: 不二出版(株), 2001, p. 151).

103 「上海 在留鮮人 支那에의 歸化에 관한 件」(1922. 3. 11), 船津辰一郎(上海總領事)→內田康哉(外務大臣), 『不逞團關係雜件-鮮人의 部-在上海地方 4』. 이 문서에는 김홍서 등 중국 국적을 취득한 30인의 성명, 원적, 주소, 직업 등이 기재되어 있는 명단이 첨부되어 있다.

104 「大成公司運到大批高麗人參」, 『申報』 1925년 9월 18일자. 미군정 장교 레너드 버치Leonard M. Bertsch는 김홍서의 인삼 판매에 대한 김건후의 증언을 다음과 같이 옮겼다. "김씨(김홍서-인용자)는 3천 년 이상 중국인이 고려인삼의 치유, 회복 및 최음 효과에 대해 큰 믿음을

래 한국의 대표적인 특산품인 고려인삼은 일제시기 해외 한인들에게 중요한 상품이었다. 일제시기 상해에 이주한 한인들 가운데 인삼 상점을 차리거나 혹은 인삼 행상을 하는 경우가 많았다.[105] 인삼 판매는 김홍서의 삼성공사三盛公司[106]에서도 이루어졌다.[107] 삼성공사가 개자이로에 있었던 것으로 보아 대성공사가 삼성공사로 이름을 바꾸었던 것으로 보인다.

김홍서는 상리에 밝은 평안도 상인 기질이 있었던 것 같다. 어느 정도 과장이 있겠지만 해방 후 김건후를 인터뷰한 미군정 장교 레너드 버치 Leonard M. Bertsch는 김홍서가 사업에 '천재성'을 가지고 있었으며[108] 1925년에는 그가 부자가 되었다고 증언하였다. 사실 1920년대 중국 군벌전쟁과 북벌전쟁 시기 중국어와 영어를 잘하는 한인이 무기 중개업에 종사하여 상당히 '성금成金' 즉 돈을 버는 사람들도 있었다고 한다.[109] 김홍서의 경우를 두고 한 말이 아닌가 싶기도 하다. 그가 상해에서 부친 회갑연을 성대하게 한 것으로 보아 한때 어느 정도 돈을 모은 것은 사실로 보인다. 그렇다고 늘 풍족하게 살았다고는 할 수 없을 것 같다.

가졌다는 것을 알고 있었다. 중국의 80대 노인들이 그들의 젊은 후궁들에게 보여준 지속적인 효능은 그들이 평생 동안 인삼을 섭취한 덕분으로 여겨졌다. 중국인들은 자국 내에서도 인삼 뿌리를 생산했지만 한국에서 성장한 것은 효험이 독특하게 강력한 것으로 여겼고, 중국 제품 가격의 4배에서 10배까지 지불했다. … 그렇다고 하더라도 수요가 존재했고, 김홍서는 그에 대한 공급을 준비했다. 그는 수입 사업에 진출하여 그 사업을 확장했고, 1925년에 그는 부자가 되었다."(김재원·이숭희 엮음, 『잊혀진 이름, 잊혀진 역사』, p. 113).
105 김광재, 「일제시기 上海 고려인삼 상인들의 활동」, 『한국독립운동사연구』 40, 2011, p. 257.
106 朝鮮總督府 警務局, 『國外ニ於ケル容疑朝鮮人名簿』, 1934, p. 70.
107 이명화, 『도산안창호의 독립운동과 통일노선』, p. 387; 김광재, 「일제시기 上海 고려인삼 상인들의 활동」, p. 235.
108 김재원·이숭희 엮음, 『잊혀진 이름, 잊혀진 역사』, p. 113.
109 「上海假政府 및 義烈團 其他不逞鮮人의 狀況에 關한 件 1」(1924. 1. 29), 『不逞團關係雜件-朝鮮人의 部-在上海地方 5』.

그가 상업에 종사해서 어느 정도 돈을 벌었겠지만 온전히 자신을 위해서만 쓰기 힘들었다. 일부는 독립운동에 대한 지원 자금으로 흘러들어 갔을 것으로 보이기 때문이다. 부친이 인삼 장사로 벌어들인 자금으로 독립운동가들을 후원했다고 하는 장남 건후의 전언으로도 알 수 있다.[110]

경제활동 외에 사회활동 또한 왕성하였다. 임시정부를 비롯한 다양한 독립운동단체에 관계한 외에도 앞에서 살펴본 바와 같이 상해 교민단 단장 등 간부로 있으면서 동포들의 생활 개선을 위해 헌신했다. 교민단이 주최하는 각종 집회, 강습회, 기념식, 추도회, 장례식 등의 행사를 주관하거나 열심히 참여했다.

상해에 거주하는 동안에도 고향 함종에서처럼 교회를 다녔다. 당시 상해 한인교회의 실체는 교회로서의 종교적 기능이 우선이었지만 상해지역 독립운동과 연결된 각종 결사를 통하여 교민사회의 중심적 기능을 수행하였다. 1922년 1월 상해 한인교회는 3·1운동 민족대표였던 김병조가 담임목사로 선임되고 이어 집사 4인, 권사 8인 등이 임명되었다. 김홍서는 상해 한인교회 권사로 임명되어 전도활동에 종사하게 되었다.[111] 가족들도 함께 교회에 나가면서 신앙생활을 하였음은 물론이다.

그런데 사회 생활 과정에서 원만하지 못한 경우가 발생되기도 하였다. 때에 따라 지나치게 보일 수도 있는 김홍서의 상업적 마인드는 어떤 사람들에게는 불편함을 주었을 수도 있다. 상해 한인들의 중국 귀화 수속을 대행하는 과정에서 원성이 흘러나왔다. 1924년 프랑스조계 경무처는 김홍서가 무기 매매나 귀화 수속시의 높은 수수료로 비난을 받았다고 보고

---

110 김재원·이숭희 엮음, 『잊혀진 이름, 잊혀진 역사』, pp. 113-114.
111 「上海鮮人敎會史(八)」, 『基督申報』 1922년 8월 16일자.

하였다.[112]

또 귀화 수속 수수료를 높게 받은 것은 필요 경비 외에도 독립운동자금이나 교민단 비용 등도 필요해서 그렇게 된 것이 아닐까 한다. 또 동지들의 원한을 사는 경우가 있었다. 옥성빈은 동생 옥홍빈에게 보내는 편지에서 자신이 김홍서 등 3인의 '간첩행위'로 체포되었다고 하였다.[113] 사실 독립운동 과정에서는 노선이나 사상, 자금을 둘러싸고 동지 간에 대립하거나 중상하는 일이 드물지 않았다. 확실하게 알 수는 없지만 옥성빈의 경우 무기 매매 과정에서 주도권이나 이윤을 둘러싸고 다툼이 있지 않았나 생각된다.

2) 가족들의 이산

1916년 김홍서가 중국에 망명할 무렵 고향 함종에는 부모, 형제, 처 김도경과 자녀들이 살고 있었다. 이때만해도 자녀는 장남 건후와 차남 건석 둘이었다. 한동안 상해에서 활동하다가 남경으로 옮겨간 김홍서는 1918년 금릉신학에 입학하였다. 그는 중국 생활이 길어질 것으로 내다봤다. 이 해에 부인 김도경, 장남 건후, 차남 건석 세 사람은 안내인을 따라 남경으로 건너왔다.[114] 오랜만에 일가족이 단란한 생활을 하게 되었다.

1919년 3·1운동 발발하면서 본격적인 독립운동에 뛰어들기 위해 상해로 간 김홍서는 임시정부가 수립된 후 상해에 눌러앉게 되었다. 그는 상해에서 분주한 나날을 보냈다. 자신이 수립 과정에 직접 참여하였던 임시정

---

112 「玉成彬의 私信 건」(1924. 2. 11), 프랑스조계 경무처 정보문서, 『한국독립운동사』 자료 20: 임정편 V, 국사편찬위원회, 1991, p. 28.
113 「상해 韓人의 동향에 관한 건」(1925. 2. 7), 프랑스조계 경무처 정보문서, 『한국독립운동사』 자료 20, pp. 51-52.
114 김광재 면담, 김재원 구술, 2023년 9월 10일 서울역 한식당에서.

부와 임시의정원에서, 그리고 다양한 독립운동단체에 몸을 담고 정력적인 활동을 하였다.

　남경에 있던 장남 건후는 금릉대학 중학부를 졸업하고 이어 1921년 9월 금릉대학에 진학하였다.[115] 둘째 건석은 인성학교에 편입하였으며 1922년 7월 졸업하였다.[116] 상해 한인 자제들이 다녔던 인성학교는 1916년 설립되어 교민 자제들의 민족 정체성과 동질성을 함양하는 데 큰 역할을 하던 민족학교였다. 수업은 한글, 한국의 역사와 지리 등 민족의식을 고취하는 내용 위주로 이루어졌다.[117] 인성학교를 졸업한 건석은 상해 중국인 학교를 다니다가 금릉대학에 입학하여 공부하였다.

　넷째 건옥 역시 인성학교를 다닌 것으로 확인되지만 인성학교가 1935년 일제에 의해 폐교되었기 때문에 현지 중국 학교나 서양 학교로 옮겼을 것으로 보인다. 다섯째 자녀부터는 남경이나 중경 등지의 현지 중국 학교나 서양인 계통 학교를 다녔을 것으로 보인다. 건옥은 13세 때인 1940년 중경에서 조선의용대 산하 3·1소년단에서 활동하고 있었다. 민족혁명당, 조선의용대 대원들의 자제들로 구성된 3·1소년단 단원들은 대부분 소학생이었는데, 중국 아동들의 대일 항전 활동에의 적극적인 참여를 결의하기도 하였다. 단장은 김상엽이었으며 김건옥은 서무, 최동선은 훈련을 담당하였는데 이 세 사람이 아이들의 독서와 활동을 이끌었다고 한다.[118] 김상엽은

115　UNIVERSITY OF NANKING, APPLICATION OF ENTRANCE, JUNE 11, 1921(김재원 제공).
116　「仁成學校卒業式」, 『독립신문』 1922년 7월 15일자. "上海에 在留하는 我韓人의 經營에 係한 仁成學校에서는 本月 十日 下午二時 同地 三一堂에서 盛大한 卒業式을 擧行하엿는데 卒業한 學生은 趙東宣, 韓泰順, 金弼立, 玉仁信, 金鍵奭 朴容卿等 六人이더라".
117　김광재, 「인성학교의 학생 활동」, 『근현대 상해 한인사 연구』, p. 423.
118　王繼賢, 「中國戰場의 朝鮮義勇隊」, 1940 ; 『中國新聞韓國獨立運動記事集 ; 朝鮮義勇隊(軍)』, 2008,

김두봉, 최동선은 최동오의 자제이다. 말하자면 소년단은 독립운동 후속세대를 양성하는 조직이라고 할 수 있다. 3·1소년단에서 활동하던 김건옥은 그후 조선의용대에 입대하였으며 1942년 조선의용대가 광복군에 합류하자 광복군 대원으로 편입되었다. 김건옥은 1942년 11월 현재 중경에 주재하고 있던 광복군 제1지대 대원으로 있었던 것이 사료상으로 나타나고 있다.[119]

첫째 부인 김도경은 중국에 온지 얼마되지 않아 작고하였다. 1921년 7월 5일 저녁 7시에 '병환'으로 숨졌다. 부음은 동지인 손정도, 차리석에 의해 신한민보에 게재되어 미주에도 알려졌다.[120] 이틀 후 7월 7일 장례식이 치러졌고 유해는 상해 공공조계 정안사공묘에 묻혔다.[121] 둘째 아들 건석도 여기에 묻혔다. 1930년대 중반경 금릉대학 재학 중이던 건석은 열병으로 사망하여 어머니 김도경의 묘소가 있던 정안사공묘에 묻혔던 것이다.

김홍서는 부인과 사별한 다음 해인 1922년 3월 23일 공공조계 모이당에서 평안도 출신 김정숙과 재혼하였다.[122] 3남 건영부터 여섯 자녀는 모두

---

    p. 292.
119 「광복군 제1지대 家屬의 양곡지급에 관한 건(1942. 11. 5)」, 『대한민국임시정부자료집』 10: 한국광복군 I, 국사편찬위원회, 2006, p. 135.
120 「부고」, 『신한민보』 1921년 8월 11일자.
121 김재원 구술, 2022년 10월 5일 서울 달개비식당에서.
122 「1922년 3월 중 원동단우회 경과 보고서」(독립기념관 소장 미주흥사단 자료). 1922년 3월 25일 흥사단 상해 단우회에서는 김홍서의 신혼 축하회 개최 문제를 논의하였고, 같은 날 남경 단우회에서는 김홍서에게 신혼 축하장을 보낸 일 등이 논의되었다. 「1922년 3월 중 경과 사항」(독립기념관 소장 미주흥사단 자료). 이 문서에는 다음과 같은 내용이 보인다. "二十五日 下午 二時에는 地方團友會로 모였다가 同 八時부터는 金弘敍君의 新婚祝賀會로 모였는데 主席 孫貞道君의 禮辭와 千世憲君의 賀辭가 있는 禮物(價格 十五元 値의 花瓶 壹雙)의 贈呈이 있은 後 正賓의 金貞淑女士와 金弘敍君의 答辭가 있고 茶果宴에 移하여 各種의 餘興으로 재미있게 지내다."

김정숙에게서 태어났다.

부: 金鳳洽, 모: 鳳德

제: 允敍(1909-미상): 남경 금릉대학, 미국 캔자스대학 졸업, 민족혁명당, 6.25때 납북

勉敍(생몰년대 미상)

매: 道明, 道先

처: 金道卿(1921년 상해에서 사망)

金貞淑(1960년대 초 미국 이민)

자:

1. 鍵厚(1904-미상): 강서 출생, 금릉대학 재학, 미국 유학, 1950년 6월 30일 납북

2. 鍵奭(1909-1930년대): 강서 출생, 인성학교 졸업, 남경 금릉대학 재학 중 병사

3. 鍵永(1923-미상): 상해 출생, 인성학교 졸업, 남경 중앙대학 졸업, 1950년 6월 30일 납북

4. 鍵玉(1927-): 상해 출생, 인성학교, 3·1소년단, 조선의용대, 한국광복군, 1948년 미국 유학

5. 鍵億(1929-2020): 상해 출생, 1948년 미국 유학

6. 鍵爀(1931-2012): 상해 출생, 1948년 미국 유학

7. 鍵華(1933-미상): 상해 출생, 1960년대 초 미국 이민

8. 鍵卓(鍵澤, 1936-): 남경 출생, 1952년 미국 유학[123]

---

123 본 명단 작성에는 흥사단 이력서,「旅渝韓僑名冊(1945. 11. 4)」,『대한민국임시정부와 광복군』,

낯선 이국땅인 상해에서 한인 동포의 환갑 잔치가 열려 이채를 띠었다. 1923년 5월 부친 김봉흡이 환갑을 맞이했다. 회갑 당일 '성대한' 축연에는 많은 사람들이 참석하였다. 한인들 외에 독립운동 및 사업상 중국 인맥이 두터운 김홍서이기에 중국측 명사들도 다수 참석하여 동포들로서는 근래 처음 보는 '성연'을 연출했다고 한다.[124] 부친 김봉흡은 상해에 오래 머무르지 않았지만 일제가 작성한 1922년 말 현재 394인의 상해 '불령선인 유력자' 명부에 이름을 올렸다.[125] 국내로 돌아간 김봉흡 내외는 고향에서 살다가 사망한 것으로 보인다.[126]

장남 건후는 1923년 가을 미국 유학길에 올랐다.[127] 금릉대학 시절 건후는 피치G. F. Fitch 목사가 운영하던 협화서국協和書局이라는 기독교 출판사에서 사장 비서로 일하기도 하였다. 그의 아들 피치G. A. Fitch 박사와의 교분은 그후 상해 YMCA 활동으로 이어졌다. 여운형도 한때 일한 적이 있던 협화서국은 '미국 이민 주선 기관'[128]이라고 일컬을 정도로 많은 한인 청년들을 미국으로 유학을 보내는데 이바지하였다. 협화서국 및 피치 박사와의 인연은 건후에게 미국 유학의 꿈을 심어주었다.[129] 물론 건후가 미국 유

국가보훈처, 1996, p. 178, 193, 215, 216), 「韓國臨時政府職員暨眷屬僑民名冊(1945년 12월 8일)」, 『대한민국임시정부와 광복군』, p. 236, 237, 251, 252), 후손의 구술 등을 활용하였다.

124 「金鳳洽氏의 甲宴」, 『조선일보』 1923년 5월 21일자.
125 「上海 및 南京在住 不逞鮮人의 有力者 氏名에 관한 件」(1923. 1. 8), 船津辰一郞(上海總領事)→內田康哉(外務大臣), 『不逞團關係雜件-鮮人의 部-在上海地方 5』.
126 김광재 면담, 김재원 구술, 2023년 9월 10일 서울역 한식당에서.
127 「상해로부터 五인 남녀학생 도미」, 『신한민보』 1923년 11월 15일자. 『신한민보』 기사에 의하면, 11월 14일 도착한 5인 학생들은 차영천, 권기복, 김건후, 양복학, 김정숙(김연실)으로 남경 금릉대학에서 공부하다가 도미하였으며 모두 3등 선객으로 왔기 때문에 즉시 상륙하지 못하고 이민국으로 갔는데 금명간에 상륙할 듯하다고 하였다.
128 여운형, 「나의 上海時代, 自敍傳 第二」, 『삼천리』 1932년 10월호.
129 김재원·이숭희 엮음, 『잊혀진 이름, 잊혀진 역사』, p. 32.

학을 떠날 수 있었던 것은 김홍서의 자녀 교육에 대한 철학도 중요하게 작용했을 것이다. 부친의 후원 하에 건후와 건석, 동생 김윤서가 남경에서 학교를 다녔으며 이어서 그들을 포함한 여러 자녀들과 동생이 미국으로 유학을 떠났다.

이러한 사실로 볼 때 김홍서는 일찍부터 교육의 중요성을 인식하고 있었다.[130] 아마도 고향 강서에서 기독교 학교를 운영하고 서양 선교병원에서 근무했던 경험으로 그 자신도 일찍부터 다른 평안도 기독교인들처럼 미국 유학에 대한 나름대로의 철학이 있었던 것으로 보인다. 그들은 부국강병과 근대화의 첨병으로 기독교를 신앙하였으며 기독교와 근대문명을 제대로 이해하고 수용하기 위해서는 미국 유학이 필요한 것으로 인식하고 있었다. 실제 상해에서 자신의 자녀들 뿐만 아니라 여러 학생들을 미국이나 유럽으로 유학보내는 일을 하기도 하였다.[131]

1937년 이후 민족혁명당에서 활동하던 무렵 불행한 소식이 전해졌다. 소련에서 광산 기술자로 일하던 장남 건후가 소련 당국에 체포되어 시베리아 강제수용소에 갇혀 생사를 알 수 없는 일이 발생하였다. 건후는 1923년 미국으로 유학가서 콜로라도 광산대학교에서 광산학을 공부하였다. 1928년 광산대학 졸업 후 컬럼비아대학으로 옮겨 광산학과에서 야금(금속)을 전공하였다. 1930년 컬럼비아대학을 졸업한 건후는 소련 스탈린의 산업화 추

---

130 김홍서의 4남 건억과 5남 건혁은 1948년, 7남 건탁(건택)은 1952년 미국으로 유학갔다. 1952년 부산 피난 시절 김홍서가 건화, 건탁(건택)의 미국 유학과 관련하여 피치에게 재정 보증을 부탁하는 편지가 남아 있다(미국 하버드대 연경도서관 피치문고 소장).
131 서산 정석해,『西山 鄭錫海, 그 人間과 思想』, 연세대학교 출판부, 1989, p. 56. 흥사단 단원이었던 정석해는 1920년 상해에서 중국의 留法勤工儉學會를 통해 프랑스에 유학을 갈 수 있었는데, 그때 김홍서가 임시정부를 대표하여 한인 학생들을 모집하여 중국측에 추천하는 임무를 수행하였다고 회고하였다.

진과 외국인 고용 정책으로 소련으로 건너가 광산 기술자로 일했다. 미국인 부인 폴린 립만Pauline Liebman과 사이에 아들 득원Robert이 출생하면서 세 가족은 단란한 날을 보냈다. 그렇지만 행복한 시간은 오래가지 못했다.

1937년 중일전쟁 후 소련에 있던 외국인들은 스파이 혐의를 받고 강제수용소에 갇히게 되었다. 건후도 예외가 아니었다. 그는 시베리아 수용소를 전전하면서 지옥 같은 날을 보냈다. 며느리를 통해 소식을 들은 김홍서는 아들의 구명을 위해 백방으로 뛰어다녔다. 국민당정부 요인이자 친한인사로 당시 주소련 중국 대사로 있던 소력자邵力子에게 아들의 구명을 요청하였다. 소력자의 오랜 친구였던 피치 박사에게도 아들 구명을 부탁하였다.[132] 친소파이자 스탈린의 신임이 두터웠던 소력자는 1940년 5월 주소련 대사로 임명되어 모스크바에 주재하면서 중국에 대한 소련의 원조를 이끌어 내는데 공을 세운 인물이었다.[133]

소력자의 적극적인 구명운동에 힘입어 김건후는 1942년 5월 구사일생으로 석방된 후 중경으로 돌아와 가족들과 극적으로 해후하였다. 아버지가 중앙집행위원으로 활동하던 민족혁명당에도 입당하였다. 김건후는 자신을 살려준 국민당정부의 은혜에 보답하기 위해 감숙성甘肅省 난주蘭州로 가서 감숙정부 석탄 산업 부서에서 총기술자로 일하였다.[134] 대일 항전 수행을 위해서는 석탄과 같은 에너지원이 중요한 시절이었고, 감숙성 등 중

---

132 George Ashmore Fitch, *My Eighty Years in China*, Taipei: Meiya, 1967, p. 327. 이와 관련된 내용은 번역되어 한국에도 소개된 바가 있다. 조지 피치/권기돈 옮김, 『조지 피치와 대한민국: 피치 회고록과 문서 속 한국과 김구』, 김구재단, 2018, p. 63. 피치의 회고록 가운데 한국 관련 내용을 발췌 번역한 이 번역서는 영어 원문의 'H. S. Kim'을 김희선으로 옮겼다. 이는 김홍서의 오역이다.
133 徐惊奇,「邵力子: 力爭外援的駐蘇大使」,『世界知識』, 2012, p. 60.
134 「甘肅省政府建設厅关于聘请金健厚为顾问工程师致甘肃省政府的签呈」, 1943.4.2.(甘肅省檔案館 소장 자료, M004-005-0307-0017).

국 내륙 오지에서는 김건후와 같은 광산 전문가가 필요하였다. 때문에 1940년대 초 중국 국민정부는 자금과 전문기술인들을 전략적인 후방인 감숙성에 투입하고 있었다.[135]

김건후가 감숙성으로 가게 된 데는 일찍이 감숙성 성장을 지냈던 소력자의 권유도 있었을 것이다. 김건후는 1943년 감숙성 매광국煤鑛局 총공정사總工程師, 총기술자로 초빙되어 감숙성 탄광 개발에 이바지하였다. 그는 감숙성 매광국 총공정사로 일하는 한편 민족혁명당 후보 중앙집행위원으로도 활동하였다.[136] 난주에서 일하는 동안 가끔은 중경에 가서 가족들을 만났던 것으로 보인다. 민족혁명당 기관지『독립』에 그의 동정이 보이고 있다.

> 미국에서 광산과를 전공한 김건후씨는 일즉이 로서아 빙청을 바다가서 十수년 동안 노력하엿스며, 쏘비엣 공업 건설에 다대한 공헌이 잇섯고, 一九四三년에 중국으로 와서 지금까지 감숙성 광업 공사 총공정사로 잇는 중 그의 처남(제十九 항공대에서 복무하는 미국 사람)을 맛나기 위하야 중경을 것처서 곳 군밍으로 갓다.[137]

난주에 있던 김건후는 1944년 10월 중국 서남지방 운남성 곤명昆明 주

---

135 甘肅省地方志編纂委員會,『甘肅省志』31, 煤炭工業志, 蘭州: 甘肅文化出版社, 1995, p. 2.
136 「1944년 차리석이 미주 흥사단 본부에 보고한 문서」 및 「1945년 2월 흥사단 이사부 통신」. 특히 「1945년 2월 흥사단 이사부 통신」에는 김홍서가 난주 광산국에서 근무하고 있는 것으로 기록되어 있다. 미주에 본부를 두고 있는 흥사단이 사실관계를 제대로 확인하지 못했던 것으로 보인다. 이 사료를 비판없이 활용한『흥사단인물 101인』이나『독립운동인명사전』(인터넷)에는 김홍서가 감숙 난주 중국물자위원회 광산국에서 일한 것으로 서술되어 있다.
137 「중경 인사 소식」,『독립』1944년 10월 4일자. 김건후가 겪은 소련 내 강제수용소에 대한 언급이 없는 것은 제2차 세계대전에서 연합국의 일원이자 장차 대일전선의 동맹이 될 소련을 의식한 때문으로 보인다. 이 자료에는 김건후가 1943년 소련에서 중국으로 간 것으로 되어

둔 미 제19항공대에서 근무하던 미국인 처남을 만나러 중경을 거쳐 곤명으로 갔다고 한다. 당시 미국은 태평양전쟁 이후 대일 항전에 나서고 있는 중국을 지원하기 위해 항공대를 파견하여 중국군을 돕고 있었다. 미군에 입대한 처남이 중국 전선에 배속되었으며 미국에 있던 부인이 이 사실을 김건후에게 알려주었던 것으로 보인다. 여하튼 난주에 있던 김건후는 중경에 와서 가족들을 만난 다음 처남을 만나러 곤명으로 갔다. 처남을 만난 자리에서 부인의 근황에 대해서도 들었을 것이다. 김건후가 감숙성 매탄국 근무를 끝내고 난주를 떠난 것은 1945년 10월말이었다.[138] 중경으로 돌아간 김건후는 이듬해 가족들과 함께 상해를 거쳐 귀국길에 올랐다.

1946년 2월 그는 임시정부 가족들과 함께 상해에 도착하여 귀국을 기다렸다. 1923년 미국으로 떠난지 23년만에 다시 상해에 돌아온 건후는 귀국을 기다리는 동안의 활동상이 상해 현지 신문인 『신보』에 보도되었다. 1946년 5월 27일 저녁 기독교청년회 서병호 회장과 김건후 간사는 다음날 주한 중국 외교대표로 한국으로 떠나는 소육린邵毓麟을 보내는 환송회를 팔선교八仙橋 청년회관에서 열었다.[139] 그는 그해 여름 귀국하기까지 몇 달 동안 기독교청년회의 간사로 활동했던 것으로 보인다. 1918년 남경 금릉대학 중학부 이후 거의 30년 만에 조국에 돌아갈 수 있었다.

둘째 아들 김건석은 1930년대 중반경 남경대학 재학 중 열병으로 사망하여 어머니 김도경의 묘소가 있던 정안사공묘에 묻혔다. 그런데 첫째 부

있는데, 김건후의 중국행 시기에 대해 김건후 본인이 기억하고 있는 1942년이 맞는 것 같다 ("The Story of Herbert Kim, As told to Sherwood Eddy", May 18, 1949). 기관지 『독립』에 동정이 실리는 과정에 오류가 있었던 것으로 보인다.

138 「甘肅省工矿事業理事会关于准予該局总工程师金键厚辞职给甘肅煤矿局的指令」, 1945. 10. 26. (甘肅省檔案館 소장 자료, M004-004-0104-0036).

139 「我駐韓外交代表, 邵毓麟今日出國 … 韓基督靑年會等團體昨日歡送」, 『申報』 1946년 5월 28일자.

인과 차남 건석의 묘소가 그후에 어떻게 되었는지는 알 수 없다. 일제 패망 후 중경에서 상해를 거쳐 귀국했던 김홍서 가족이 정안사공묘에 있던 부인과 아들 묘소를 참배했을 것으로 보이나 유해 이장은 후일을 도모했을 것이다. 그러나 갑작스럽게 중국 대륙이 공산화되면서 유해 이장은 현실적으로 어렵게 되었다. 나중에 홍콩에서 귀국한 사람으로부터 상해 정안사공묘가 철거된다는 소식을 들은 김홍서는 한국 외무부에 상해 한인묘지 철거와 관련하여 진정을 제출한 바 있었다.[140]

 1918년 국내 가족들이 중국으로 올 때 동생 김윤서도 함께 왔다. 남경 금릉대학을 다녔던[141] 그는 1927년 미국으로 유학을 떠나 캔자스대학에서 농학을 전공하였다. 김윤서가 미국으로 떠난 데는 4년 앞서 미국으로 유학 간 조카 건후의 영향도 있었을 것이다. 건후가 1928년 5월 콜로라도 광산대학교를 졸업하였는데, 콜로라도 바로 옆에 캔자스가 있었으므로 두 사람은 만날 기회가 더러 있었을 것이다. 조카가 광산학을 전공했고 삼촌이 농학을 선택했는데, 대체적으로 실업을 중시했음을 알 수 있다. 김윤서는 학업을 마치고 1934년 1월 중국 농과대학 교수로 초빙되어 상해로 돌아갔다.[142] 형과 마찬가지로 김윤서도 민족혁명당에 참여하였다. 1940년대 전반기 중

---

140 「上海韓人墓地를 不遠撤去」, 『朝鮮日報』 1953년 10월 29일자. 1953년 홍콩에서 돌아온 안식교 방예두 목사가 상해 정안사공묘 철거 소식을 국내에 전했다. 소식을 들은 김홍서는 외무부 당국에 이 사실을 진정하고 선후 대책 수립을 요구했다. 중국과는 국교가 없었던 데다가 6.25전쟁 직후의 혼란기였기 때문에 외무부 당국으로서도 어떻게 할 도리가 없었다.

141 「우리 졸업생 남녀」, 『신한민보』 1927년 6월 9일자. 『신한민보』에는 김윤서가 "남경 대학에서 공부"한 것으로 되어 있는데 이것이 금릉대학인지 아니면 남경지역의 한 대학인지는 확실치 않다. 그런데 "曾肄業於南京金陵大學"이라는 기사로 보아 금릉대학을 다녔던 것으로 보인다(『農科碩士金允敍返國』, 『申報』 1934년 2월 9일자).

142 「김윤서씨는 十二일 상해로」, 『신한민보』 1934년 1월 11일자; 『農科碩士金允敍返國』, 『申報』 1934년 2월 9일자.

경에서 민족혁명당 중앙감찰위원 등으로 재직하면서 중앙대학 농학원 교수로 있었다. 광복이 가까워오던 1944년 그는 미국 OSS의 옐로우 프로젝트Yellow Project에 참여하여 대일 첩보활동을 펼쳤다.[143]

1932년 4월 윤봉길의사의 홍구공원의거는 임시정부가 상해를 떠나는 계기가 되었음은 앞에서 살펴본 바와 같다. 김홍서는 삼시 항주나 남경을 다녀오기는 했지만 여전히 상해에 머물렀다. 그가 상해를 떠난 것은 1935년 남경에서 관내지역 단일대당으로 조직된 민족혁명당에 참여하면서였다. 상해에서 생업을 종사하여 독립운동단체를 지원하거나 가족을 부양한 경우와 달리 남경에서 어떤 경제활동을 했는지는 확인되지 않는다. 막내 건탁이 1936년 남경에서 태어나면서 부양해야 할 가족도 늘어났다. 사회경제적 기반이 없던 남경이나 2년 후 다시 피난을 가게 될 중국 전시 수도 중경에서는 상해 시절 같은 경제활동은 어려웠을 것이다.[144]

남경에서 민족혁명당 중앙집행위원으로 활동하던 중 1937년 중일전쟁이 발발하면서 피난길에 올랐다. 대가족 일행은 1938년 3월 13일 마침내 중경에 도착하였다. 중경의 짙은 안개와 일본군의 끊임없는 공습으로 말미암아 독립운동가들과 그 가족들의 생활은 간고하였다. 일제가 패망한 다음해인 1946년 2월 가족들을 이끌고 중경을 떠났다.

고국에 돌아온 김홍서는 흥사단 활동 외에는 다른 두드러진 정치 활동은 보이지 않았다. 그는 1947년 흥사단 국내위원부 상무위원을 지냈으며,

---

143 미국 NARA RG 226 Yellow Project 문서(국사편찬위원회 수집 자료) ;「옐로우 프로젝트 참가하는 한국인들에 대한 평가(2급 비밀)」(1944. 9. 6),『대한민국임시정부자료집』12: 한국광복군Ⅲ, 국사편찬위원회, 2006, pp. 68-69.
144 1930년대 중반 남경에 거주하던 김홍서는 거리에서 좌판을 벌여 소액이나마 벌었다고 한다. 김광재 면담, 김재원 구술, 2023년 9월 10일 서울역 한식당에서.

1948년부터 1953년까지 국내 본부 의사부원으로 흥사단 활동을 계속하였다. 1950년 6월 30일 북한군이 점령한 서울에 남아 있던 김홍서는 장남 건후, 3남 건영과 함께 인민군에게 끌려갔다가 3일 만에 석방되었다. 자신은 풀려났지만 건후와 건영 두 아들의 생사는 알 수 없었다. 1959년 서울에서 노환으로 사망하였다.

4. 맺음말

김홍서는 일제강점기 중국에서 임시정부를 비롯한 다양한 단체에서 활동했던 독립운동가이다. 1886년 2월 3일 평안남도 함종(강서)에서 태어나 어린 시절 서당에서 한문을 익혔다. 1904년 18세라는 늦은 나이에 함종 함일학교에 입학하여 공부하면서 기독교를 수용하는 한편 민족의식을 키워나갔다.

국권회복을 위한 교육운동에 종사하던 1907년 당시 풍미하고 있던 계몽운동단체인 서우학회, 서북학회에도 가입하여 활동하였다. 또 반일 민족 신문이었던 대한매일신보 경영에도 참여하였으며 비밀결사단체인 신민회에 들어가 전국 연락원으로 활동하였다.

1916년 중국으로 망명한 후 한동안 상해에서 활동하다가 남경의 금릉신학에 입학하였다. 1919년 국내에서 거족적인 3·1운동이 일어나고 상해에서 임시정부 수립을 위한 움직임이 시작되면서 그는 민족사적 흐름에 적극적으로 뛰어들었다.

1919년 3월 하순 상해 프랑스조계 임시사무소에서 『독립신보』를 창간하여 주필로 활동하였다. 같은 해 4월 22일 제2회 임시의정원에서 평안도

의원으로 선출되었다. 임시의정원에서 평안도 의원, 내무외무 위원, 상임위원으로서 지속적인 의정 활동을 펼쳤다.

정부 활동도 정력적으로 수행하였다. 임시정부 수립 직후 짧은 기간 동안 국무원 참사, 재무부 부원, 교통부 부장으로 활동하는 한편 언론 출판 선전활동에 주력하였다. 한편으로 임시정부를 지지 혹은 지원하거나 침체된 임시정부의 위상을 제고하려는 목적으로 조직된 독립운동단체들에서 활동하였다. 1930년 임시정부를 지지하고 옹호하는 기초정당인 한국독립당 창당에 참여하였다. 1935년 관내지역 단일대당으로 결성된 민족혁명당에 참여하여 중앙집행위원으로 선출되어 활동하였다. 1938년 중경 도착 이후 민족혁명당 중경 구당부에 소속되어 활동하였다.

김홍서는 독립운동에 종사하는 한편으로 자신과 가족을 부양해야 했다. 독립운동을 장기적으로 수행하기 위해서도 꼭 필요한 일이었다. 1921년 대성공사라는 중계무역을 하는 소규모 회사를 운영하였다. 그가 중국에서 독립운동에 종사하던 중 가족들은 다사다난한 이산을 경험하였다. 장남 건후는 남경 금릉대학을 다니던 중 미국으로 건너가 광산학을 전공하였다. 소련에서 광산 기술자로 일하다가 스파이 혐의로 체포되어 시베리아 강제수용소에 갇혔다. 부친의 적극적인 구명운동에 힘입어 건후는 1942년 구사일생으로 석방될 수 있었다.

1937년 중일전쟁이 발발하자 일가족은 민족혁명당 사람들과 함께 중경으로 피난하였다. 일제가 패망한 다음 해인 1946년 봄 노쇠한 몸으로 고국에 돌아온 뒤에는 특별한 정치 활동을 보이지 못하였다. 1950년 6월 30일 북한군이 점령한 서울에 남아 있던 그는 장남 건후와 함께 인민군에 끌려갔다가 3일 만에 석방되었다. 장남 건후의 생사는 모른 채 1959년 파란만장했던 삶을 마감하였다.

이상에서 본고는 지금까지 잘 알려지지 않은 김홍서라는 독립운동가의 중국에서의 독립운동과 망명생활의 모습을 정치하게 복원하고자 하였다. 민족운동의 전면에서 독립운동을 이끌어간 지도자급 인물은 아니었음에도 그의 독립운동은 대단히 폭넓고 다양했으며 그 기간 또한 장기간에 걸친 것이었음을 알 수 있었다.

본고는 김홍서의 독립운동을 분석하는데 그치지 않고 나아가 그의 장기적인 독립운동을 가능케 했던 경제활동과 가족들의 이산과 집안사에 대해서도 적지 않은 지면을 할애하여 고찰하였다. 이러한 작업은 일제강점기 중국지역에서 전개된 독립운동 혹은 독립운동가에 대한 이해를 심화하는 데 기여할 수 있다고 사료된다. 물론 독립운동과 망명생활을 유기적으로 관계 지우는 데는 한계가 있음을 자인하지 않을 수 없다. 이러한 문제는 향후의 과제가 될지도 모르는, 새로운 독립운동사 연구방법론에 대한 모색을 통해 해결해 갈 수 있을 것이다.

김건후와 남경
- 유학시기

윤은자 | 고려대학교 아세아문제연구원 연구위원

1. 남경 이주와 남겨진 흔적들
2. 남경의 유학 환경
3. 남경의 한인유학생과 한인교회
4. 남경의 '요시찰 조선인'
5. '금릉' 학교의 한인유학생
6. '금릉' 교정의 회억
7. 남경의 김건후를 기억하며

1. 남경 이주와 남겨진 흔적들

    김건후는 1902(?)년[01] 1월 7일 평안남도 강서군 함종면 훈련리에서 출생하였다. 함종 기독소학교 교감을 지낸 김홍서[02]와 김도경의 장남이며 가족의 영향으로 어려서부터 기독교인으로 성장하였다. 감리교 보통학교 졸업 후 평양 광성光成중학교(감리교)에 입학하여 1916년 졸업하였다.[03] 부친 김홍서는 일찍이 양기탁이 발행한 『대한매일신보』 함종지사원·회계로 근무하였다. 그는 함종 사광四光학교 교감(1912-1915)으로 재직 중이던 1915년 일본 경찰에 붙잡혀 4개월간 옥고를 치렀다.[04] 1916년 8월 일제의 탄압을 피해 상해로 망명하였고,[05] 후에 사람을 보내어 부인과 건후 차남 건석을 중국으로 이주시켰다. 김건후의 중국 이주 시간과 경로에 대한 명확한 기록은 없다. 그런데 남경의 일본영사관 측 기록에 따르면 김건후는 1918

---

01 김건후의 출생년도에 대한 기록은 1902년, 1904년, 1905년으로 다양하다. 금릉대학 입학지원서(1921. 6. 11)에는 1902년생 18세로 기록되었다(「金鍵厚的投考報名單·入學志願書·保證書·成績單」(1921. 6. 11), 南京大學檔案館藏 金陵大學檔案, 2-677). 참고로 당시 중국 교육부의 학제 규정상 대학 입학 가능 연령은 18세부터였다.
02 김홍서의 중국에서의 활동과 가족 관계에 대해서는 다음 논문을 참조. 김광재, 「김홍서의 독립운동과 망명생활」, 『진단학보』 141, 2023.
03 각주 1) 김건후 금릉대학 입학지원서.
04 독립유공자공훈록편찬위원회 편, 『獨立有功者功勳錄』 5, 국가보훈처, 1988, pp. 539-541.
05 平安南道警務部, 「支那上海在住不逞鮮人의 行動에 關한 件」(1917. 1. 16), 『不逞團關係雜件 - 朝鮮人의 部 - 在上海地方 1』. 『不逞團關係雜件 - 朝鮮人의 部』는 국사편찬위원회의 한국사 데이타베이스에서 제공하는 자료이다.

년 8월 금릉중학金陵中學, University of Nanking Middle School에 입학하였다.[06] 같은 시기 김홍서는 금릉신학金陵神學, Nanking Theological School에 재학하면서 동창 백영엽과 함께 남경한인교회 예배를 인도하기 시작하였다.[07] 이를 증명하듯 남겨진 '1918년 남경 고려학생 제4주년 기념사진'[08]은 한편으로 부친 김홍서를 따라 남경에 도착한 김건후가 이제 유학 생활을 시작했음을 보여준다.

    20세기 초 금릉중학은 선교사들이 운영하는 사립학교로 미국 유학을 꿈꾸던 한인 청년들이 다수 입학하였다. 남경에 유학한 한인 청년들은 우선 금릉중학·대학과 같은 기독교계 사립학교에 입학하여 영어를 공부하고 중국에 귀화한 후 미국 유학을 떠나려는 경우가 많았다. 김건후는 금릉중학에서 3년을 공부하고 1921년 9월 금릉대학金陵大學, University of Nanking에 입학하여 2년간 수학한 후 상해를 거쳐 미국 유학길에 올랐다. 그의 남경 생활은 1918년 가을부터 1923년 중반까지 금릉중학·대학에서 유학한 5년 정도의 기간이다.

    사실 김건후의 남경 유학 생활을 알 수 있는 기록은 희소하다. 현재 수집된 자료는 우선 남경대학 문서보관소에 소장되어 있는 그의 금릉대학 입학지원서(1922.6)와 금릉대학 재학생 명단(1921년 가을, 1922년 가을) 문건이다. 또 일본 측 정보 기록으로 1919년과 1921년 남경 요시찰 조선인 명단에

---

06 淸野長太郎(在南京日本領事館 事務代理),「南京在住 要視察 朝鮮人 身元調査에 관한 件」(1919.4.22),『不逞團關係雜件-朝鮮人의 部-在支那各地 1』. 김건후의 금릉중학 입학 시기를 1919년이라고 한 기록도 있다. "The Story of Herbert Kim"(1949. 5. 18), 김재원 제공 자료.

07 「上海鮮人敎會史 (11) 附南京敎會史(2)」,『基督申報』1922년 9월 6일자.

08 사진 앞줄 중앙에 김홍서·김건후 부자가 앉아 있고 10여 명의 한인 청년들 그리고 다수의 서양인과 중국인이 함께 하였다. 김재원·이숭희 엮음,『잊혀진 이름, 잊혀진 역사: 김건후, 칭치엔허, 허버트 김, 게르베르트 김』, 푸른사상사, 2022, p. 159.

김건후가 포함되었다. 그리고 그의 이력에 관하여 본인과 가족, 지인들이 작성한 단편적인 기록들이 있다. 특이할만한 것은 그가 소중히 간직하고 있던 남경에서 찍은 사진들이다. 1918·1920·1921년에 촬영한 한인학생 단체 사진, 1923년 금릉대학 야구부 단체 사진 등 총 5장이 있다.[09] 본문에서는 이상의 자료들을 참고하여 김건후의 남경 유학 시기를 되살려 보고자 한다. 이로써 남경 유학생 김건후를 소환하고 그의 흔적을 찾아가는데 작은 도움이 되길 바란다.

한가지 부연하자면, 김건후를 비롯하여 그의 가족 중에는 현 남경대학南京大學, Nanjing University의 전신인 '금릉'·'중앙' 대학과 인연을 맺은 인물들이 있다. 김건후의 동생 건석이 금릉대학에 재학했다고 하며, 이복동생 건영이 중앙대학中央大學(重慶)에서 공부했다. 또 부친 김홍서의 동생 윤서가 중앙대학(중경)에서 교수로 재직했다고 한다. 1952년에 금릉대학과 중앙대학이 합병하여 현재의 남경대학으로 되었기에 한 가족 4인이 남경대학과 인연을 맺은 것이다. 또 김홍서가 재학한 금릉신학은 현재는 금릉협화신학원金陵協和神學院, Nanjing Union Theological Seminary이다.

2. 남경의 유학 환경

장강 하류 연안에 위치한 남경은 예로부터 중국 동부의 정치 경제 문화 중심지로 알려져 있다. 중국의 4대 고도 중 하나로 역사적으로는 금릉金陵,[10] 건강建康, 강녕江寧 등으로 불리었다. 후한 멸망 이후 삼국의 오吳로부

---

09 5장의 원본 사진은 김재원 소장.

터 시작되는 남방 여섯 왕조의 수도로서 '육조고도六朝古都'로 불리며, 이후에도 남당南唐, 명明, 태평천국太平天國, 중화민국中華民國의 수도였기에 '십조도회十朝都會'라고도 한다. 명·청대 경제적·문화적으로 번성했던 강남을 대표하는 도시 중 하나였지만, 태평천국의 진압 등 전란을 겪으면서 점차 쇠락하였다. 1914년 금릉대학 입학을 위해 남경에 도착한 여운형은 남경의 첫인상이 마치 옛 그림을 보는 듯했다고 하였다.[11] 1925년 가을 남경을 방문한 주요한은 당시 남경 인구의 태반이 비단 짜기에 종사한다[12]고 전하였다. 이렇듯 비교적 한적하고 조용한 전통 도시였던 남경은 1927년 봄 남경국민정부 수립 후 근대적인 수도 건설 계획, 즉 수도계획首都計劃이 추진되면서 변화했다.

남경은 1880년대부터 다양한 종파의 기독교 교회가 유입되면서 기독교계 사립학교들이 세워졌다. 남경 최초의 신식학당은 1888년 미국 감리회 The Methodist Episcopal Church, 美以美會가 설립한 회문서원滙文書院이다. 회문서원은 19세기 말 기독교계가 중국 각지에 설립한 십여 개 서원들과 함께 중국 고등교육의 효시라 할 수 있다.[13] 남경 회문서원은 문리과, 의과, 신학과 외에 중학부를 설립하였다.[14] 학제는 4년으로 남학생을 모집하였다.

---

10 '金陵'은 남경의 첫 지명이다. 기원전 333년 戰國時代 楚 威王이 越을 멸하고 현 남경의 淸涼山에 金陵邑을 설치하였다. 南京地名大全編委會 編, 『南京地名大全』, 南京出版社, 2012, p. 610.
11 呂運亨, 「南京金陵大學 留學時代」, 『三千里』 1940년 6월호, p. 126.
12 朱耀翰, 「南京 가는 길에」, 『동아일보』 1925년 10월 2일자.
13 申曉雲, 「敎會大學興近代中國高等敎育的發展-以南京大學前身之一金陵大學爲例」, 『인문과학』 84, 2002, p. 183.
14 당시에는 博物館, 醫學館, 聖道館, 聖美館으로 명명하였다. 1892년에는 大學堂, 高等學堂, 中學堂, 小學堂으로 구분하고 각 학당 내부 졸업자는 무시험 진학이 허용되었다. 張銘·孫凱 編著, 『金陵中學校史綱要(1988-2018)』, 南京大學出版社, 2018, p. 13.

1910년 회문서원과 굉육서원宏育書院[15]이 합병하여 금릉대학이 설립되었고, 회문서원 원장 보웬A. J. Bowen, 包文[16]이 금릉대학 총장에 임명되었다. 회문서원의 중학부는 금릉대학부속중학(약칭 금대부중, 금릉중학)이 되었고, 부속소학·유치원이 있었다. 금릉대학은 미국의 감리회·기독회·장로회·침례회 등 교파 연합으로 설립·운영되었다.[17] 20세기 전반 금릉대학은 북경의 연경대학燕京大學, Yenching University, 상해의 세인트존스대학聖約翰大學, St John's University과 더불어 대표적인 기독교계 학교이자 종합대학에 속하였다.[18] 금릉중학은 명문 중등학교로서 중국 각지에서 입학생을 모집하였고 동남아 화교 입학생도 있었다. 특히 영어를 중시하는 교육 방식은 '금릉'학교의 전통이었다. 사회적으로 영어를 배우려면 금릉에 입학하라(學英文, 進金陵)는 말이 있었다고 한다.[19]

20세기 초 일제 식민지 체제하에서 한인 청년들의 고등교육에 대한 갈망은 외국 유학으로 분출되었다. 또한 중국 유학은 서구식 교육의 간접적 수용 또는 서구 유학을 위한 전단계로 간주되기도 하였다. 그리고 국내에서 105인 사건, 3·1운동 등 항일활동에 참여하여 부득이 국경을 넘어야 했

---

15 1907년 남경의 基督書院(1891, 기독회)과 益智書院(1894, 북장로회)이 합병하여 宏育書院이라 하였다.
16 보웬(A. J. Bowen, 1862-1944)은 미국인으로 회문서원 원장(1908-1910)과 금릉대학 교장(1910-1927)을 역임하였다. 「包文先生(A.J. Bowen)傳」, 南京大學高教研究所校史編寫組 編, 『金陵大學史料集』, 南京大學出版社, 1989, p. 14.
17 뉴욕의 설립자위원회(托事部)는 학교의 최고권력기구였으며 남경의 이사회[董事會]는 본 위원회의 파견 사무국에 상당하였다. 1911년 4월 금릉대학은 미국 뉴욕주 교육국 등록과 뉴욕대학 교장의 승인을 받아 미국에서도 그 학위가 인정되었다. 王德滋 主編, 『南京大學百年史』, 南京大學出版社, 2002, pp. 573-575.
18 頌兒, 「中國留學, 過去現在將來(7)」, 『동아일보』 1925년 12월 3일자.
19 百年校慶籌備組 編寫, 鄭壽生 執筆, 「金陵中學百年史略」, 南京市金陵中學百年校慶籌備工作組 編, 『金陵中學建校一百週年紀念冊』, 1988, p. 3.

던 청년 지사들이 중국 유학을 선택했다. 중국 내지로 간 한인 청년들은 북경, 천진, 상해, 남경, 광주 등 명문 학교들이 있는 도시로 향하였다. 그중 남경은 기독교계 중등학교와 대학이 잘 갖추어져 있어 서구 유학을 꿈꾸는 한인유학생들의 목표지가 되었다. 당시 남경은 번화한 상해와 대조적으로 학업에만 전념하기에 적합한 지역으로 인식되었다. 여기에 관화官話를 사용하여 표준 중국어를 학습하기에도 좋은 곳으로 선전되었다. 또한 교통의 요지로서 장강 수로와 더불어 진포선津浦線(천진-남경), 호녕선滬寧線(상해-남경) 철로가 연결되어 왕래가 비교적 편리하였다. 특히 상해와 남경은 직선거리가 약 300km 정도로 급행열차로 5시간이면 도착하였다.[20] 이에 따라 1920년대 중반까지 천진 또는 상해를 거쳐 남경으로 향한 한인유학생들의 발길이 이어졌다.

3. 남경의 한인유학생과 한인교회

1910-20년대 남경 한인은 대다수 유학생이었다. 가장 이른 기록은 1912년 봄 3명의 한인 청년이 육군학당陸軍學堂에 입학한 것이다. 그들은 이미 3, 4년 전에 남경에 도착하여 신해혁명에도 참여했었다.[21] 1913년 반원세개운동의 혼란기를 거친 후 1914년에 국내에서 남경으로 간 유학생들이 있었다. 앞서 언급했던 '1918년 남경 고려학생 제4주년 기념사진'은 '고려학생'의 시작이 1914년임을 말해준다. 금릉대학·중학의 학교 측 기록을

---

20 옥관빈, 「海外留學에對하야(1)」, 『조선일보』 1923년 4월 18일자.
21 李泰俊, 「이태준이 안창호에게 보낸 편지」(1912. 7. 16), 독립기념관 자료번호: 1-A00028-024.

보면 한인유학생의 정식 입학은 1915년부터 시작되었다. 이해 여운형, 서병호가 금릉대학에, 최능진이 금릉중학에 입학하였다. 한편 김홍서는 1916년 9월에 금릉신학에 입학했다고 한다.[22] 이즈음 남경의 한인유학생에 관해서는 여운형, 선우훈, 나기호 등이 후에 회고록을 남겼다.[23] 나기호는 1917년 가을 금릉신학에 입학하였는데 이듬해 1918년 봄 흑사병으로 학교가 폐쇄되어 갇혀 지내다 결국 1년 만에 학업을 중단하고 9월 초 상해로 떠났다. 그는 1918년 봄 한인 학생이 10여 명 정도였다고 했다.[24] 김건후는 이해 가을 금릉중학에 입학하면서 남경에 도착한 듯하다. 1919년 겨울 남경의 한인유학생은 20여 명 정도였다.[25] 3·1운동 이후 남경의 한인유학생은 점차 증가 추세에 있었다. 국내 향학열의 고조 그리고 망명자 신분으로 중국으로 향한 학생들이 많아졌기 때문이다. 그 수는 1921년 수십 명 정도에서 1922년부터는 100명을 초과했다. 이에 대해서 일본 정보 자료는 동년 3월 일본 육군대장 전중의일田中義一 저격 사건 후 불령선인의 검거로 인해 상해 한인들이 이동하였고, 4월 조선 보통학교 졸업생 중 금릉대학 입학을 목적으로 온 자가 30여 명이 있었기 때문이라 설명하였다.[26] 이 문건 중 언급한 금릉대학은 금릉중학으로 이해해도 무방할 듯하다. 한인유학생은 이후에도 증가하여 1924년 5월경에는 130명이었다.[27] 그러나 이러한 추세는

---

22 홍사단 기록에 따르면 김홍서는 1916-1919년 기간 금릉신학에 재학했다. 「第百十五團友金弘敍履歷書」, 자료번호: 9-AH1218-000.

23 呂運亨, 「南京 金陵大學 留學時代」, 『三千里』 1940년 6월호; 선우훈, 『민족의 수난 - 105인 사건 진상』, 명성출판사, 2008; 나기호, 『비바람 몰아쳐도』, 양서각, 1982.

24 나기호, 앞의 책, pp. 68-74 참조.

25 「仁成學校生徒 南京으로 수학여행」, 『독립신문』 1920년 1월 10일자.

26 船津辰太郎(上海總領事), 「南京에서의 朝鮮學生의 現況」(1922. 6. 26), 『不逞團關係雜件-朝鮮人의 部-在支那各地 2』.

27 윤은자, 「20세기 초 中國留學과 '金陵'의 韓人 유학생(1912-1927)」, 『중국근현대사연구』 64,

오래 가지 못하였다. 곧이어 남경 지역 군벌 내전과 북벌군의 남경 점령 등 전란으로 인해 1927년 봄에는 한인수가 60명[28]으로 감소했다.

남경 한인유학생들의 출신지를 보면 서북지역 그중에서도 특히 평안도 지역의 기독교 신자들이 7할 이상이었다. 1922년 5월 통계에 따르면 전체 유학생 102명 중 비신자는 6명에 불과했고,[29] 9월에는 총 132명 중 평북 출신이 53.7%, 평남이 18%, 황해도 9% 순이었다. 또한 남경 기독교계 사립 중학 입학자가 대다수였고 대학생은 1할 정도로 소수에 불과했다.[30] 그리고 그들은 대부분 미국 유학을 목표로 삼았다. 즉 미국인 선교사가 경영하는 학교에 입학하여 영어를 배우면서 중국 국적을 취득한 후, 상해에 있는 강소성교섭서江蘇省交涉署를 통해 중국 정부에서 발행하는 여권(護照)을 신청하고, 여권과 학교의 수업증서 또는 졸업증서를 첨부하여 상해 주재 미국영사관에 제출, 여권에 영사의 서명을 받은 후, 상해에서 배를 타고 미국으로 향하는 것이다.[31] 1923년 말 김건후도 이러한 절차를 거쳐 미국 유학 길에 올랐다.

남경 한인사회에서 남경한인교회는 각종 모임과 활동의 중심에 있었다.[32] 기독교인으로 구성된 한인유학생들은 일찍부터 예배 모임을 조직했다. 1915년 봄 여운형, 서병호 등 10여 명이 남경 YMCA 질레트P. L. Gillette,

---

2014, p. 126 참조.

28 張德櫓, 「전란 중에 있는 南京教會에서」, 『기독신보』 1927년 3월 23일자.
29 「南京教會로부터 - 特別請願書 2」, 『기독신보』 1922년 9월 13일자.
30 南京 張德櫓, 「南京朝鮮教會消息」, 『기독신보』 1922년 11월 22일자.
31 「해외유학에 대하여 5」, 『조선일보』 1923년 4월 22일자.
32 남경한인교회에 대해서는 윤은자, 「20세기 초 南京 한인교회와 한인사회 - 『基督申報』를 중심으로 -」, 『사총』 111, 2024 참조.

吉禮泰[33] 목사의 사택을 빌려 예배를 보기 시작했다. 1916-1917년에는 한인 예배 장소로 금릉대학 공학사工學士 '스모올' 씨 사택을 빌려 사용하였다. 이 시기 한인유학생에 대해 호의를 보였던 금릉대학 교장 보웬이 예배를 인도하였다. 이로부터 한인 교도 집회가 내외국인에게 알려지게 되었다. 1918년[34] 8월 이후 남경한인교회의 인적 구성과 운영에 변화가 발생하였다. 금릉신학 재학생 백영엽과 김홍서가 퀘이커교Quakers, 貴格會 예배당을 빌려 한인교회 예배를 인도하였다. 이듬해 1919년 봄 김홍서는 상해로 옮겨 대한민국임시정부에 참여하였고, 남은 백영엽이 1921년 봄 금릉신학을 졸업하기 전까지 한인교회를 이끌어 갔다. 1922년부터 1927년까지 장덕로 목사를 중심으로 금릉신학 대학의 유학생 중 3~5인의 집사가 선임되어 교회 운영에 동참하였다. 예배 장소로는 남경기독교협진회 회관을 빌려 사용하였다. 교회 집회 현장에서는 상해 임정 활동의 선전과 흥사단의 단원 모집도 진행되었다. 독실한 기독교인 김건후는 남경 유학 시기 주말에는 퀘이커교 예배당이나 기독교협진관에서 행해진 한인 예배 모임에 참여하였을 것이다.

---

33 질레트 목사의 경우 원래 1901년에 한국 YMCA 창설 책임자로 파견되었다. 1903년 황성 YMCA 설립후 초대 총무로 근무하였다. 후에 '105인 사건'의 진상을 국외에 보도하여 조선총독부로부터 사퇴 압력을 받았다. 1913년 상해 방문을 계기로 중국에 남아 남경 YMCA 사무를 보고 있었다.

34 1918년 봄 한인유학생들은 매주 일요일 오후 금릉신학 건물 관리인 모리스Mmorris의 집에서 예배를 보았다. 나기호, 앞의 책, p. 71.

4. 남경의 '요시찰 조선인'

　　1920년 3·1절에 남경 한인유학생 14(여성 1)명이 특별한 기념사진을 남겼다. 중앙에 큰 태극기를 세로로 들고 서고 주변 학생들의 왼쪽 가슴에는 작은 태극기가 부착되어 있다. 이듬해 1921년 역시 삼일절 기념 행사장 같은 장소에서 촬영된 단체 사진에도 유학생 16(여성 2)명의 가슴에 태극기가 선명하다.[35] 고국을 떠나 멀리 남경에서도 여전히 독립의 염원을 가슴에 품고 있던 한인청년들의 모습이다. 그들 사이에 김건후가 있다.

　　남경의 한인유학생 중에는 망명자와 상해 임시정부 관련 인사들이 적지 않았다. 이에 남경과 상해의 일본영사관은 한인유학생의 동태를 조사 보고하였고 3·1운동 직후 그 경계가 한층 강화되었다. 이러한 상황에서 1919년 4월 3일 남경의 하관下關 우체국에서 봉천奉天으로 우송하려던 1만여 장의 「임시정부 선포문」 소포가 발견되었다. 4일 남경의 일본영사관 문건에는 금릉대학 학생 서병호, 금릉신학의 백영엽·김홍서, 금릉중학의 김건후·임춘희·문태진·배동선·한치진 등 8명을 요시찰 대상으로 지목하였다.[36] 본 문건은 김홍서와 서병호의 최근 수상한 행적들에 대하여 상술하였지만, 김건후에 대해서는 본적과 함께 '홍서의 장남, 현 금릉중학, 17세'라는 기본 사항만 명시하였다. 그런데 12일 보고서는 앞서 8인 중 백영엽을 제외한 7인을 좀 더 상세하게 기록하였다. 그중 김건후에 대해서는 "본적 평양부 신양리 140번지. 현 남경 금릉대학 중학부, 김건후, 17세. 품행과 경

35　1921년 3월 5일자 『독립신문』에 '남경한인학생단' 명의로에 3·1절 축전이 게제되었다. 「祝電: 祝獨立紀念」.

36　淸野長太郞(南京領事館 事務代理), 「南京居住 要視察 朝鮮人 身元調査」(1919. 4. 4), 『不逞團關係雜件-朝鮮人의 部-在支那各地 1』.

력: 성격이 온순하고 평소 행동이 양호하다. 기독교에서 경영하는 평양 광성소학교를 졸업하고 1918년 8월 남경금릉대학 중학부에 입학하였다. 친척 친구 관계: 아버지 홍서는 현재 남경에 있는 예수교 목사로서 포교에 종사하고 있다고 하는데 주의를 요한다. 교제자 없음"[37]이라 하였다. 내용 중에는 본적이 평양이라든가 김홍서를 목사로 오기한 부분들이 보인다. 말미에 언급한 교제자는 요주의 인물과의 왕래 유무에 대한 것이다. 이렇듯 삼일운동 직후 남경의 한인유학생들의 상황에 대한 조사 보고는 빈번하게 행해졌다.

1921년 6월 조선총독부가 작성한 중국 주요 도시 불령선인에 대한 문건에서 김건후를 비롯한 15명의 금릉중학 학생들을 요주의 대상으로 지목하였다.[38] 추가 설명으로는 남경 학생들이 고향에서 상해 해송양행海松洋行으로 송금하는 학비와 생활비를 수령하기 위해 자주 상해를 왕래하면서 두 지역 간 연락이 이루어지고 있다. 또 상해의 불령선인 중에도 자주 남경에 가거나 북경과 기타 지역을 왕복하는 도중에 남경을 경유하기 때문에 상호 긴밀한 연락 관계를 유지하고 있다. 남경에서 겉으로 드러나는 불온한 운동은 없지만 각지 불령자와의 연락이 거리낌 없이 행해지고 있다는 것이었다. 그런데 상해총영사관에서 작성한 1923년 1월 문건(1922년 말 작성)에서는 남경의 불령선인 유력자가 84명으로 증가했다.[39] 여기에는 유학생 중 각종 모임 '公私의 會'에 출석하는 사람들이 명단에 포함되었다고 한다. 앞

---

37 淸野長太郞(南京領事館 事務代理), 「南京在住 要視察 朝鮮人 身元調査에 관한 件」(1919. 4. 22), 『不逞團關係雜件 - 朝鮮人의 部 - 在支那各地 1』.

38 朝鮮總督府 警務局長, 「支那 主要都市에서의 不逞鮮人의 狀況」(1921. 6. 10), 『不逞團關係雜件 - 朝鮮人의 部 - 在支那各地 1』.

39 船津辰一郞(上海總領事), 「上海 및 南京在住 不逞鮮人의 有力者 氏名에 관한 件」(1923. 1. 8), 『不逞團關係雜件 - 鮮人의 部 - 在上海地方 5』.

서 언급한 바와 같이 1922년은 남경의 한인유학생이 100명을 초과하였다. 그중 극소수 몇 명을 제외하고 대부분 한인교회 신도였고 또 학우회나 흥사단 등 단체에 가입한 청년들도 있었기 때문에 문건 명단에 많은 한인학생들이 포함된 듯하다. 그런데 본 문건의 상해나 남경의 불령선인 명단 중 당시 금릉대학에 다니던 김건후의 이름이 포함되지 않았다.

한인유학생들을 잠재적 불령선인으로 간주한 일제 정보 기록에는 국내에서 한인학생의 남경 유입을 저지하자는 제안도 있었다. 즉 남경 한인유학생 중 "일부는 정치운동에 광분하고 있어서 순수한 학생이라고 인정하기 어렵다", 한인학생이 남경이나 상해로 향하게 하는 것은 그들의 전도를 그르치고 불령행동으로 유혹하는 동기가 되므로 국내 한인 사이에 이를 사전에 경계시킬 필요가 있음을 강조하였다. 동시에 남경 주재 일본영사관은 금릉대학이 한인학생의 독립운동을 지지했던 사실에 대해 문제를 삼고 항의하였다. 이러한 상황에서 1922년 2월 금릉대학 '교장'[40]은 한인학생들에게 '학생의 본분은 수학에 있으므로 외람되이 정치운동에 간여하는 일이 없기'를 특별히 경계하였고, 동년 6월 약 50명의 한인학생이 입학을 거절당했다는 정보가 있었다.[41]

---

40 사료 원문에서는 1922년 2월 금릉대학 교장이 교체되었다고 하였는데 이는 오해 또는 오기인 듯하다.
41 船津辰太郎(上海總領事), 「南京에서의 朝鮮學生의 現況」(1922. 6. 26), 『不逞團關係雜件-朝鮮人의 部-在支那各地 2』.

5. '금릉' 학교의 한인유학생

앞서 언급한 바와 같이 1920년대 중반까지 다수의 미국인 교사가 강의를 진행하고 영어를 중시하는 교육 방식은 '금릉' 학교의 전통이었다. 금릉중학의 학제는 초기에 4년제, 1921년부터 5년제로 운영되었다.[42] 수업 과목은 국문(중국), 영어, 수학이 주요 과목이었고 이 외에 역사, 지리, 물리·화학 등이 있었다.[43] 종교는 필수과목이었고 주일예배에 참여해야 했다. 영어는 문법과 정독 수업으로 나누어 매주 5~8시간 수업이 있었다.[44] 3·4학년의 국문, 중국 역사·지리를 제외한 나머지 과목들은 모두 미국 교과서로 공부하였다.[45] 학생 관리에 있어서는 기숙사 생활, 학습과 자습 위주의 규칙적 생활, 오후 4시 이후 각종 체육활동, 일요일 오후 반나절 외출이 허용되었다. 학내 학생 조직으로는 YMCA·문학회·체육회 등이 있었다. 1920년대 전반 금릉중학(소학부 포함) 교사에는 미국인 교사 수가 중국인을 초과하는 때도 있었으나, 대략 10여 명의 중국인 교사와 6·7인의 외국인 교사가 있었다.[46] 재학생 수는 1919년 가을 각 학년에 30여 명으로[47] 전체 130여 명 정도였는데, 이후 학제의 변화와 함께 1928년에는 385명까지 증가하였다.[48] 중

---

42 1931년, 학제를 6년제로 개정하였다. 鄭壽生 執筆, 「金陵中學百年史略」, 『金陵中學建校一百週年紀念冊』, p. 2.

43 王繩祖, 「我的母校」, 『金陵中學建校一百週年紀念冊』, p. 22.

44 금릉중학 입학생들의 다수는 금릉대학부속소학에서 초급 영어를 학습한 학생들이었다. 따라서 중학 1학년 정독 수업에는 제임스 볼드윈James baldwin의 『Fifty Famous Stories Retold(50가지 가장 유명한 이야기)』와 같은 교재를 사용하였다. 鄭壽生 執筆, 「金陵中學百年史略」, 『金陵中學建校一百週年紀念冊』, p. 3.

45 張銘·孫凱 編著, 『金陵中學校史綱要(1988-2018)』, 南京大學出版社, 2018, p. 29.

46 葉祥法, 「二十年代的金陵中學」, 『金陵中學建校一百週年紀念冊』, p. 22.

47 "每一个班級不過三十人左右" 王繩祖, 「我的母校」, 『金陵中學建校一百週年紀念冊』, p. 22.

국인 졸업생들 회고록을 보면, 1920년대 전반 재학생 중 남경 현지와 중국 각 성에서 모집된 중국인 외에 소수의 동남아 화교와 한인학생이 있었다. 한인학생에 대해서는 나이가 20세 이상으로 많고 비교적 부유한 집안 출신[49]으로 교육 수준은 높지 않으나 사회 경험이 풍부했다고 언급하였다.[50] 참고로 1921년 금릉중학 한인학생의 경우 매월 학비와 생활비로 약 50불銀約五十弗이 필요하였다고 한다.[51]

    필자가 국내외 자료를 통해 파악한 금릉중학 한인입학생은 34명이다.[52] 그리고 현재 남경시금릉중학南京市金陵中學 문서보관소에 소장되어 있는 1916-1923년 기간 한인입학생 13명의 문서를 확인하였다.[53] 그중 입학서류만 있는 1인을 제외하고 12명의 경우 짧게는 한 학기 길게는 네 학기의 재학 기록이 있고 학과과정을 모두 이수하고 졸업한 경우는 없었다. 이들은 정식 입학시험이 아닌 간단한 과제 수행work assignment이나 수학능력 테스트를 거쳤던 듯하다. 수강과목은 주로 영어였고 기타 필요에 따라 중국어나 역사, 수학, 지리 등을 선택적으로 수강하였다. 금릉중학 한인학생 34

---

48 張銘·孫凱 編著, 『金陵中學校史綱要(1988-2018)』, 南京大學出版社, 2018, p. 29.
49 1920년 겨울과 1921년 봄 기간 금릉중학에서 수학했던 유기석은 당시 남경의 한인유학생에 대해 "대부분 국내 부르주아지의 자제들이었고, 그들이 남경에 와서 미션스쿨에 들어간 목적은 미국 유학을 준비하기 위한 것이었다"고 언급하였다. 유기석 저, 임원빈 역, 『三十年 放浪記: 유기석 회고록』, 國家報勳處, 2010, p. 84.
50 兪寶書, 「六十四年前的金陵中學」; 葉祥法, 「二十年代的金陵中學」, 『金陵中學建校一百週年紀念冊』, 1988, pp. 24-25.
51 朝鮮總督府 警務局長, 「支那 主要都市에서의 不逞鮮人의 狀況」(1921. 6. 10), 『不逞團關係雜件-朝鮮人의 部-在支那各地 1』.
52 南京市金陵中學 문서보관소 소장 입학생 관련 문서 ; 『金陵中學校友錄(1888-1998)』, 1998, pp. 24-27 ; 상기 朝鮮總督府 警務局長, 「支那 主要都市에서의 不逞鮮人의 狀況」(1921. 6. 10), 『不逞團關係雜件-朝鮮人의 部-在上海地方 1』 외 흥사단 이력서, 국내 신문 기사 등을 검토하였다.
53 13명은 김현식, 배동선, 임춘희, 박찬영, 박순옥, 이경선, 류기석, 이기동, 조득성, 곽병덕, 박은혁, 박원규, 배민수이다.

인을 입학순으로 나열하면 아래와 같다.

> 최능진崔能鎭(1915),[54] 장경순張敬順(1916), 김현식金鉉軾(1916), 한치진韓稚振(1917), 문태진文泰鎭(1917), 배동선裵東宣(1918), 김건후金鍵厚(1918), 임춘희任春熙(1919), 박찬영朴贊永(1919), 임용련任用璉(1919), 차균현車均鉉(1919), 박순옥朴淳玉(1920), 이경선李敬善(1920), 유기석柳基石(1920), 이기동李起東(1920), 조한용趙漢用(1920), 조득성趙得聖(1920), 김선량金善亮(1921), 김병옥金秉玉(1921), 곽병덕郭柄德(1921),[55] 강진채姜軫埰(1922), 김동훈金東勳(1922), 김응건金應健(1922), 백원현白元鉉(1922), 이영학李泳學(1922), 박은혁朴殷赫(1922), 박원규朴元圭(1923), 배민수裵敏洙(1923), 계통운桂通運(1924), 김재운金在雲, 김기우金岐宇, 이인국李寅國, 김대식金大植, 김문현金文賢

불완전한 통계이긴 하나 입학 시기를 보면 1920·22년 입학생이 각 6인, 1919년 4인, 1921년 3인, 1916·17·18·23년 각 2인, 1915·24년 각 1인 순이다. 즉 1919-1922년 기간에 한인입학생이 많았다. 출신지는 평안도 출신이 다수로 평북 12인, 평남 9인이고, 나머지 황해 4, 경성 2, 전북 2, 경기, 충북 출신자가 있다. 국내 기독교 중등학교 출신으로 금릉중학 입학 당시 평균 연령은 대략 20세 전후로 높은 편이었다. 105인 사건 관련자 1인과 3·1운동 관련자가 7명이 확인된다. 흥사단 입단자는 중국에서 11명, 미국에서 1명 총 12명이다. 이후 금릉대학에 진학한 학생이 5명, 미국으로 유학한 경

---

54 괄호안 숫자는 입학년도이다.
55 곽병덕은 1921년 6월에 금릉대학부속고등소학부를 졸업하고, 동년 9월 금릉중학에 입학하였다. 당시 나이는 20세, 한국 주소는 황해도 봉산이었다. 그의 입학지원서에 금릉대학 김건후를 연락인으로 기록하였다(南京市金陵中學 문서보관소 소장 입학생 관련 문서).

우는 총 14인, 그중 12명이 금릉중학 재학 중 도미하였다.

한편, 금릉대학 문서보관소 조사와 기타 자료 등을 근거로 1915-1926년 기간 금릉대학의 한인입학생은 총 26명이 파악되었다. 그중 1921-1926년 입학생의 경우 문과, 예과, 특별생, 방청생 등 전공·자격 등이 일부 확인된다.

> 여운형呂運亨(1915.2), 서병호徐炳浩(1915.9), 선우훈鮮于燻(1915.9), 김현식金鉉軾(1917.9), 현창운玄彰運(1917.9), 백남칠白南七(1918.9), 박형룡朴亨龍(1921.9, 문과), 변진달邊眞達(1921.9), 김동훈金東勳(1921.9, 예과), 김건후金鍵厚(1921.9, 예과), 길진경吉鎭京(1922.9, 예과), 김정욱金正旭(1923.2, 예과), 박찬영朴贊永(1923.9, 예과), 김정욱金正旭(1923.9), 이선기李善基, (1923.9, 예과), 이상준李相俊(1923.9), 서기수徐其壽(1923.9, 문과), 이병건李秉虔(1923, 특별생), 서세희徐世熙(1924.9), 조염석趙念錫(1924.9), 박경호朴慶浩(1924, 방청생), 김수형金壽炯(1924, 방청생), 조인호趙仁祜(1925. 9), 최종배崔宗培(1926.2), 김병학金秉學(1926.2), 박정유朴正裕(1926, 방청생)

입학시기를 보면 1923년 입학생이 7인으로 가장 많고 다음이 1921·24년 각 4인, 1915·1926년 각 3인, 기타 순이다. 특히 1921-1924년 기간에 입학생이 집중되었다. 이들 중 졸업자는 박형룡이 유일하다. 도미자는 백남칠, 김건후, 박형룡, 김정욱, 박정유 5인으로 파악된다. 금릉대학 입학자 중에 도미한 경우가 의외로 많지 않다. 그리고 금릉중학·대학에서 공부하고 도미한 경우는 김건후가 유일하다. 사실 당시 한인유학생들에게 있어서 금릉대학의 입학과 학업 과정이 쉽지 않았지만 입학 후에도 대다수는 졸업을 목표로 삼지는 않았다. 금릉중학은 더욱 그러하였을 것이다. 따라서 입학이 상대적으로 수월한 금릉중학에 입학 후 미국유학을 떠난 이들이 많았다. 즉 남경 한인유학생들에게 금릉중학이나 금릉대학 입학은 미국 유학을 위한 중간 과정으로서 의미가 있었다.

김건후는 1921년 6월 11일 금릉대학에 입학지원서를 제출하였다. 그 내용에는 '이름: Ching Chien-heo, 김건후, 연령: 1902년생 18세, 주소: '上海 法界 斐德路(Route Lafayette)成裕里 216호', 부: 김홍서 상업, 종교: 기독교 감리회, 졸업학교·년도: 평양 광성중학 1916년, 희망학과: 농림과'로 기록하였다.[56] 지원서와 함께 중학교장 추천서와 사인, 보증인 보증서와 사인을 첨부해야 했다. 김홍서가 보증서를 작성하였고, 중학교장 추천서는 한국에서 받는 시간이 필요하다는 양해 편지를 제출했다. 당시 중국의 학제 규정에 따르면 대학의 경우 18세 이상 입학이 가능하였다. 김건후는 금릉중학을 16세에, 금릉대학을 18(19?)세 입학하였다. 중국인 학생과 연령 차이가 크지 않았고 한인유학생 사이에서는 비교적 어린 나이에 속하였다.

김건후가 입학했던 시기 즉 1921년 금릉대학의 학생수는 봄학기 313명(문리과 292, 농림과 21) 가을학기 269명(문리과 232, 농림과 37)이었다.[57] 그런데 당시 재학생들은 본과보다 예과생이 상당한 비율을 차지하였다. 1920년 봄의 경우 전체 학생 231명 중 예과생이 157명, 본과생이 72명, 특별생 2명으로[58] 예과생이 70%에 달하였다. 다음해 입학한 김건후도 예과생으로 입

---

56 金鍵厚的投考報名單·入學志願書·保證書·成績單」(1921.6.11), 南京大學檔案館藏 金陵大學檔案, 2-677.
57 금릉대학 학생수는 1922년 봄 327(문리과 304, 농림과 23)명 가을 368(319, 49)명, 1923년 봄 441(399, 42)명 가을 406(370, 36)명, 1924년 봄 473(419, 54)명 가을 480(385, 95)명이었다. 「歷年各科院學生統計」, 金陵大學 編, 『金陵年刊』(1935).
58 南京大學高教研究所校史編寫組, 「十五, 教育部視察金陵大學報告」, 『金陵大學史料集』, 南京大學出版社, 1989, p.21.

학하였다. 1921년 가을학기 금릉대학 학생 명단에 '金鍵厚, Ching Chien-heo, J.S. 1', 1922년 가을 명단에는 끝 표기가 'JS2'로 되어 있다.[59] 부가 설명에 따르면 J.S.는 Junior Science이며 1, 2는 학년 표기이다. 즉 1922년 가을학기에 '預科 理科 2학년'이었다. 그런데 1923년 가을 재학생 명단에는 그의 이름이 보이지 않는다. 김건후는 금릉대학 1921년 9월 입학 후 1923년 봄학기까지 예과 이과계열 학생으로 2년 동안 재학한 것이다. 아마도 1923년 가을부터는 상해로 가 미국유학을 준비하였을 것이다. 그리고 피치G. F. Fitch 목사가 운영하던 협화서국에서 사장 비서로 일하였고, 그 아들 피치G. A. Fitch 박사와의 교분으로 상해 YMCA 활동에도 참여했다고 한다.[60] 1923년 10월 김건후는 5년여의 중국 생활을 정리하고 상해를 출발하여 미국 유학 길에 올랐다.[61]

6. '금릉' 교정의 회억

20세기 초 건립된 금릉대학의 고루鼓樓 교사는 현재 남경대학이,[62] 건하연乾河沿 금릉중학 교사는 현재 남경시금릉중학[63]이 사용하고 있다. 금릉

---

59 「金陵大學各屆學生名冊」(1921-1925), 南京大學檔案館藏 金陵大學檔案, 2-2375.
60 이숭희, 「김건후의 생애」, 『잊혀진 이름, 잊혀진 역사』, 푸른사상사, 2022, p. 32.
61 「상해로부터 五인 남녀학생 도미」, 『신한민보』 1923년 11월 15일자.
62 현재 南京大學은 鼓樓, 仙林, 浦口, 蘇州의 4개 구역 캠퍼스로 나뉘어 있다. 본교는 원래 鼓樓에 있었으나 현재는 仙林이 주 캠퍼스가 되었다. 고루 캠퍼스의 주소는 鼓樓區 漢口路 22號, 선림 캠퍼스는 栖霞區 仙林大道 163號이다.
63 南京市金陵中學(Nanjing Jinling High School)'은 남경시 교육국 관할의 고등학교이다. 주소는 鼓楼區 中山路 169號이다.

대학과 중학의 초기 캠퍼스는 상호 조정기가 있었다. 이전 회문서원 건물들은 종루鍾樓를 중심으로 하여 좌우로 기숙사 도서관 예배당 강의동 등이 있으며 대부분 19세기 말에 건축되었다.[64] 1910년 금릉대학이 설립될 당시 대학부는 회문서원 부지 건하연 쪽에, 중학부는 굉육서원이 있던 고루 쪽에 두었다. 이후 고루 서쪽 언덕에 대규모의 신축 교사 건립을 시작하였다. 1916년 가을에 새 교사가 부분적으로 완공되자 금릉대학을 고루 쪽으로 이전하고 구 회문서원은 금릉중학 교사로 삼았다. 1921년에 고루 쪽의 웅장한 학교 건물들이 완성되었다.[65] 1915년 초 금릉대학에 입학했던 여운형은 건하연 쪽에서 공부하다가 1916년 말 상해로 떠났다. 그렇지만 김건후의 경우 금릉중학 시절을 건하연 교사에서, 금릉대학 시절은 막 완공된 고루 교사에서 공부하였을 것이다. 김건후 사진 중의 1923년 금릉대학 야구부 단체 사진은 그가 남경에서 마지막으로 남긴 금릉 교정의 추억이 되었다.

고루의 금릉대학 예배당은 1918년 완공되었으며 독특하고 웅장한 모습을 자랑한다. 현재는 남경대학 고루 캠퍼스 강당(禮堂)으로 사용되고 있다. 1919년 12월 남경 한인유학생들의 초청으로 상해의 교민 자녀 교육기관인 인성학교의 교감, 교사와 12명의 소학생 등이 남경을 방문하였다. 그리고 20일 금릉대학 예배당에서 인성학교 소학생들의 연극 공연이 개최되었다. 공연은 남경의 한인유학생 20여 명 외에 서양인 100여 명, 중국인 300여 명이 참관하였다고 한다.[66] 당시 김홍서는 인성학교에서 잠시 교사직을 맡고 있었기 때문에 방문단의 일원으로 남경에 왔고,[67] 김건후는 아마 부친

---

64 盧海鳴, 楊新華 主編, 『南京民國建築』, 南京大學出版社, 2001, p. 178.
65 金陵大學秘書處 編, 『私立金陵大學一覽』, 1933, pp. 7-8. 사실 현재 남경대학 고루 캠퍼스에 남아 있는 금릉대학 시기 옛 건물들은 그 완공 시기가 1930년대까지 이어진다.
66 「仁成學校生徒 南京으로 수학여행」, 『독립신문』 1920년 1월 10일자.

과 함께 공연을 감상하였을 것이다. 이후 23일 방문단이 돌아갈 때 부친을 따라 상해에 가서 성탄절을 함께 보냈다.[68] 금릉대학 예배당은 재중 한인 독립운동사에서도 기념할 만한 사적이다. 1935년 5월 중국 내 한인 독립운동 정당 단체들이 이곳에 모여 민족혁명당 창당을 선포하였다.

1921년 9월 김건후가 금릉대학에 입학한 시기에 『대지』의 저자 펄벅 Pearl S. Buck(1892-1973)이 금릉대학 교수로 부임하였다. 그후 금릉대학과 중앙대학에서 영문학을 지도하면서 창작활동을 진행하였다. 김건후가 혹시 그녀의 교양 영어 수업을 수강했을지도 모를 일이다. 현재 남경대학 고루 캠퍼스의 한 구석에는 1934년 펄벅이 중국을 떠날 때까지 거주한 고택이 보존되어 있다. 펄벅은 본인의 자서전에 남경의 강의실에서 만났던 한인유학생들의 인상을 다음과 같이 회고하였다.

> 내 클라스에는 한국에서 온 학생들도 있었는데 나는 일본에 대한 한국인의 깊은 증오심의 근원을 그들에게서 발견할 수 있었다. 이 젊은 한국인 남녀학생들은 자기 나라에서 일본인의 통치를 참을 수 없어 중국으로 만주로 혹은 「러셔」로 와서 자식들을 키우기 위한 가족에 속해 있었다. 그들의 부모들로부터 그들은 항일정신을 이어받았고 그것이 오늘의 한국을 가져오게 직접적 원인이 된 것이다.[69]

---

67 김광재, 「인성학교의 설립과 운영」, 『근현대 상해 한인사 연구』, 경인문화사, 2018, p. 407.
68 1919년 상해 성탄절 기념사진은 김홍서·건우 부자와 인성학교 교사와 학생들이 함께 하였다.
69 「깊은 「한국이해」 - 인도와 이상주의 작가 「펄벅」」, 『경향신문』 1973년 3월 8일자.

7. 남경의 김건후를 기억하며

    20세기 초 재중 한인유학생사에서 남경은 한때 망명자의 집합지이자 미국 유학을 위한 중간 거점이라는 특수한 위치에 있었다. 이 시기 중국으로 망명한 부친을 따라 남경에 도착한 김건후는 오래지 않아 모친이 사망하여 큰 충격과 시련의 시기가 있었다. 그럼에도 불구하고 그는 중국 내 서구식 교육의 요람이었던 금릉중학과 금릉대학에서 공부하며 건장한 청년으로 성장하였다. 온순하고 품행이 양호했던 그는 선교사들의 영강을 들으며 또래 중국 친구들과 함께 공부했다. 때론 가슴에 NANKING 글자가 새겨진 멋진 야구복을 입고 학교 운동장에서 동창들과 야구를 즐기기도 하였다. 주말이면 남경한인교회에 가서 예배 모임에 참여하고, 3·1절에는 가슴에 태극기를 달고 애국청년들과 함께 기념사진을 남겼다. 또 상해에서 사업을 하면서 독립운동에도 열심이었던 부친을 만나기 위해 남경과 상해를 오가면서 일본영사관의 문건에 요시찰 학생으로 기록되었다. 남경에서 5년 동안 미국 유학에 필요한 실력과 자격을 충분히 다진 그는 부친 김홍서가 마련해 준 선표를 쥐고 상해에서 미국으로 향하는 배에 몸을 실었다.

    한 세기 전 중국 남경에 유학한 김건후는 20세기 초 금릉중학·대학을 거쳐 미국으로 유학한 한인의 전형적 사례이다. 남겨진 기록이 많지 않아 그의 남경 시절을 함께했던 한인유학생들에 대한 이야기로 공백을 채울 수밖에 없었지만, 아쉬우나마 그의 모습에 한 발짝 더 다가간 듯하다. 지금도 여전히 그 자리를 지키고 있는 금릉중학과 금릉대학의 교정에서 청년 김건후를 다시 떠올려 본다.

김건후의 금릉대학 입학지원서

UNIVERSITY OF NANKING

APPLICATION FOR ENTRANCE

```
PICTURE
of
APPLICANT
to be
PASTED HERE.
```

NAME OF APPLICANT

(English) *Kim Chien-hou* (Chinese) 金鍵厚

UNIVERSITY OF NANKING.
APPLICATION BLANK.

1. Name (English) *Kim Chun-heu* (Chinese) 金鍵厚
   姓名 (英文)　　　　　　　　　　　　 (中文)

2. Year of birth 1902
   年齡 十八歲

3. Permanent Address Shanghai Chinese Post Box 100
   住址 上海法界辣斐德路成裕里二百十六号

4. Name of Parent or Guardian *Hong S. Kim* Occupation *Trading*
   父或保護人之姓名 金弘燮　　　　職業 商業
   Address Shanghai Chinese Post Box 100
   住址 上海法界辣斐德路成裕里二百十六号

5. Are you married? *No*　　　How many children have you? *none*
   已婚否　否　　　　　　　　　有子女否　無

6. Address to which semester report should be sent Shanghai Chinese P.B. 100
   學生成績報告應寄至何處 上海郵箱信箱百号

7. Who is financially responsible for you? *Hong S. Kim, Shanghai*
   擔負經濟責任者何人 金弘燮
   Address Shanghai Chinese Post Box 100
   住址 上海中國郵政信箱百号

8. What is your religion? *Christian* Are you a church-member? *Methodist member*
   信何宗敎 耶蘇敎　　　　　　敎友否　是 以是
   What church are you a member of? *Methodist*
   何敎會敎友 美以敎会

9. What Christian relatives have you?
   有無基督徒親屬或姻戚

10. What Middle School are you a graduate of? *Korean Middle School, Pyeng Yang*
    在何中學校畢業 中德光成中學
    Where *Pyeng Yang, Korea* When *Sept the year of 1916.*
    何地 韓國平壤　　　　　　何時 一九〇六年

11. Have you attended college? *No*　　　How long?
    曾入大學否　　否　　　　　　　　　幾時
    (Applicant must present a statement of courses studied with grades received, signed by the Registrar of the college)
    (凡志願入本校者須開列已讀詳細科目並經校長或註冊員簽名)

12. What course do you wish to study? *Agriculture Department*
    欲修何科 農林科

13. What do you intend to do after graduating from the University?
    卒業後之志願

23. Have you had any experience in business or teaching? *none*
    於商業或教授有無經驗

If so, what was it? .... Where? .... How long? ....
何種經驗   何處   幾時

24. References :— Name *Hong S. Kim* Address *Shanghai China P.B. 100*
    可向詢問之人 姓名 韓弘敎   住址 上海中國郵箱日號
              Name *Chung Chien-Keo* Address *Shanghai China P.B. 100*
              姓名 金鍵享   住址 上海中國郵箱日號

I, *Chung Chien-keo*, hereby make application to enter the University of Nanking as a student.

I promise to obey the rules and regulations of the University, to perform faithfully all scholastic and other duties to which I may be assigned or elected, and to strive at all times to uphold the honor and good name of the University.

Date *June 11, 1921*   Signed *Chung Chien-keo*

今願入貴校肄業凡校中章程當遵守無違其他學生職務皆願盡力爲之並矢志保全學校令名

1921 年 六 月 11 日   姓名 金鍵享 簽字

PRINCIPAL'S RECOMMENDATION.

I hereby certify that *Chung Chien-Keo* is a student in good and regular standing in this school, that his conduct has been excellent, that his scholarship has been of a high grade; that his character is without question; and that I can fully recommend him as being entirely qualified to pursue a college course with credit, both to himself and the school.

Date *June 11, 1921*   Signed by the Acting Principal *Liu Cheng ?*
       (Sept 5, 1921)

茲校長介紹書 今有本校學生在   校肄業   年學績品行皆極優良意特介紹
入貴校肄業該生將來成績之優良敝校長願爲之證明也。

          年   月   日   校長   簽名

1920년대 미국의 한인유학생
- 김건후의 경우

유승권 | 미주리대 한국학 연구소장

1. 한인 해외 유학생과 개신교 선교사들
2. 미국 대학 한인 유학생의 삶
3. 대공황과 외국인 유학생에게 닥친 위기
4. 허버트 김의 미국: 휴론대–콜로라도 광산대–컬럼비아대
5. 폴린 립만과 결혼

1. 한인 해외 유학생과 개신교 선교사들

1910년 경술국치로 인한 일제의 압박을 피하고자 많은 젊은 지식인들이 중국으로, 또는 중국을 거쳐 유럽이나 미국으로 유학을 갔다. 특히 1919년 대한민국 임시정부가 수립되면서 상해는 한국인들에게 정치적 망명지로서 더욱 중요한 역할을 하게 되었다. 이로 인해 북경과 상해 지역의 한인 유학생 수가 1920년대에 들어서면서 급증하였다. 중국의 학교는 한인 학생들에게 입학절차와 학비 등에서 편의를 제공하여 매력적인 유학지였으며, 상대적으로 저렴한 생활비와 학비도 중국을 유학지로 선택하는 이유 중 하나가 되었다.

한국 임시 정부가 상해에 설립되면서 한인 학생회 조직도 활발히 활동하였으며, 회보와 월간지 등을 발행하여 민족정신을 고취하고, 민족운동의 방향에 대한 의견을 나누기도 하였다. 그러나 조직 내부에서 내분과 분파가 생겨, 후에 북경고려유학생회라는 조직이 만들어졌다. 이 조직은 독립운동과 사회주의 운동을 아우르는 '혁명운동'을 전개하려 노력하였다. 1926년에는 북경한국유학생회로 개편되었으며, 이들의 전공 분야는 다양했지만 인문사회계가 가장 흔한 전공으로 선택되었다. 이들은 학문과 독립운동 활동을 병행하면서 학업을 이어가는데 여러가지 어려움을 겪었다.

먼저 중국을 통해 유럽으로 유학을 간 몇몇 사례를 보면 다음과 같다. 민원식의 이야기는 김건후-Herbert Kim의 삶과 유사한 점이 많이 있다.

둘 다 일제 강점기의 어려운 시기를 겪고 망명하여 해외에서 학문을 쌓고 활동을 펼쳤으나 한국전쟁 발발 후 북한에 의해 납치되어 가족과 생이별을 하게 되었다.

　　민원식은 한국인으로서 역사적으로 중요한 위치에 있다. 그는 프랑스 대학에 최초로 입학한 한국인으로, 그의 유학 경로는 흥미로운 여정으로 시작된다. 1910년 아버지 민영철이 일제의 회유에 맞서 상해로 가족과 함께 망명할 때 같이 떠났다. 이후, 그는 상해를 떠나 가톨릭 주교를 따라 프랑스로 유학길에 올랐다. 1918년 프랑스에서 고등학교를 마치고, 1919년 3월에는 임시정부 파리 위원부 대표단의 일원으로 프랑스에 도착한 김규식의 통역을 맡아 수행하였다. 그 후, 1921년에 툴루즈 대학을 졸업한 민원식은 미국으로 이주하여, 사촌형인 민희식이 다니던 네바다 대학에 입학하여 1928년에 졸업하였다. 그는 시카고 대학원에서도 공부를 이어갔으나, 학업을 마치지 않고 돌연 고향으로 돌아와 연희 전문 불어과 교수로 재직하였는데, 1930년에 시작된 대공황이 학업에 영향을 미쳤을 것으로 여겨진다. 그는 동아 교통공사 경성지사 고문으로 활동하기도 하였으며, 해방이후에는 서울타임스와 연합 통신을 창간하고 국제적인 활동을 펼쳤다. 그는 1948년 정부 수립 직후에는 외무부 장관 장택상 밑에서 차관보를 지냈으나, 한국전쟁이 발발하면서 납북되어 그 이후의 행적은 알 수가 없다.[01]

　　정석해(1899-1996) 또한 중국 상해를 통해 프랑스로 건너간 유학생 중 하나였다. 그는 1914년 선천의 신성학교에서 수학하였으며, 1919년에는 연희전문 YMCA 회장으로 3·1 운동과 3·5 남대문 시위에 적극 참여하였다. 그 후 1920년에는 베이징을 거쳐 상해로 이동하여 흥사단에 가입하였으나,

---

01　프랑스 한인 100년사 편찬위원회 등 편, 『프랑스 한인 100년사』, 프랑스 한인회, 2019, pp. 60-76.

같은 해 유법검학회의 주선으로 프랑스 파리로 유학을 떠났다. 그의 프랑스로의 여정은 모험이었다. 그는 프랑스 해운사의 여객선 르 포르토스호를 타고 1920년 12월 한달 넘게 항해하여 프랑스 남부 항구 도시 마르세이유에 도착하였다. 중국 젊은이 300명이 함께 타고 갔는데, 그 중에 한인은 21명이었다. 그 중 7, 8명은 생활비가 더 저렴한 독일로 떠났고, 나머지는 파리에서 흩어져 살았다. 정석해는 프랑스에서 보배Beauvais의 고등학교에 입학하였고, 그 이후 1922년에는 독일로 옮겨 뷔르츠부르크대학과 베를린대학에서 수학하였다. 1924년에 파리로 돌아와 파리대학에서 수학하며, 오랜 방황 끝에 1930년에 수학과 철학 전공으로 졸업하였다.[02]

그 후 그의 생활에는 다양한 변화와 어려움이 있었다. 1939년 19년만에 귀국하였으나 밀고로 체포되어 일본으로 압송되었다가 같은 해 12월 한국으로 환송되어 자택 연금 생활을 하게 되었다. 1945년 광복과 함께 연희전문학교·연희대학교·연세대학교에서 1961년 정년 퇴임까지 철학과 수학, 물리, 불어 등을 가르쳤다. 1960년 4.19혁명때는 교수 시위를 주도하기도 하였는데, 61년 퇴임 후 미국으로 건너가 아들과 살다가 1996년 97세의 일기로 세상을 떠났다.[03]

정석해의 이야기는 그의 유럽으로의 여정과 교육, 교수 경력, 그리고 국내 정치와 미국에서의 생활을 통해 다채로운 한인 디아스포라의 삶을 엿볼 수 있는 흥미로운 이야기이다. 김건후가 만약 상해를 거쳐 유럽으로 갔다면 어떤 미지의 삶을 살았을지 상상해 보는 것도 흥미로울 것이다.

한국 근대 문학의 대표 작가인 심훈도 1920년 중국으로 건너가 1923년

---

02 『프랑스 한인 100년사』, pp. 60-76.
03 『한국 민족 문화대백과사전』.

까지 북경, 남경, 상해를 거쳐 항주 지강대학에 다니면서 독립운동 및 문학 활동을 했다. 주요섭은 1902년 평양에서 출생하여 상해 호강대학을 졸업하였다. 그는 상해를 주요 배경으로 하층민의 가난과 그 사회적 의미를 제시한 주요 작품을 두루 남겼다. 그는 이후 미국으로 이주하여 스탠퍼드 대학교에서 교육학 석사 학위를 취득했다. 그의 형 주요한은 3·1운동 이후 상해로 건너가 호강대학을 다녔다. 그는 임시정부에 참가하여 임시정부 기관지 『독립신문』 기자로 활동하기도 했다. 04

여성으로는 드물게 최영숙이 중국 상해에서 유학을 하였는데, 1905년 경기도 여주에서 태어난 그녀는 1922년 중국 유학길에 올라 남경 명덕학교와 회문여자학교에서 수학하였다. 또한 4년 후인 1926년에는 스웨덴으로 유학을 떠났다. 하지만 1932년 26살의 나이에 서울에서 요절했다. 당시 그는 인도인 남편과의 사이에서 아기를 임신한 상태여서 상당히 충격적인 사건이었다. 최영숙도 스웨덴으로 유학 당시 여권은 중국 여권이어서, 그 당시 한인들은 일본의 유학 통제를 피하기 위하여 대다수 중국 여권으로 유럽과 북미로 유학을 갔음을 짐작할 수 있다. 김건후의 경우도 예외가 아니었다. 05

앞의 민원식의 경우와 같이 중국의 한인 유학생들은 개신교 선교사나 가톨릭 사제등의 도움을 받아 미국이나 유럽 유학길에 오르는 것을 볼 수 있었으며, 중국에서도 대부분 금릉학교 등 개신교 학교에 수학하면서 개신교 선교사의 도움을 많이 받았다. 1920년대에는 중국의 교육제도를 주도하

---

04 『한국 민족 문화대백과사전』.
05 이효진, 「신여성 최영숙의 삶과 기록: 스웨덴 유학 시절의 신화와 루머: 그리고 진실에 대한 실증적 검증」, 『아시아 여성 연구』 57-2, 숙명여자대학교 아시아여성연구소, 2018, pp. 143-174.

던 다수의 학교가 기독교 학교임을 알 수 있다. 1888년 회문서원이라는 이름으로 미국 선교사에 의해 설립되었다가, 1910년 2개의 타 대학과 통합하여 금릉대학으로 개편되었다. 후에 중국 공산당이 중국을 통일하면서 남경에 있던 국립 중앙대학과 금릉대학을 통합하여 남경南京대학으로 바뀌었다. 남경대학에서 수학한 한국의 독립운동가들로는 여운형(영문학, 1913년), 조동호(중문학, 1914년), 서병호(1914년), 김원봉(영문학, 1918년), 김약수(1918년), 김마리아(1920년), 안기영(1920년)등이 있는데, 이중 김마리아와 안기영은 연배는 훨씬 많지만 비슷한 시기에 김건후와 금릉대학에서 공부하였으며, 특히 김마리아는 뉴욕에서도 같은 시기에 공부하였기에 안면이 있었으리라고 추측된다.

중국으로 간 유학생들이 유럽행을 택하기도 했지만 또 다른 그룹은 미국행을 택하였다.

『재미한인 50년사』의 저자인 김원용은 광복 이전 유학생을 3단계로 나누어 살펴보고 있다. 제 1단계는 1882년부터 1905년까지 이어졌으며, 이 기간은 다시 크게 두 부분으로 나누어 지는데, 첫번째 기간은 1882년 조미수호조약 체결이후부터 1902년까지이며, 유학 혹은 망명을 목적으로 온 한인들을 아우른다. 이 시기에는 유길준, 서광범, 박영효, 서재필, 김규식, 백상규, 이대위, 안창호 등과 같은 대표적 인물들이 미국으로 이주하였다. 두번째 기간은 1903년부터 1905년까지 이민시대에 망명 혹은 유학을 목적으로 온 한인들로 이루어진다. 이 시기에는 신성구, 이강, 신흥우, 박용만, 이승만, 백일규, 임두화, 이원익, 정한경, 강영승, 강영대, 차의석, 송헌주, 임정구, 양주삼 등 다수의 대표적인 인물들이 포함되었다. 이 유학생들은 향학에 열심히 노력하였고 대학 졸업 비율은 75%에 이르렀다. 이들 대부분은 한국이 일본에 의해 강제 병합 당한 후 '식민지 조선'으로 돌아가지 못하고 미주와 중국에서 독립운동을 전개하였다. 그들은 미국내 한인 사회 발전에 많은 영향력을 끼쳤으며, 한인 사회의 향후 발전과 한국 독립운동에 중요한 역할을 담당하여 크게 기여하였다.[06]

제2단계는 한국이 1910년부터 1918년까지 일본에 강제 병합된 시기이다. 이 기간동안 미국에 유학한 학생 수는 541명이었다. 이들은 일반적으로 '신도학생新渡學生'이라고 불렸으며, 대한제국의 몰락이후에는 조선총독부로부터 여권을 받지 못하여 목숨을 걸고 국경을 너머 중국으로 갔거나, 이후 중국 상하이 등지에서 여권없이 미국으로 넘어온 학생들을 지칭한다. 이들이 미국에 정착할 수 있었던 것은 미주 최대의 한인단체였던 대한인국민회의 보증이 있었기 때문이다.

반일사상이 강하던 신도 학생들의 다수는 고등교육기관에 진학하지 않았으며, 진학하였더라도 졸업을 하지 못한 인사들이 많았다. 이들은 노동과 영업을 하면서 재미 한인의 사회 건설과 독립운동을 위해 많은 노력을 기울였다. 특히 이들은 기존의 한국인들과 힘을 합쳐 한인 사회 발전에 헌신하였으며, 1930년 이후에는 한인 사회의 중추적인 역할을 수행하게 되었다. 이 시기 유학 온 대표적인 사람으로 임초, 곽림대 등을 들 수 있다.

제3단계는 1921년부터 1940년까지다. 이 시기에 유학 온 학생들은 조선총독부로부터 여권을 받거나 또는 중국에서 중국 여권을 발급받아 미국에 건너왔다. 그 수는 약 289명 정도이다. 이들 중 상당수는 개신교 기관으로부터 미국 유학을 지원받았다. 이 시기 미국 유학생은 그 이전인 신도 학생들과는 확연히 다른 점이 있었다. 첫째 신도 학생들은 조선총독부 여권을 받지 않고 건너왔지만, 이들은 총독부 여권을 받았다. 둘째 제2단계에

---

06 김원용 『재미 한인 50년사』, 혜안, 2004, pp. 35-37.

미국에 온 사람들은 미국에서 계속 공부하고 생활할 수 있었지만, 제3단계 미국 유학생들은 그것이 허락되지 않았다. 미국의 이민법이 1925년에 바뀌어서 유학을 목적으로 온 외국인들에게는 영주권이 허락되지 않았다. 따라서 이들은 공부에만 전념해야 했다. 그 결과 대학 졸업 비율이 65%를 넘었다. 특히 박사학위를 받은 인사들이 많았는데, 그 비율은 15%에 달할 정도였다. 공부를 마친 이들은 조국으로 돌아가야 했기 때문에 미주 한인 사회에 많은 영향력을 줄 수 없었다. 대표적인 인사로는 조병옥(내무부 장관, 컬럼비아대 박사 1919-1925), 장면(총리, 맨해튼 가톨릭대 학사, 1921-1925), 김활란(이대 총장, 웨슬리안대 학사, 보스턴대학교 석사, 컬럼비아대 박사, 1922-1926, 1930-1931), 박은혜(이대 교수, 아이오와주 듀브크대 학사, 1928-1932), 장덕수(보성전문 교수, 컬럼비아대 박사, 1930-1936), 허정(교통부 장관, 뉴욕에서 사업, 1920-1932), 이기붕(민의원 의장, 부통령, 아이오와 주 데이버대 학사, 1916-1923), 윤치영(내무부 장관, 아메리칸대 국제법, 1932-1934) 등이 있다. 상당수가 한국에 돌아와 해방 후 정계와 학계에서 요직을 차지하였다.

  동부지역에 유학한 학생으로서 종교 지도자로 활동한 대표적 인사로 임창영을 들 수 있다. 훗날 장면 정권에서 UN 대사로 활동한 임창영은 1909년 황해도 은율군에서 태어났다. 장로교 집안에서 자랐고 명신학교와 평양 숭실 전문학교를 다녔다. 숭실전문학교 교장 윤산온George S. McCune의 도움으로 1930년 3월 펜실베니아 주 이스턴에 있는 라파엣 대학Lafayette College에 유학하였다. 졸업하고 1936년부터 뉴욕 신학교New York Theological Seminary에 들어갔다. 1938년까지 뉴욕신학교에서 종교 교육을 전공하였지만, 학위를 받지 않았다. 1941년 가을 프린스턴대학교Princeton 정치학과에 들어갔으며, 1943년과 1946년에 정치학 석·박사를 받았다. 이후 프린스턴 대학교 정치학과, 채텀 대학교Chatham, 뉴욕주립대학교에서 강사로 학생들을 가르쳤다. 이런 임창영이 1936년 9월부터 1942년 6월까지 6년간 뉴욕 한인감리 교회 목사로서 파산 상태에 놓인 교회를 운영해 갔다. 특히 가난해서 음식조차 구할 수 없던 한인들을 구제하였으며, 기호와 서북으로 쪼개진 한인의 통합에 그 나름의 노력을 기울였다.

1879년 1월 평안남도 용강에서 태어난 양주삼은 이른 나이부터 미국 선교사들과 교분을 가졌다. 선교사 헐버트의 도움을 받아 1901년 5월부터 1905년 6월까지 중국 상해에 있는 남감리교 계통의 중서학원에 다녔다. 상하이에서 미국으로 건너와 1910년 1월부터 1913년 6월까지 테네시주 내쉬빌에 있는 밴더빌트대학교에서 신학을 전공하였다. 양주삼은 미국에 거주하는 동안 샌프란시스코 한인감리교회에서 전도사로, 월간으로 발행하는 기독교 잡지『대도』의 편집인으로 활동하며 미주 한인 교회를 이끌었다. 후에 양주삼 목사는 한국으로 돌아와 해방 후 첫 한국적십자사 총재를 맡는 등 활발한 활동을 하였는데, 1949년 김건후와 그의 아내 정정식 교수와의 결혼식 주례를 맡기도 하였다. 그런 그가 또한 한국전쟁이 발발한 1950년에 김건후와 마찬가지로 북한군에 의해 납북되었다.

1892년에 태어난 김마리아는 1910년 정신여학교를 졸업한 후 교사로 근무하다가 1914년 일본 히로시마로 유학을 떠났다. 1919년 2·8 독립운동에 참여하여 경찰에 붙잡히기도 했는데, 졸업을 하지 않고 국내로 돌아와 애국부인회 등 활동을 하다가 옥고를 치렀다. 병보석으로 풀려난 후 상해로 망명하여, 김건후가 공부한 금릉대학에서 수학하고, 그와 비슷한 시기인 1923년 6월 미국으로 가 1924년 9월 파크대학 문학부에서 2년간 수학하였다. 1928년에는 시카고 대학 사회학 석사를 받고, 1930년에는 김건후가 컬럼비아 대학에서 석사학위를 받을 즈음 같은 지역의 뉴욕 비블리컬 세미너리에서 신학을 공부하였다. 나이차이가 12살이상 나기에 얼마나 교분이 있었을지는 모르지만 분명 교류가 있었을 것이다. 또다른 인물은 한국 여성 최초로 남편에게 위자료를 주고 이혼한 박인덕이다. 그는 1896년 평남 진남포에서 출생하였는데, 이화학당 졸업 후 이화학당 교사로 재직하였다. 삼일 운동 당시 만세시위 선동죄로 옥고를 치렀으며, 제자인 유관순의 순국을 목격했다. 1927년 도미하여, 이듬해 조지아 주 웨슬리안대학에서 사회학 학사학위를 받고, 1928년 컬럼비아 교육대학원에 입학하여 1930년 석사학위를 받았다. 1928년 조선인 유학생들의 단체인 북미유학생총회에 참여해 1930년 종교 부장을 맡았다. 박인덕은 김마리아, 황애시덕 등과 함께 뉴욕지역에서 항일 여성 운동 단체인 근화회를 조직하기도 하였다.[07]

여기에서 재 미국 한인들의 독립활동에 중추적인 역할을 했던 이승만과 안창호의 활동을 잠시 주목해 보면, 이승만은 1921년 7월부터 대한인동지회 총재로 활동하였다. 동지회는 7월 7일 이승만의 측근인 민찬호, 이종관, 안형경 등이 대한민국 임시정부를 지지하고 이승만 활동을 후원하기 위한 목적으로 설립한 단체였다.[08]

한편 도산 안창호는 1913년 미국에서 인재 양성을 위한 기관으로 흥사단을 조직하였다. 창립 위원으로 8도 대표로 홍언(경기도), 조병옥(충청도), 송종익(경상도), 정원도(전라도), 강영소(평안도), 김종림(함경도), 민찬호(황해도), 염만석(강원도)을 선임하고, 1913년 5월13일 창립 총회를 가졌다. 미주 흥사단이 인격개조와 실력양성에 초점을 맞춘 반면, 뒤늦게 세워진 중국의 흥사단 원동위원부는 민족개선의 기초운동과 독립 운동의 실천에 주력하

---

07 정병준, 「일제하 한국여성의 미국 유학과 근대경험」, 『이화사학연구』 39, 2009, p. 47; 김성은, 「1920-30년대 여자 미국 유학생의 실태와 인식」, 『역사와경계』 72, 2009, pp. 183-238.
08 이승만은 1925년 12월 하와이 한인들과 함께 지속적인 독립운동자금 공급과 하와이 한인들이 경제적으로 자립할 수 있는 터전을 마련하고자 동지식산회사를 설립하였다.

였다. 안창호는 독립운동 일선에 투입할 인재들을 미국으로 오게 하였다. 이때부터 상해의 많은 청년들이 입단하게 되고, 1920년 12월 흥사단 제7회 대회를 상해에서 개최하는 것으로 원동위원부의 활동이 표면화되었다. 김건후도 이러한 상해 흥사단의 활동을 지켜보다가 흥사단원이 된 것으로 보인다. 중국에서 중국대륙이 공산화되기 이전인 1949년까지 존속하였는데, 그동안 190여명의 단원들이 가입·활동하였고, 이들 중 서북 출신과 기독교인의 비중이 높았다. 흥사단 원동위원부가 심혈을 기울였던 사업은 장기적 독립운동의 기반을 마련하고자 했던 이상촌건설운동과 여러 독립운동단체들을 협의체로 통일하고자 했던 민족 유일당 운동을 꼽을 수 있다. 많은 어려움과 한계가 있었지만 민족 유일당 운동은 결국 한국 독립당 결성으로 이어졌으며, 흥사단 원동위원부는 이 정당에 대한 재정적 후원을 담당하였다.[09]

이 무렵 교포사회는 이승만과 안창호가 주도하는 두 단체의 대립이 더욱 치열하게 전개되고 있었다. 1927년 컬럼비아대학원에 입학한 서민호에 따르면 장덕수, 김도연, 김양수, 윤홍섭, 이동제, 윤치영, 최정진, 이정근, 이철원 등은 동지회 활동을 주도적으로 하면서 안창호의 흥사단과 대립하였다.[10]

한국에서 개신교 선교사는 1884년 부터 1910년까지 총 400여명의 선교사가 활동하였는데, 이중 40%가 북장로교 선교사였으며, 28%인 110명은 북감리교 선교사였다. 그 외에도 남장로교, 남감리교, 호주 빅토리아 장로교, 구세군 선교사들이 활동하였다. 또한 이들은 한국의 젊은이들에게

---

09 김원용, 『재미한인 50년사』, pp. 138-142.
10 김원용, 『재미한인 50년사』, pp. 153-163.

미국 유학을 권유하고 장려하였다.

특히 서울, 인천, 평안도, 황해도 등 개신교와 개화사상의 전파와 수용이 비교적 일찍부터 진행되었던 지역의 기독교 집안 출신 등은 미국 유학에 매우 적극적이었으며, 선교사와 기독교 집안의 영향으로 미국 유학을 쉽게 꿈꿀 수 있었다. 유학생들이 진학한 학교들은 대부분 선교사의 모교이거나 선교사와 관계가 있는 대학이 많았다. 휴론대학 총장이었던 조지 맥큔(윤산온) 선교사 부부의 모교인 파크 대학은 설립자가 맥큔 선교사의 장인이었고, 김마리아, 이선행, 길진주 등이 이 학교 출신이었다. 김건후가 석사학위를 받은 컬럼비아대학도 선교사들이 많이 졸업하였고, 이 시기에 많은 유학생들이 이 대학에서 공부하였다. 그 이유는 우선 뉴욕에는 한인 교회와 교민단이 조직되어 있어 한인사회의 교류가 활발했다. 그리고 컬럼비아대학교는 그 규모가 크고 근대식 시설을 갖추었으며 세계적으로 유명한 교수들이 많아서, 유럽 및 동양 각국에서 유학생들이 모여 들었다. 또한 학교가 외국인 유학생들에게 장학금, 견학, 세미나 등 비교적 많은 편의와 혜택을 제공하였다. 또한 아이오와주의 북동쪽 구석에 위치한 듀북대학에도 한인 학생들이 많았는데, 기독교계 학교로 한국인이라면 거의 무조건 입학시켜주고 장학금 등 호의를 베풀었기 때문이었다. 그런데 대부분은 졸업을 하지 않고 중간에 한국 교포와 학생들이 많은 뉴욕, 시카고 등 대도시의 대학으로 편입해 갔다.[11]

---

11 정병준, 「일제하 한국 여성의 미국 유학과 근대 경험」, p. 47.

2. 미국 대학 한인 유학생의 삶

　　미국으로의 유학은 대단한 특혜일 수밖에 없었다. 하지만 미국으로의 입국 자체가 매우 어려운 일이어서 한인 유학생의 삶은 매우 고단한 나날이었다.

　　일단 1917년부터 일제는 상해에서 미국으로 가는 한인들이 많음을 알고 이를 감시하기 위해 상해 주재 일본영사로 하여금 미국 배편을 기다리는 한인들을 체포해 국내로 이송시키기까지 함으로써 한인들의 미국행을 막기도 하였다. 따라서 김건후가 중국 여권을 취득한 것은 이러한 일본의 체포나 구금을 사전에 막기위한 고육지책이었음을 알 수 있다. 또한 대부분 경제적인 여유가 없었으므로 겨우 미국정부로부터 상륙 허가를 받아도 곧바로 학교에 진학하기 보다는 먼저 노동으로 생계를 유지해야 했고, 그런 다음 어학학교를 통해 영어를 배워 어느 정도 수준에 오른 뒤 중학교나 대학예비과에 입학하는 것이 대부분이었다.

　　때문에 한국인 유학생들이 미국으로 유학하면서 학업을 시작하기까지의 여정은 많은 어려움과 희생을 수반했다. 이들은 외국에서의 학업을 위해 여러 어려움을 극복해야 했으며, 이민법, 경제적 어려움, 언어장벽 등이 주요 도전 과제였다. 1913년 7월 9일에 입국한 이범녕의 경우, 캐나다에서 학비를 벌고 캘리포니아의 대학예비과에 입학하여 학업을 시작했다. 이는 미국 유학을 위해 필요한 자금을 확보하고 영어 능력을 향상시키는 과정으로 볼 수 있다. 1914년 7월 25일에 입국한 박인택, 김전, 김자민, 박선제, 박돈욱, 박영로와 같은 학생들은 국민회가 운영하는 한인 강습소 특별생으로 입학하였고, 숭실 중학교와 배재학당에서 각각 1년동안 영어를 배웠던 조병옥의 경우도 1914년 1월 26일 미국 도착 후 대학진학을 바로 하지 못하고 로웰 중학교에 입학하여 영어 공부를 하면서 언어적인 부족을 극복하였다.

많은 유학생들이 어학학교를 거치기도 하지만 학위를 취득하기 위해서는 피나는 노력이 필요했다. 다른 유학생들과 비교해 볼 때 김건후의 영어실력은 출중하였고, 금새 미국인 친구과 동료들을 만들고, 각종 학교내의 모임에서 두각을 나타낸 것을 보면 그의 두드러진 친화력과 어학 능력이 그의 유학생활에 큰 자산이 되었음을 알 수 있다.

1914년에 공표된 미국 이민법은 외국인 학생들에게 여러가지 제약 조건을 달았는데, 우선 유학할 수 있는 충분한 자금(휴대금은 100원이상)과 증서를 소지해야 한다는 조항을 달았다. 이것은 그 이전 기생충을 치료한 후 도미할 것과 휴대금 50원 이상을 갖고 오도록 한 것 보다도 훨씬 더 강화된 것이었다. 이러한 강화된 조치들은 한인 유학생들의 입국을 매우 어렵게 만들었는데, 1914년부터 17년까지 상해로부터 샌프란시스코에 도착한 학생 중 20여명의 한인 학생들은 학생 신분증명서와 휴대금 미지참, 이민조례 위반, 자비 학생 입증 증거 부족으로 인해 상해로 귀환조치 되었다.[12]

컬럼비아 대학에서 유학하던 황애덕도 이민국으로부터 학교에 재적하지 않고 계속 장사만 할 경우 본국으로 귀국해야 한다는 독촉장을 여러차례 받고, 초조한 심정으로 귀국과 체류의 갈림길에 섰던 경험이 있었다. 미국 유학을 위해 최소 700달러가 든다고 할 때 미국 유학 경비는 일본 유학의 3-4배 이상이 드는 것이었다. 이러한 사정으로 미국 유학생들은 해마다 여름이 되면 일자리를 찾아 떠났다. 김건후도 여름에는 광산 노동자로 일을 해야만 했었다. 이렇게 여름방학 3달동안 학비를 벌었다 하더라도 학

---

12 홍선표, 「일제하 미국유학연구」, 『국사관논총』 96, 2001, p. 161.

기중 숙식을 하는데 필요한 비용을 위해 또 일해야 했다. 음식점 일은 매일 3시간 노동으로 식사를 해결할 수 있었고, 가정집 일은 매일 4시간 일에 숙식을 얻을 수 있었다. 수업이 없는 토요일과 일요일, 크리스마스와 부활절 휴가를 이용해 집중적으로 돈을 벌기도 했다.

이와 같이 미국 유학에서 제일 큰 난관은 일과 학업의 병행 곧 고학의 어려움, 금전의 부족이었다. 특히 1929년 미국의 경제공황이후 1931년과 1932년 즈음에는 일자리 부족으로 고학의 길이 막히게 되면서, 학비가 없어 학교에 가지 못하고 이민법에 의해 자국으로 추방되는 경우가 허다했다.

상해를 떠난 여객선의 미국 서부 샌프란시스코의 첫 입항지는 육지에서 3킬로 떨어진 엔젤 아일랜드Angel Island였는데, 1910년부터 1940년까지 100만명의 중국인을 포함한 아시아인의 이민을 규제하기 위해 엔젤 아일랜드에 이민국이 설치되었다. 따라서 상해 등 중국에서 출발한 모든 여객선은 이 엔젤 아일랜드에 도착하여, 이민 심사를 받아야 했다. 이민 심사에는 기본적인 신체 검사를 비롯하여, 중국인의 경우에는 기생충검사도 받아야 했다. 오랜 기간 선박여행에 지친 대다수의 승객들이 병을 앓게 되는 경우, 이 섬에 있는 병원으로 이송되어 치료를 받은 후 문제가 없음을 확인받고서야 입국이 허락되었다. 중국인의 경우 짧게는 2주 길게는 2년동안 이 섬의 수용소에 머물게 되었다. 그런 면에서 다행히 김건후는 엔젤 아일랜드에서 단기간 체류하고 샌프란시스코로 넘어 올 수 있었다. 1940년 이곳에 화재가 발생한 후, 이민국은 육지에 있는 샌프란시스코로 옮겨지게 되었다. 1964년 중국계 미국인들의 노력으로 엔젤 아일랜드의 옛 이민청 건물은 역사 문화재로 지정되어 수많은 사람들의 지난 뼈아픈 아시안 아메리칸의 역사를 상기시키는 곳으로 탈바꿈되었다.[13]

유학생 숫자가 1920년대 들어 가파르게 증가하면서 유학생 조직도 자연스럽게 구성되었는데, 1921년 4월 뉴욕에서 미주학생들을 통할하는 북미대한인유학생총회를 결성하여 본격적인 학생회 활동시대를 열었다.[14] 유학생총회는 국제 YMCA 산하 해외학생우호관계위원회의 지원 하에 1922년 12월부터 영문으로 된 *The Korean Student Bulletin*과 1925년부터 국문으로『우라키』를, 1942년부터 *The Free Korea* 등을 발간하여 국내외 한인 청년들에게 다양한 선진 정보와 함께 한국의 문화발전을 도모하였다. 또 유학생 총회는 외국학생우호관계위원회의 지원하에 *Korean Student Directory*를 매년 또는 격년 발간하여 학생의 수와 전공 등 각종 현황들을 조사, 발표하였다. 1930년 6월에 발행된『우라키』제4호의 기고 내용을 보면 북미유학생총회 10주년을 기념하여 이승만(조선학생에게 고함), 서재필의 축하글(조선의 장래)이 실려 있고, 컬럼비아 대학 교수 등 미국인들이 '외국인이 고찰한 금일 조선의 요구' 라는 제목으로 글을 실었다. 학생들은 기고를 통해서 미국의 정치, 사회, 종교 등 다양한 주제에 대해 의견을 피력하였는데, 당시 유학생들이 대부분 한국, 중국, 일본 등에서 고등교육을 받고 온 20대 후반이나 30대의 유학생들이어서 다수의 학부생들이 있기는 했지만 대학원생들의 모임이라고 규정짓는 것이 타당하겠다. 특히 이들 대부분은 이승만의 영향력 아래에 있음을 알 수 있고, 유학생총회의 회장단과『우라키』의 필진 등의 상당수가 이승만의 조직인 동지회에 가입하여 활동하였다. 대표적인 인물이 장덕수, 김도연, 윤홍섭, 김양수 등이었다.[15]

이 중 김도연의 경우는 김건후의 삶과 유사한 점을 발견할 수 있는데,

---

13 Angel Island Immigration Station Foundation Website - History.
14 홍선표,「일제하 미국유학연구」, p. 166.
15 『우라키』4, 1930.

1894년생으로 김건후보다 10살 위인 그는 1919년 일본 유학 당시 만세 운동을 조직하여 옥살이를 하였다. 출소 후 미국 유학을 떠났는데, 김건후와 마찬가지로 기독교와 흥사단의 영향이 매우 컸다. 김도연은 일본 유학시절 기독교에 귀의했고, 이로 인해 당시 감리교 주재 감독이었던 웰치를 통해 미국의 웨슬리안 대학으로의 유학길이 열리게 되었다. 미국으로 건너간 시기는 김건후보다 1년 앞선 1922년 7월이었는데, 샌프란시스코항에 도착한 김도연은 흥사단의 도움을 받게 되었다. 김도연은 1921년 3월 흥사단에 입단하게 되는데, 1920년 흥사단 원동임시위원부가 상해에 설치된 이후, 중국과 일본에서 청년학생들을 접촉하고 단원을 모집하고 있었다. 보증인은 김항주와 이광수로 되어 있다. 김도연은 회고를 통해 "샌프란시스코항에 도착한 뒤 교포의 도움으로 그곳에서 며칠 유숙할 수 있었고, 그 기간 동안 '국민회'와 교회도 나가 보았으며, 이후 오하이오 주"로 이동했다고 기록하고 있다. 김건후도 김도연과 같이 비슷한 경로를 통해 미국에 정착하였다. 1922년 웨슬리안 대학에 입학한 김도연은 1923년부터 북미한인유학생총회에 참여하였으며 임원과 학생대표로 또 기관지『우라키』의 편집부원으로 활발한 학생활동을 했다. 흥미로운 것은 흥사단원인 그가 1928년부터 동지회에 가입하면서, 동부 학생대회 등에서 이승만 지지활동을 펼쳤던 것이다. 이러한 인연으로 김도연은 이승만 초대 정부에서 재무부 장관을 맡게 된다.[16]

  유학생총회가 결성되면서 미국내 유학생들은 조직적인 활동을 전개하였다. 먼저 매년 6월 하기방학을 이용하여 정기적인 모임을 개최하여 국

---

16 당시 북미 유학생총회가 친 이승만계열의 학생들이 중심이 되었던 것을 볼 수 있고, 끝까지 흥사단원으로 안창호를 지지했던 Herbet의 이름이나 흔적을 유학생 사회에서 볼 수 없었던 것은 그러한 연유인 것으로 짐작된다.

내외의 시사문제와 현안문제들을 다루어 학생들의 의식을 계발시키고 아울러 친목과 단합을 추진하였다. 또 재정곤란으로 학업이 어려운 학생들을 돕기 위해 유학생총회는 1923년부터 '학생응급구제금'을 신설하여 모금운동을 전개하였다.

    1920년대의 한인 유학생들이 민족운동에 대해 무관심한 이유는 이민 상황과 귀국 압박, 그리고 학업 부담 등 여러 요인이 작용한 것으로 보인다. 유학생들은 먼 나라에서의 학업을 위해 많은 희생을 감수하며 미국에 왔고, 학비 문제와 학업 중심의 생활로 인해 민족운동에 적극적으로 참여하기 어려웠을 것이다. 또한, 귀국 압박으로 인해 무작정 민족운동에 참여할 수 없는 상황이었을 것이다. 예컨대 1926년 국내 학생들에 의해 일어난 6·10 만세 운동소식이 미국 유학생들에게도 충분히 알려졌으리라 보이지만 유학생총회는 여기에 대해 전혀 반응을 보이지 않았다. 또한 미주 독립운동이 이승만계, 안창호계, 박용만계로 나눠진 것도 이유가 되었으리라 생각한다.

    그러나 1930년대에 들어 민족운동에 관한 관심이 조금씩 증가한 것은 중요한 변화이다. 이러한 관심 증가는 대외적인 사건들과 민족주의가 강화되면서 나타난 것으로 생각된다. 이러한 변화는 한국 독립운동의 역사에서 중요한 단계 중 하나라 하겠다.

3. 대공황과 외국인 유학생에게 닥친 위기

    Great Depression이라고 일컫는 대공황은 1929년에 시작하여 10년동안 미국 전역을 휩쓸게 되는데, 정치, 경제, 사회 모든 면에서 큰 변화와 영향을 주었다. 대공황으로 생산이 47% 이상 줄고, GDP가 30% 이상 감소하였다. 실업율은 20퍼센트가 넘었으며, 주당 근무시간도 20% 이상 줄어 들었다. 사람들은 주가가 급락하자 은행에서 돈을 인출하였고, 그리하여 도산하는 은행들이 속출하였다.

이 가운데 실업율은 소수 민족에게 차별적으로 더 높게 나타났는데, 백인들보다 흑인들이 실업율 비중이 30~50% 높았다. 대공황의 여파는 캐나다와 독일을 포함한 많은 국가에서도 비슷한 수준으로 나타났다. 대공황 기간에는 이민자들에 대한 차별과 반 이민 정서가 강화되었다. 유럽인에 대한 비자 지급율이 60% 이상 감소되었고, 1930년과 1932년 사이에 54,000명이 추방되었으며, 44,000명은 자발적으로 미국을 떠났다. 김건후의 경우도 이렇게 자발적으로 미국을 떠난 이들 중의 하나라고 볼 수 있다. 미국 센서스에 따르면 미국 국경에 사는 멕시크인의 경우 1930년에 616,998명이었다가 1940명에는 377,433명으로 30만 가까운 숫자가 줄었다. 경제적 대공황이 이민자들의 이주와 이민자 커뮤니티의 규모에도 영향을 심각하게 미쳤음을 보여 주는 사례이다.

백광선Mary Paik Lee의 저서 『조용한 방랑여행: 미국의 한국인 여성개척자』에 나오는 이야기는 대공황시기가 이민자와 소수 민족 커뮤니티에게 어떤 영향을 미쳤는지를 설명하는 중요한 역사적 증거이다. 이민자와 소상공인들이 대공황으로 인해 겪은 어려움과 차별을 다루고 있다. 그녀의 가족은 남가주에서 수십년간 운영하던 과일가게를 하루아침에 날리게 되면서, 여러 도시를 전전하며 생계를 유지해야 했다.[17] 대공황은 농산품에 대

17　Mary Paik Lee, *Quiet Odyssey: A Pioneer Korean Women in America*, Seattle: University of Washington Press, 1990.

한 수요를 급격히 감소시키면서 농산품 이익이 3년 사이에 50% 나 감소되었다. 동부지역도 예외는 아니었다. 중국인들은 세탁소 등 소상공인으로 생계를 꾸렸는데, 대공황 기간동안 50% 이상 수입이 감소되었다. 대공황의 경제 위기가 심화됨으로써 그동안 존재했던 외국인 특히 아시아인에 대한 차별의식도 덩달아 심화되었다. 특히 중국인들의 경우, 대부분 이민자들이 남성으로 구성되어 있어서, 중국인 사회를 '총각사회'라고 불릴 만큼, 중국인의 남성 비율이 월등히 높았는데, 이는 미국 백인 사회(특히 딸을 가진 부모)에서 중국인 남성들을 차별하는 요소로 작용하였다. 중국인 여권을 소지했던 김건후Herbert Kim도 폴린Pauline Liebman 과 데이트와 결혼을 하면서 비슷한 차별과 시선을 느꼈으리라 여겨진다. 이러한 차별은 고용에서도 발생하여서, 대학 교육을 받은 아시아학생들이 전문직종에 취업하는 것이 요원하게 되었다. 그래서 이러한 말이 흔하게 회자되었다. "아시안들이 대학에 가서 예술이나 건축 등 다양하게 중요한 것을 배우지만 결국에는 과일가게에서 점원 노릇을 한다."

1930년 이전 원화 대 달러의 환율이 약 2 : 1 정도였는데 비해 대공황이 본격화되면서 6 : 1 정도로 원화의 환율이 급등하였다. 예컨대 한 미국 유학생이 국내에서 받는 한달 생활비는 1929년만해도 75달러(약 150원)였는데, 대공황 이후부터 그 가치가 25달러(약 50원)정도로 급락하였다. 이러한 경제적 곤란은 당시 재미한인유학생 역사상 유례 없는 것으로 평가될 정도여서 심한 재정압박을 받아 학업을 포기하거나 파산을 경험하는 유학생들이 속출하였다. 그러한 예는 1932년 미국 남부 및 중서부 지역 102명의 한인 유학생을 조사한 결과, 25명은 국내 송금이 완전히 끊어졌고, 50명은 겨우 유지하고 있었으며, 나머지는 거의 절망적인 상태라는 데서 잘 나타난다. 더구나 1924년에 개정된 미국이민법Oriental Exclusion Act 은 미국에 유학중인 학생이 생활비를 벌기 위해 학업을 중단할 경우 이민법 위반으로 간주, 즉각 본국으로 추방당하게 되어 있어서, 대부분 고학생이었던 한인 유학생들에게는 경제적 고통 외에 심적으로도 심각한 압박이었다.

4. 허버트 김의 미국: 휴론대-콜로라도 광산대-컬럼비아대

휴론대학은 일명 시 탄카 Si Tanka 대학으로도 불렸으며, 1883년에 세워졌으나 2005년 폐교되었다. 휴론대학은 장로교계통의 기독대학으로 처음에는 피에르Pierre에서 세워져서 피에르 대학이라는 이름으로 시작이 되었다. 1887년에 첫 학위를 수여했으며, 1897년 휴론Huron, South Dakoda 시로 대학이 옮겨지면서 휴론대학이 되었다. 대표적인 인물이 바로 한국에서 평양 숭실학교 교장을 지낸 윤산온George Shannon MaCune이다. 조지 세넌 맥큔은 1873년 미국 펜실베니아 주 출생으로, 1905년 아내 헬렌과 함께 선교사로 한국에 들어왔다. 평양에서 자리를 잡고 당시 숭실학교 교장이었던 윌리엄 베어드와 함께 한국학생들을 가르쳤다. 이때 윤산온이라는 한국 이름을 짓고 한국어를 배우며, 한국과 친숙해지려 노력했다. 3·1운동 당시 만세운동에 참여한 학생들이 일제 경찰에 체포되지 않도록 보호했으며, 미국 『컨티넨트』잡지에 일제의 3·1운동 탄압을 규탄하는 글을 게재했다. 뿐만 아니라 1920년 선천 경찰서에 폭탄을 던진 광복군 총영학생 박치의의 사형 판결을 변호하는 등 학생들의 독립운동을 적극적으로 지원했다.[18]

일제에게 '극단적 배일자'로 분류되는 등 조선총독부의 감시가 심해지

---

18 정병준, 「일제하 한국여성의 미국유학과 근대경험」, p. 47.

자 맥큔은 한국을 잠시 떠났고, 1921년부터 1928년 한국으로 다시 돌아올 때까지 휴론대학의 총장을 지냈다. 김건후가 1923년 휴론대학에 학생으로 처음 공부를 하게 된 계기도 이러한 조지 셰넌 맥큔 선교사와 한국과의 인연을 통해서 자연스럽게 이루어졌을 것이다. 1928년에 다시 돌아와 숭실중학교와 숭실 전문학교의 교장이 되었다. 1936년 일제의 신사 참배 강요에 "양심적으로 내가 할 수 없는 일을 학생들에게 시킬 수 없다" 며 거부했고 결국 교장직에서 파면당한다. 그 후 미국으로 돌아가서도 일제의 신사참배 강요를 비난하는 강연과 논설기고를 지속했으며, 1941년 서거한다.

1924년 가을 김건후는 콜로라도 광산대Colorado School of Mines로 학교를 옮겨 광산학을 전공하게 된다. 이 당시 미국은 자원 개발에 열을 올리고 있어서 광산학이 매우 각광받고 있는 시기였다. 그 중에서 콜로라도 광산대는 미주리 광산대와 사우스 다코다 광산대와 함께 미국내 3대 광산대학으로 인기를 누리고 있었으며, 지금도 대학의 이름을 그대로 유지하면서 자원 관련 공과대학으로 이름을 날리고 있다. 1920년대 한인 유학생들은 그 이전 유학생들이 재한 기독교 선교사들의 영향을 받아 신학 등 인문 사회계에 치중한 것과는 달리 다양한 공부를 하였는데, 이에 신학에 치중한 유학을 개탄한 윤병구는 한인 교육회를 1917년 설립하여, 한인 유학생들이 농·공 및 기계나 제조학을 공부하도록 도왔다. 이러한 노력은 결실을 맺어, 1928년에 미국 유학생 200명중 44명이 사회과학을 26명이 공학을 전공하였다. 김건후가 그 당시 가장 인기있고 실용적인 학문인 광산학을 전공한 것을 보면 그가 시대를 앞서는 통찰력과 학문을 통하여 민족과 국가에 이바지하고자 하는 마음이 매우 컸음을 알 수 있다. 그 외에도 경영·경제(23명), 인문(17명), 의학(16명), 신학(13명), 자연계(14명), 예술(12명), 농학(3명)등으로 다양하였다. 지역도 동부와 서부뿐 아니라 중서부에도 유학생들이 골고루 분포되었다. 1928년에 캘리포니아(43명), 일리노이(40명), 뉴욕(29명), 오하이오(15명), 메사추세츠(13명), 아이오와(12명), 하와이(10명), 펜실베니아(8명), 미주리, 사우스 다코다, 뉴저지(각 7명) 등이었다. 또한 남학생들이 공학, 경영, 경제 등 실용학문을 전공한 반면, 여학생들은 음악, 기독교, 교육 분야 전공이 많았다.[19]

김건후의 콜로라도 광산대학에서의 유학생활은 어려운 유학생활 가운데에서도 매우 적극적인 학창생활을 보냈던 것으로 보인다. 가난했지만 성실했던 그는 쿨보Melville Fuller Coolbaugh(1877-1950) 총장의 눈에 들어, 총장 사택에 2년동안 거주하면서 그의 가족들과 깊은 인연을 맺으며 공부할 수 있었고, 학교 생활도 각종 축제와 경기 등에서 두각을 나타내어 덴버 지역신문에 실리기도 하였다. 이를 통해 그의 외향적이고 적극적인 성향을 확인할 수 있다.

콜로라도 광산대학의 쿨보 총장의 총애를 받으며 학업을 무사히 마친 김건후는 쿨보의 모교인 컬럼비아 대학에서 금속 공학 대학원 공부를 이어가게 되었다. 이 당시 한인 유학생의 상당수가 컬럼비아대학에서 수학을 하고 있었으므로, 학교의 위상뿐아니라 당시 한인 유학생 사이에서도 컬럼비아 대학의 이름은 널리 알려져 있었을 것이다.

그럼에도 불구하고, 조선의 공학도가 일제 식민지 통치하에서 자신의 전공분야을 살릴 수 있는 기회는 매우 적었던 것으로 여겨진다. 식민지 조선의 상황 자체가 공학 전공 졸업자를 받아들일 만한 여건이 전혀 형성되지 않았던 것이다. 예컨대 송철은 국내의 수력발전을 꿈꾸어 캘리포니아

---

[19] 홍선표, 「일제하 미국유학연구」, pp. 167-169.

버클리대에서 수력학을 배운 뒤 1930년 조선에 귀국해 보지만 일제의 식민통치하에서 이 분야에 대한 활용은 거의 불가능했다고 밝히고 있고, 오히려 이런 유학 공부가 자신에게 족쇄가 되었다고 하였다. 또 양우조도 매사추세츠주에 있는 브레드포드 듀피Bradford Duffee직조학교를 마치고, 1927년 고국에 왔지만 오히려 일경으로부터 철저한 감시를 받아 다시 상해로 떠나야 했다. 짐작컨대 김건후도 이러한 조국의 사정을 잘 알고 있었기에 그의 소련행은 어쩌면 고육지책이 아니었을까 짐작된다.

5. 폴린 립만과 결혼

김건후는 컬럼비아대학원 시절 뉴욕대NYU를 다니던 22세의 폴린 립만Pauline Liebman(1908-2001)과 결혼하게 된다. 폴린은 브룩클린Brooklyn에 사는 유대인 처녀였다. 그녀의 부모는 러시아계 유대인으로 현재의 폴란드 동부지역에서 1906-1907년에 뉴욕 브룩클린으로 이민을 왔다.[20] 폴린의 아버지인 데이비드 립만David Liebman과 어머니인 구씨 립만Gussie Liebman은 러시아에서 출생한 분들로, 폴린의 세 살 언니인 애니Annie도 러시아에서 1905년에 태어났다. 폴린의 부모는 갓 태어난 애니를 데리고 미국행을 결심한 것이었다.

이러한 결심을 하기에는 몇 가지 이유가 있는데, 첫번째로 1905년에 러시아에서 제1차 혁명이 발발하여, 러시아 전역에 반정부 운동과 폭동이

---

20 20세기 초 현재의 폴란드 지역은 러시아의 영토였으며, 독일계 유대인의 성을 가진 폴린의 조상은 다른 유대인과 비슷한 경로로 독일에서 폴란드 지역으로 정착하게 된 것으로 짐작된다.

확산되어 사회가 극도로 불안정하였다. 따라서 갓 결혼한 데이비드와 구씨는 보다 안정적인 삶을 찾아 미국으로 이주한 것이었다.

두번째로는 러시아에서의 뿌리 깊은 반 유대인 정서와 차별 때문이었다. 러시아 지역에서 유대인의 역사는 1500년 전으로 거슬러 올라가는데, 18세기 예카테리나 2세(1762-1796년) 통치기간인 1791년부터 유대인들은 그들의 거주지를 제한받았다(1791-1917년). 대부분이 오늘날의 벨라루스, 리투아니아, 폴란드 동부, 우크라이나 지역으로 제한되었다고 한다. 따라서 폴린의 부모는 폴란드 동부지역에서 거주 제한을 받으며 살다가 미국으로 이주한 것으로 추정된다.

알렉산드르 3세(1881-1894)는 반 유대정책을 강화하여 1880년대부터 반 유대 포그롬Pogrom(유대인 등 특정한 민족집단에 대하여 일어나는 학살과 약탈을 수반하는 군중 폭동)의 물결이 확산되었다. 1881년에서 1921년 사이에 러시아와 동구에서 약 1,000건의 크고 작은 유대인 학살과 박해가 있었으며, 이를 피해 1880년과 1920년 사이에 200만 명 이상의 유대인이 미국과 유럽으로 이주하게 되었다.

김건후의 삶이 조국을 잃은 절망 가운데 중국과 미국으로 희망의 삶을 찾아 나선 것처럼, 립만 가족의 삶도 러시아에서 유대인에 대한 탄압을 피해 미국으로 새로운 삶을 도모한 역경의 삶이라는 점에서 매우 유사하다고 하겠다. 폴린부모가 뉴욕으로 온 후 바로 폴린이 1908년에 태어난 것이다. 그 이후로 여동생 로즈Rose, 남동생 맥스Max와 베르나르Bernard가 차례로 태어났다. 여동생 로즈는 후에 브룩클린 법대를 졸업하고, 뉴욕시 법원 판사를 지냈으며, 1970년대는 국제 여성 변호사협회 회장을 역임하기도 하였다.

뉴욕 브룩클린은 18-19세기 이후 미국에서 가장 큰 유대인 커뮤니티를 형성하였으며, 현재까지도 60만명의 유대인이 유대인 문화와 전통을 지키며 이곳에서 살고 있다.

Pauline의 성은 Liebman인데, 독일계 유대인의 성이라고 한다. 인구 센서스에 따르면 1880년부터 1920년까지 Liebman 또는 Liebmann의 성을 가진 사람들이 미국, 영국, 캐나다 등에서 살고 있었으며, 미국에는 Liebman의 성을 가진 가족들이 1880년대에 가장 많이 살고 있었다고 전해진다. 1880년대에 뉴욕에는 54 세대의 Liebman Family 가 살고 있었는데, 1925년 당시 미국 뉴욕에는 927명의 Liebman이라는 성을 가진 사람들이 살고 있었고(1925년 뉴욕센서스), 1930년 미국 전역에 2,751명이 살고 있었다(1930년 미국 센서스).

미국계 유대인은 주로 정통Orthodox 유대인, 보수Conservative 유대인, 그리고 개혁Reform 유대인으로 구분된다. 정통 유대인은 매우 보수적으로 유대교의 전통과 풍습을 엄격하게 따르며, 토라(유대교 경전)를 엄격히 준수한다. 이에 근거하여 정규적인 기도, 식사 규칙, 안식일(사바스) 준수, 유대인 간의 결혼 등을 매우 엄격하게 지킨다.

한편, 보수 유대인은 정통 유대인과 개혁 유대인 사이의 중간 지위에 있으며, 유대교의 전통과 풍습을 존중하면서도 현대적인 해석을 가미한다. 이로써 유대교의 풍습과 전통을 더 유연하게 따르며, 일부 현대적인 변화를 수용한다.

19세기 이후 형성된 개혁 유대인은 남녀 평등을 강조하며, 유대교 전통과 풍습을 현대사회에 맞게 재해석해야 한다고 주장한다. 개혁 유대인은 사회 정의와 다양성을 강조하며, 다른 종교와의 혼인을 허용하는 열린 지향을 가지고 있다.

폴린의 부모가 유럽에서 미국으로 이주해 온 아슈케나즈 유대인으로서 정통 또는 보수 유대인으로 추측된다. 따라서 비 유대인인 김건후와의 결혼에 대하여 상당한 반대가 있었음을 짐작할 수 있다. 특히 러시아에서 유대인에 대한 종교적, 인종적 학대를 경험하고 이를 피해 이민 온 폴린의 부모로서는 비유대인과의 결혼이 매우 탐탁치 않았음을 쉽게 짐작할 수 있다.

　　1922년 미국에서 발효된 Cable Act(결혼한 여성의 독립 시민권법)은, 미국 여성이 아시아인과 결혼을 할 경우 미국 시민권을 박탈하고, 추방될 수 있음을 명시하고 있다. 향후에 다시 미국 재입국이 불허된다고 되어 있었다. 1930년 봄 폴린이 김건후와 결혼하고, 7월 소련으로 향하고자 미국 여권을 신청하였을 때 자신의 미국 시민권이 박탈되었음을 알게 되었고, 김건후와 같이 중국 여권으로 소련으로 향해야 했다. 다행히 여성들의 참정권 운동과 차별 반대 운동에 힘입어 법개정이 1930년 후반기부터 이루어지는데, 1931년 법 개정에 따르면 미국 여성이 아시아인과 결혼을 해도 시민권을 유지할 수 있도록 개정되었다. 1934년 법 개정 Equal Nationality Act of (1934)에서는 외국에 거주하는 미국 여성의 자녀들도 어머니의 시민권을 물려 받을 수 있도록 하였다. 따라서 후에 폴린이 카자흐스탄에서 태어난 득원 Robert Kim(1934-2000)과 함께 미국에 무사히 귀환할 수 있었고, 득원이 미국 시민으로 살아갈 수 있는 중요한 법적 기반이 이 법 개정으로 마련되었다. 결혼한 여성의 독립 시민권법 Cable Act의 즉각적인 법 개정이 없었다면 폴린과 득원의 무사귀환은 아마도 매우 어려웠을 것이다. 따라서 19세기와 20세기 초까지 불평등한 이민법이 일반화되어 있는 상황에서 딸을 둔 부모의 입장에서 비유대인일뿐 아니라 외국인과의 결혼을 적극적으로 반대할 수밖에 없었을 것이다. 더욱이 19세기 중반부터 유입된 중국 이민자들에 대한 차별의식이 확대되면서 급기야 1882년에는 Chinese Exclusion Act가

발효되었는데, 중국이민자를 제한하는 내용을 골자로 한 법이었다. 중국이민자들은 백인 사회를 위협하는 세력으로 치부되었으며, 중국인을 향한 각종 차별적인 언어와 행동이 횡행하였다. 이러한 가운데, 폴린의 부모가 중국 시민권을 소유한 김건후와의 결혼을 반대한 것은 당연지사라 하겠다.

실제로 1850년과 1950년 사이에 미국의 15개 주에서는 이종족간의 결혼을 금지하는 법이 실행되고 있었다. 1967년에서야 미국 연방대법원은 이종족혼교법안이 반헌법적이라고 판결하고 미국의 모든 주에서의 금지를 선포하였다. 물론 이러한 이종족간의 결혼은 흔하지는 않았지만, 미국사회에서 이종족 간의 결혼이 터부시되고 금기시되었었다. 중국인과 미국 여성 간의 결혼이 사회문제가 되면서 공동체에 큰 사고처럼 여겨지곤 했다.

이러한 법적, 사회적, 종교적 차별 가운데에서도 굳건히 사랑을 지키고, 결혼하여 미지의 세계인 소련으로 건너간 폴린의 용기는 참으로 대단한 것이었다는 생각이 든다.

소련에서의 김건후(1930–1942)

쿠로미야 히로아키 Hiroaki Kuromiya | 인디애나 주립대학 불루밍턴 명예교수

1. 스탈린의 산업화와 소련의 강제노동
2. 암토르그와 소련의 외국인 기술자
3. 스탈린의 대테러와 김건후의 강제수용소 구금
4. 국제적 상황과 석방
5. 결 론

김건후의 삶은 격동의 20세기의 첫 50년을 반영하고 있다. 그는 1904/1905년, 한국을 지배하기 위해 두 제국주의 세력이 벌인 러일전쟁 당시 한국에서 태어났다. 이 전쟁은 유럽 열강이 비유럽 열강에게 패한 근대 역사상 최초의 주요 전쟁이었다. 일본의 승리는 얼핏 보면 한국에게 유리한 것처럼 보였지만 실제로는 파괴적이었다. 일본의 한국 정복은 전쟁 직후부터 시작됐다. 러시아의 태평양 확장을 두려워하여 일본을 지원했던 또 다른 야심 찬 제국주의 세력인 미국과의 거래에서 일본은 1910년 필리핀의 지배권을 미국에 양도하는 대가로 한국을 합병했다. 1916년 제1차 세계대전 당시 김건후의 아버지 김홍서(1886-1956)와 그의 가족은 김홍서가 항일독립운동에 가담했다는 이유로 한국에서 중국으로 망명해야 했다. 김건후는 1923년까지 중국에서 교육을 받았고, 그 후 미국 기독교 선교사들의 도움으로 더 많은 교육을 받기 위해 미국으로 유학을 떠났다. 1928년과 1930년에 광산 분야에서 두 개의 학사 학위를 취득한 후, 허버트 김Herbert Kim으로 알려진 그는 미국인 아내 폴린과 함께 소련으로 이주했다. 역사상 최초의 사회주의 국가인 소련은 1929년 대공황에 빠진 자본주의 세계와는 달리 세계의 많은 사람들에게 새롭고 밝은 미래를 제시하였다.

독재자 스탈린Iosif V. Stalin(1878-1953) 치하의 소련은 허버트 김이 기대했던 사회주의 천국이 아닌 것으로 드러났다. 스탈린은 테러로 세계에서 가장 큰 나라를 통제했다. 허버트 김은 소련령 카자흐스탄에서 7년 동안 광산 기술자로 일했다. 결국 그와 그의 가족(그의 아내, 그리고 그들의 아들 Robert)은 소련을 떠나기로 결정했다. 그러나 소련을 떠나기 전에 그는 1937년, 일본 간첩 혐의로 소련 당국에 체포됐다. 간신히 처형을 면한 그는 악명 높은 소련 강제수용소Gulag로 유배되어 거의 5년 동안 노동했다. 결국 그를 구한 것은 그의 중국 국적이었다. 스탈린은 중국을 일본의 침략에 대한 방패로 여겼다. 일본의 진주만 습격과 이에 따른 1941년 12월 태평양 전쟁의 발발로 그는 1942년 중국으로 송환되어 1945년 일본이 패망할 때까지 그곳에서 일했다. 그는 1946년 한국으로 돌아왔다. 그는 자신의 전문 분야인 광산업이 신생 독립국 대한민국에 도움이 되기를 바랐다. 그러나 곧 그는 또 다른 전쟁, 즉 새로운 세계 냉전의 일부인 한국전쟁에 휘말리게 되었다. 허버트 김은 1950년 전쟁 초기 북한에 납치돼 실종됐다. 그의 후속 운명은 아직 알려지지 않았다.

　오늘날 소련은 더 이상 존재하지 않으며, 카자흐스탄은 독립국가이다. 그럼에도 불구하고 러시아는 확실히 그들이 갖고 있는 허버트 김에 대한 문서의 기밀해제를 거부하고 있으며, 오히려 반민주적, 반서방적 입장으로 후퇴하고 있다. 또한 모스크바의 권력을 지나치게 경계하는 카자흐스탄도 그에 대한 자료를 완전히 공개하지는 않고 있다. 북한은 여전히 은둔형 독재국가로 남아있다. 모스크바는 그가 납치된 후 그에게 무슨 일이 일어났는지 알고 있는 것이 거의 확실하지만, 그의 최종 운명과 관련된 한국이나 소련 문서에 접근할 가능성은 전혀 없어 보인다. 따라서 소련의 통제 하에 있었던 그의 삶은 여전히 미스터리이다. 이 장에서는 소련 역사의 더 넓은 맥락에서 그의 삶을 개괄적으로 살펴보고자 한다.

1. 스탈린의 산업화와 소련의 강제노동

최초의 사회주의 국가는 역사적으로 변칙적인 존재였다. 칼 마르크스 Karl Marx(1818-1883)는 사회주의는 자본주의의 최고 성취단계에서 출현할 것이라고 주장했지만, 소련은 경제적 후진국에서 세워졌다. 프롤레타리아트는 인구의 극히 일부에 불과했다. 적대적인 자본주의 세력과 맞서야 하는 세계에서 살아남으려면 당연히 자본주의 선진국가들을 따라잡고 뛰어넘어야 했다. 스탈린의 급속한 공업화 추진은 중공업 발전과 이를 통한 소련 군비 증강을 목표로 한 생존 전략이었다. 혁명 초기 단계에서 러시아에 대한 모든 외국인 투자를 몰수한 소련 정부는 외국인 투자를 통해 기간 산업을 부흥시키고 발전시킬 수 있을 것이라고 기대할 수 없었다. 모스크바는 경제력을 발전시킬 수 있는 자원을 내부에서 찾아야 했다.

이러한 자원은 농업에 있었다. 스탈린은 무력으로 농민들로부터 이 자원을 끌어냈다. 농민들의 저항에 직면한 스탈린은 수백만 명의 농민들을 쫓아내고 나머지를 집단 농장으로 몰아넣어 시골에서 농산물을 쉽게 확보할 수 있도록 했다. 허버트 김이 소련에 도착한 1930년은 이러한 대격변이 절정에 달했던 해였다. 모스크바는 농민들로부터 강제로 수탈한 곡물을 해외로 수출하고, 그 대가로 해외에서 기계와 기술을 도입하는 등 국민을 심각하게 압박하는 가혹한 정책을 펼쳤다. 근로자의 실질임금은 1928년(제1차 5개년 계획이 착수된 시점)부터 1932년(계획이 예상보다 먼저 완료되었다고 선언된 시점)까지 거의 50% 감소했다. 5개년 계획과 그 이후의 산업 발전의 결과는 적어도 서류상으로는 인상적이었다. 총 산업 생산량은 두 배 이상 증가한 반면 자본주의 세계의 생산량은 급격히 감소했다. 자본주의 국가에서 실업률이 급증하던 시기에 소련에서는 실업률이 거의 사라졌다.

노동에 대한 수요는 계속 증가하여 거의 충족할 수 없을 것처럼 보였다. 이는 부분적으로는 1921년부터 1928년까지 시장경제가 제한적인 방식으로 운영되던 이른바 신 경제정책을 폐지한 소비에트 계획 경제의 비효율성을 반영한 것이기도 했다. 시급한 노동력 수요에 대한 모스크바의 해결책은 노예 노동이었다. 시베리아, 중앙아시아, 북극 지역 등 임업, 광업, 건설, 철도 및 기타 중요 산업이 개발되고 있는 외딴 미개발 지역으로 자유 노동력을 끌어들이는 것은 불가능한 일로 입증되었기 때문이다. 허버트 김이 강제 노동자로 보내진 보르쿠타가 좋은 예다. 1932년 탄광 개발을 위해 설립된 노동 수용소 단지가 바로 그곳이다. 스탈린의 정치적 탄압은 농업의 강제 집단화를 통해 수많은 죄수들을 양산했고, 부유한 농민과 집단화에 반대하는 사람들을 몰수, 체포, 추방하는 '탈쿨락화de-kulakization'를 통해 많은 강제 노동력을 공급했다. 당시에는 대테러(1937-1938) 때와 달리 노골적인 처형이 비교적 제한적이었고, 노동이 교정 수단이라는 이론, 즉 죄수들의 '부르주아적' 정신이 고된 노동을 통해 교정될 수 있다는 이론에 의해 죄수 노동이 정당화되었다. 허버트 김과 마찬가지로 일자리를 찾기 위해 소련으로 이주한 미국인 존 스콧(1912-1976)은 1932년부터 1937년까지 우랄 산맥 동쪽에 위치한 마그니토고르스크에서 일했다. 그는 다음과 같이 설명하였다;

> 약 5만 명의 마그니토고르스크 노동자들은 비밀경찰GPU의 직접 감독을 받았습니다. 샤브코프와 같은 탈쿨락화된 부유한 농부 약 18,000명과, 20,000명에서 35,000명에 달하는 범죄자, 즉 감시 하에 미숙련 노동을 수행하는 도둑, 매춘부, 횡령자 - 이들이 기초를 파고, 콘크리트를 굴리고, 채광쓰레기를 삽질하는 등 고된 작업을 수행하는 데 필요한 노동력을 제

공하고 있었고, "테코브치Ttekovtsi"로 알려진 이 범죄자들은 일반적으로 도시와는 격리되어 있었습니다. 그들은 무장 감시 하에 일했고, 특별식당에서 식사를 했으며, 거의 임금을 받지 못했고, 숙소와 식사는 무료로 제공됐습니다. 그들 대부분은 1-5년까지의 짧은 형을 선고받았으며, 모범적으로 수감 생활을 하면 이 기간이 절반으로 단축되는 경우가 많았습니다.[01]

허버트 김이 1930년부터 1937년까지 일했던 카자흐스탄 북부 광산에서의 상황도 비슷했을 것이라는 데는 의심의 여지가 없다.

2. 암토르그와 소련의 외국인 엔지니어

대부분의 자본주의 국가들은 1920년대에 소련 정부와 수교를 시작했다. 미국은 주요 예외국이었다. 그러나 모스크바가 1924년 뉴욕에 설립한 암토르그 무역공사Amtorg Trading Corporation 또는 간단히 암토르그라고 하는 비공식 외교 공관이 미국과의 무역을 처리하기 위해 존재했다. 워싱턴이 공산주의 국가를 인정하지 않은 이유는 표면적으로는 두 가지였다. 모스크바가 양심의 자유를 보장하지 않는다는 것과 1917년 혁명 이후 몰수한 옛 미국 자산에 대한 보상을 거부했기 때문이었다. 그러나 워싱턴은 정치적 사안에 있어 모스크바와 기꺼이 협력했다. 1921-1922년 워싱턴 해군

01　John Scott, *Behind the Urals: An American Worker in Russia's City of Steel* (Bloomington-Indianapolis, IN: Indiana University Press, 1983), p. 85.

군축 회의에서 양국은 공동의 적인 일본에 맞서 비밀리에 협력한 것이 그 예다. 이후 1933년, 워싱턴은 모스크바가 워싱턴의 불만을 전혀 수용하지 않았음에도 불구하고 모스크바와 외교 관계를 재개했다. 1931년 일본이 만주를 침공하고 이듬해 도쿄의 꼭두각시 정부인 만주국 정부가 수립된 후 미국은 극동 지역에서 일본에 대항하는 균형추로서 모스크바에 구애했다. 이러한 움직임은 미국이 러시아 제국에 맞서 일본을 지원했던 러일 전쟁 당시의 세력 구도를 뒤집는 것이었다.

허버트 김이 소련으로 이주하기로 결정했을 때, 워싱턴과 모스크바 사이에는 아직 공식적인 외교 관계가 없었다. 그럼에도 불구하고 모스크바와 워싱턴의 관계는 예상했던 것만큼 긴장되지는 않았다. 이들의 우호적 관계는 모스크바가 보기에 워싱턴이 도쿄보다 덜 위협적이기 때문이었다. 미국 제국주의는 영토적 야망보다는 무역과 상업을 통한 팽창에 더 관심이 있었던 반면, 일본 제국주의는 영토적 야망을 품고 '아시아인을 위한 아시아Asia for the Asians'라는 슬로건 아래 서구 열강(소련 포함)에 대항하여 아시아를 통합하고자 했다.

외교 관계가 없었음에도 불구하고 소련과 미국 사이에는 무역이 번성했다. 1928년 1월 『타임』지는 다음과 같이 보도했다:

> 미국 제조업체들은 러시아가 광산 및 석유 장비, 농업 기계, 바인더 끈, 가축, 화학 물질, 금속, 고무, 면화, 계산기 및 타자기 구매에 관심이 있다는 것을 발견했습니다. 맨해튼의 암토르그 무역공사는 소련과의 사업이 호황을 누리고 있으며 선적량은 1926년의 8,681,412달러에 비해 1927년에는 총 31,199,834달러에 이르렀다고 밝혔습니다.[02]

1927-28년 모스크바의 대미 수입량은 독일에 이어 두 번째로 많았다. 모스크바가 미국에서 구매한 주요 품목은 면화, 농업 장비, 산업 기계 및 자동차 장비였다.

모스크바는 상품과 물자뿐만 아니라 전문 지식을 갖춘 엔지니어와 기술자 등 인적 자원도 원했다. 모스크바는 암토르그와 미국의 진보, 사회주의, 공산주의 집단을 통해 광범위한 매력 공세와 선전을 펼쳤다. 소련의 밝은 미래를 찬양하는 영어로 된 책자와 팸플릿이 널리 배포되었는데, 여기에는 『5개년 계획이란 무엇인가?』(1929) 및 조셉 파블로프Joseph M. Pavloff의 『소비에트 러시아의 건설』(1929)이 있고, 또 다른 M. 일인M. Il'in의 저서는 영어로 번역되어 『새로운 러시아 입문서: 5개년 계획 이야기』(1931)로 "1931년 7개월 동안 미국 베스트셀러이자 지난 10년간 가장 많이 팔린 논픽션 제목 중 하나가 되는 이례적인 출판 현상이 일어났다."03

대공황이 미국을 강타하기 훨씬 전인 1929년 1월, 뉴욕에서 발행되는 좌파 주간지 『더 네이션The Nation』은 뉴욕에 있는 합병은행the Amalgamated Bank의 여행 부서에서 게재한 광고를 실었다:

〈소비에트 러시아로 가십시오〉
지식인, 사회 복지사, 전문직 남성과 여성은 소비에트 러시아에서 가장 열렬히 환영받습니다. …
그림 같은 연방국들, 경이로운 풍경, 화려한 건축물, 이국적인 문명의 은하계 속에서 세계에서 가장 거대한 사회적 실험이 이루어지고 있는 곳입

---

02 *Time*, 30 January 1928, p. 32.
03 Tim Tzouliadis, *The Forsaken: An American Tragedy in Stalin's Russia* (New York: Penguin, 2008), p. 5.

니다.

적은 돈으로 무엇을 할 수 있는지 설명하는 책자 M을 보십시오.[04]

이 광고는 자본주의 금융 자본을 대표하는 기관인 은행이 좌파 잡지를 통해 반자본주의인 공산주의 실험을 찬양하고 미국인들에게 소련으로 가라고 권유했다는 점에서 상식에 도전하는 것이었다. 분명히 은행은 여행 서비스를 제공함으로써 이익을 얻을 수 있는 기회를 보았다. 암토르그가 은행에 돈을 내고 미국인을 모집해 약속된 사회주의 땅으로 가도록 했을 가능성이 높다.[05]

소련의 강제 노동에 대한 소문이 서방에서 확산되자 모스크바는 이를 강력히 부인했다. 1931년 암토르그가 발행한 팸플릿은 이렇게 선언하였다.

"소련에서 노동의 현장에 조금이라도 익숙한 사람이라면 누구나 소련에서 '강제' 노동이라는 혐의가 얼마나 부조리한지 단번에 알아차릴 수 있을 것입니다." 동시에 "산업과 운송을 위한 적절한 노동력 공급을 확보하는 새로운 문제가 있습니다. 숙련된 노동자와 기술자의 부족이 특히 심각합니다."

고 인정했다.[06]

---

04 *The Nation*, 16 January 1929, p. 86.
05 이 은행은 소련과 오래 협력해 왔고, 1922년 설립된 러시아계 미국인 산업 기업에 자금을 지원하여 모스크바의 산업은행과 재정적 관계를 유지하였다.
06 Peter A. Bogdanov, *A Statement on Soviet-American Trade* (New York: Amtorg Trading Corporation Information Department, 1931), pp. 4-8.

모스크바는 언론을 엄격하게 검열했기 때문에 소련의 강제 노동, 기아, 인민에 대한 폭력에 관한 소문을 확인하거나 부인하기 어려운 경우가 많았다. 이러한 소문은 암토르그를 통해 소련에 취업하려는 외국인 노동자와 엔지니어들을 막지 못했다. 허버트 김보다 3년 선배인 미국인 건설 엔지니어 자라 위트킨Zara Witkin이 좋은 예이다. 그가 회고록에 쓴 것처럼 소련의 실험을 이상화했다:

> 더 행복한 세상을 만들겠다는 꿈이 나를 산산조각 난 나라의 광대한 재건에 참여하게 만든 원동력이었습니다. 인류가 지금까지 알고 있던 것보다 더 아름답고, 더 동료애가 넘치고, 더 안전한 새로운 삶을 일으켜 세우는 것이었습니다. 그 꿈은 제 소년 시절에 저를 감동시켰습니다. 청년기에 볼셰비키 혁명이 일어났을 때 그 꿈은 현실로 구체화된 것 같았습니다. 건설에 대한 애정과 정확성에 대한 타고난 재능 덕분에 저는 엔지니어링을 직업으로 선택했고, 운이 좋게도 어린 나이에 그 길에서 멀리 나아갈 수 있었습니다.
>
> 그리고 제 상상력을 자극한 것은 바로 소련이 시도하는 사업의 엔지니어링 및 건설 분야였습니다. 추상적인 꿈이 건축에서 과제가 되었고 그러므로 저는 특별한 공헌을 할 수 있다고 느꼈습니다. 소련에 가서 내가 가진 능력을 기부하겠다는 생각은 혁명의 초기 단계부터 내 마음속에 있었고, 1929년 초 5개년 계획이 발표되면서 더욱 끈질기게 나를 붙잡았습니다. 막연한 열정이 아니라, 또 러시아인들만의 과제가 아니라 인류 전체의 과제로 보이는 이 공동의 과제에 구체적으로 봉사할 준비가 되어 있다고 느꼈습니다.[07]

1912년 급진 좌파 가정에서 태어난 존 스콧John Scott도 좋은 예다. 그는 소련에서 생활하고 일하며 새로운 사회의 위대한 건설에 참여하기 위해 공인 용접공이 되었고, 1932년 공산주의 국가로 이주했다. 스콧은 나중에 미국을 떠나고 싶었던 이유를 설명했다.

> 미국에 뭔가 문제가 있는 것 같았습니다. 저는 소련에 대해 광범위하게 읽기 시작했고, 점차 볼셰비키가 미국인들이 서로에게 묻는 질문 중 적어도 일부에 대한 답을 찾았다는 결론에 도달했습니다. 저는 러시아로 가서 일하고 공부하며 미국보다 적어도 한 발 앞서 있는 것 같은 사회를 건설하는 데 도움을 주기로 결심했습니다.[08]

미국의 대공황 기간 동안 미국 역사상 처음으로 "미국으로 들어오는 사람보다 미국을 떠나는 사람이 더 많았다"고 한다.[09] 그중 소련으로 간 사람도 적지 않았다. 그들은 1920년대와 1930년대에 소련으로 간 수만 명의 외국인 노동자, 전문가, 정치적 망명자들이었다.

수년간의 전쟁과 혁명, 내전으로 황폐화된 경제를 최대한 빨리 복구해야 했던 모스크바에서 금은 소비에트 정부에게 특별한 위치를 차지했다. 1926/27년경 초기 복구에 성공한 모스크바는 급속한 산업화 추진에 착수했고, 수출 가능한 상품 중에서도 외국의 기계, 기술 및 전문 지식을 구매하

---

07 Zara Witkin, *An American Engineer in Stalin's Russia: The Memoirs of Zara Witkin, 1932–1934*, ed. with an Introduction by Michael Gelb (Berkeley-Los Angeles, CA: University of California Press, 1991), p. 26.
08 Scott, p. 3.
09 Tzouliadis, p. 6.

는 데에 금은 필수 불가결한 존재가 되었다. 대외 무역 수지를 유지할 수 있을 만큼 충분한 외환 보유고를 확보하는 것이 모스크바의 최우선 과제였다. 이를 위해 국내 금 채굴을 늘리는 것이 무엇보다 중요했다. 스탈린은 소련의 금 생산량을 늘리기 위해 미국의 광산 전문 지식을 활용하고자 했다. 그는 1927년 소련 금 채굴의 총책임자였던 알렉산드르 세레브로프스키 Aleksandr Serebrovski(1884-1938)를 단순한 광산학 교수로 위장해 알래스카로 보내 미국의 채굴 기술을 연구하도록 하였고 미국인 전문가를 찾아보도록 하였다. 이에 따라 미국의 금광 기술자 존 리틀페이지John Littlepage(1894-1948)가 영입되어 1928년 소련으로 이주하게 되었다.[10]

미국은 소련 정부가 국제 시장에서 통화로 사용하는 금을 매우 의심스럽게 여겼다. 소련 정부는 차르 정부가 미국에게 진 국채를 변제하지 않고 있었기 때문이었다. 따라서 모스크바의 금이 차르 정부로부터 회수된 것으로 의심한 워싱턴은 이를 받아들이지 않았다. 1928년에도 마찬가지였다.[11]

암토르그는 즉시 의혹에 이의를 제기하고 소련의 금 보유량이 자체 채굴되었다고 주장하는 팜플렛을 발행했다.[12]

이러한 복잡한 문제에도 불구하고 암토르그는 소련에서 일할 미국인 엔지니어를 모집하는 데 대체로 성공했다. 컬럼비아 대학에서 공부하던, 노스 다코타에서 실무 경험을 쌓은 금광 엔지니어 허버트 김은 암토르그에

---

10 John D. Littlepage and Demaree Bess, *In Search of Soviet Gold* (New York: Harcourt, Brace and Co., 1937) 참조.

11 "Declines to Assay Soviet Gold Here. Treasury Receives Attorney General's Decision against Purchasing $5,000,000 Shipment: It comes under 1920 Ban," *New York Times*, 7 March 1928, p. 36.

12 *Russian Gold: A collection of Articles, Newspaper Editorials and Reports, and Statistical Data Regarding the Russian Gold Reserve and Shipments of Soviet Gold* (New York: Amtorg Information Department, 1928).

게 매력적인 대상이었을 것이다. 그는 대학원생 시절 뉴욕에 있는 광산 장비 회사를 통해 암토르그에서 간접적으로 일하고 있었다. 대공황이 한창이던 1930년 컬럼비아 대학을 졸업한 그는 미국에서 자신의 미래를 볼 수 없었다. 제2차 세계대전 이후 한국에서 허버트 김을 알게 된 레오나드 버치 Leonard M. Bertsch(1910-1976)에 따르면, 그는 소련으로 가는 것에 대해 "미성숙한 이상주의"에 경도되어 있었다고 하였다.[13] 그도 위트킨의 의견에 동의했을 가능성이 높다. 위트킨은 그의 저서에서,

> 미국에 경제적 붕괴가 갑자기 다가왔던 1931년, 소련에서 일할 준비를 마쳤을 때 저는 제 자신이 단순한 개인이 아니라, 미국을 건설하는 데 도움을 주었으나 공허하고 희망없는 미래를 절망적으로 바라보던 수천 명의 선구자 중 하나라고 느꼈습니다. 그들의 희망은 사회적, 기술적 탐구를 통해 시험해 보려고 하는 새로운 길로 저와 함께 향하고 있었습니다.[14]

허버트 김은 1930년 7월 같은 생각을 가진 미국인 폴린 립만Pauline Liebman(1908-2001)과 결혼하여 소련으로 떠났다. 러시아 크라스노야르스크의 미누신스크에 잠시 머물렀던 그는 카자흐스탄의 금광(스테프니악, 인모브스크, 마이칸, 졸림베트)에서 일하며 모든 시기를 보냈다.

1934년 허버트와 폴린은 아들 로버트(득원)을 낳았다. 그들의 설명에 따르면 허버트와 폴린은 잘 살았다. 폴린은 미국 대통령의 부인 엘리너 루스벨트에게 보낸 1938년 2월 18일자 탄원서에 이렇게 썼다.

---

13 김재원·이승희 엮음, 『잊혀진 이름, 잊혀진 역사: 김건후, 칭치엔허, 허버트 김, 게르베르트 김』, 푸른사상사, 2022, p. 306.
14 Witkin, p. 36.

"우리는 함께 행복하고 물질적으로 만족스럽게 잘 살았습니다." "허버트는 러시아에 대한 기대가 컸지만 모든 것이 정상적이지 않다는 것을 알게 되었습니다 … 상품, 식량, 서비스는 부족했고 배급 카드로 비싼 비용을 지불해야만 얻을 수 있었습니다. 일부 품목, 주로 식료품은 보조금을 받아 제한된 양만 구입할 수 있었습니다."[15]

그래도 그는 생활이 개선되는 것을 보았고, 1936년 이후에는 책임 있는 직책(졸림베트 광산 기술 부소장)으로 승진했다. 그 결과 1928년 졸업한 콜로라도 광산대학교의 스승에게 편지를 보내 "폴린과 내가 밝은 미래를 볼 수 있고 우리 아들이 성장하고 교육받을 수 있는 최고의 장소인 소련에 계속 머물고 싶다"고 말했다.[16]

김씨 부부가 '행복'했는지 여부는 알기 어렵다. 그들은 외국인으로서 지속적인 감시를 받고 있었으며 소련 비밀 경찰이 그들의 서신을 감시하고 있다는 것을 알고 있었을 것이다. 그럼에도 허버트는 1949년 자신의 직장에 있는 모든 사람들이 "나에게 완전한 신뢰를 주었다"고 회상했다. 동시에 그는 소련의 끔찍한 장면에 대해서도 언급했다:

1930년에 저는 가족과 함께 우크라이나에서 추방당한 약 3,000명에 달하는 농민들을 본 적이 있습니다. 그들은 우리 광산으로 끌려와 철조망으로 둘러싸인 정해진 구역에 수용되었는데, 그곳에는 아무런 대피소도 없었습니다. 그때는 늦가을이었고 추운 날씨가 다가왔으며 이미 10월의 아

---

15 김재원·이숭희 엮음, 『잊혀진 이름, 잊혀진 역사』, p. 324.
16 Dave Coolbaugh, "The History and Mystery of Herbert Kim," *Mines Magazine*, Vol. 90, no. 2 (Spring 2000), p. 12.

침과 밤은 매우 추웠습니다(이 농민들은 강제로 그곳에 들어가 [울타리] 안에서 살도록 조치되었습니다. 약간의 나무와 캔버스가 주어져 그들이 머물 피난처를 만들 수 있었지만 그게 전부였습니다. 열악한 처우로 그들 중 약 50%가 추위와 식량 부족으로 사망했습니다). 울타리에서 벗어나면 그들은 광산 마을의 여러 문을 돌아다니며 빵을 구걸했습니다. 그러나 [사람들은] 스스로 먹을 것이 충분하지 않았기 때문에 농민들은 파리처럼 죽어 갔습니다.[17]

허버트 김은 또한 "러시아 전역에서 책임 있는 당 및 산업계 지도자들이 반혁명 세력과 연계되어 대량 체포되는 것을 목격"했다. 그러나 그는 체포된 사람들이 유죄라는 소련의 공식 선전을 믿었고, 아직 "잔인함에 대해 인식하지 못하고 있었다"고 말했다.[18] 체포된 것은 책임 있는 당과 산업계 지도자들만이 아니었다. 당시 많은 미국인들도 체포되거나 추방되거나 단순히 사라졌다. 그는 1933년까지 대부분의 동료 미국인들이 소련을 떠났다고 했다.[19] 따라서 그는 많은 미국인을 포함한 외국인들이 정치적 테러의 표적이 되고 있다는 사실을 몰랐을 가능성이 있다.

그러나 1937년 허버트 김은 스탈린의 대테러 신호음으로 잠에서 깨어나게 된다.

---

17 "The Story of Herbert Kim (As Told to Sherwood Eddy, May 18, 1949)," George Sherwood Eddy Papers, Yale University Divinity Library Special Collections, RG 32 Series II, Box 6, Folder 125, p. 3.
18 Ibid., p. 5.
19 Tzouliadis는 그의 책 *The Forsaken*에서 이 사건들을 매우 감동적으로 기술하였다.

3. 스탈린의 대테러와 허버트 김의 강제수용소 구금

소련 정부는 존속 기간 내내 테러를 정치적 도구로 이용했다. 소련의 기준에서도 스탈린의 대테러(1937-1938)는 그 범위와 강도가 독보적이었다. 이 두 해 동안 처형된 사람의 정확한 수는 알려지지 않았지만, 스탈린의 테러로 인해 최대 100만 명이 살해된 것으로 추정된다. 투옥만으로는 충분하지 않았다. 대테러의 정치적 논리는 전쟁이 발발하면 스탈린에게 등을 돌릴 수 있는 반동의 혐의를 받는 사람들을 모두 제거하는 것이었다. 스탈린에게는 그들이 정치적으로 반동의 증거가 존재하지 않는다는 것은 중요하지 않았다. 오히려 대테러는 개인과 집단에 대한 그의 병적인 의심을 반영한 것이었다. 의심이 존재한다면 근거가 없더라도 스탈린이 보기에는 증거나 다름없었다.

대테러는 자의적인 테러가 아니라 정치적 반대 정당 및 단체의 전직 구성원, 전국 각지에 흩어져 있던 농지를 빼앗긴 사람들, 종교 단체의 목사 및 신자, 폴란드, 독일, 그리스, 라트비아, 고려인과 같은 디아스포라 민족 집단, 그리고 범죄자들과 같은 특정 집단을 겨냥한 것이었다. 모스크바는 이들을 정치적으로 신뢰할 수 없었고 따라서 위험하다고 판단하여 대대적으로 살해했다.

스탈린은 소련 극동 지역의 고려인(대부분이 일본이 점령한 한국에서 온 난민)을 위험한 존재로 여겼는데, 그 이유는 모스크바와 도쿄 모두 고려인을 스파이로 활용했기 때문이다. 폴란드인, 독일인 등과 마찬가지로 고려인 역시 하나의 민족집단으로 비난받았다. 사실 스탈린의 공포는 극동 지역 고려인에게만 국한된 것이 아니었다. 예를 들어 우크라이나 키이우와 같이 멀리 떨어진 곳에 살던 많은 사람들이 일본을 위한 간첩 혐의로, 즉 완전히 거짓된 혐의로 처형당했다.[20] 고려인들은 1937년 소련 극동지역에서 중앙아시아 및 소련의 다른 지역으로 거의 모두 강제이주 되어 일본의 영향력으로부터 단절되었다.

스탈린의 테러는 소련 국경을 넘어 멀리 퍼져나갔다. 특히 몽골인민공화국('외몽골')에서는 스탈린의 테러로 인해 소련 자체보다 훨씬 더 많은 사람들이 사망했다. 희생자의 대부분은 불교 승려였다. 스탈린은 이들과 다른 몽골인들이 일본에 은밀히 동조하고 있으며 따라서 소련에 정치적으로 위험하다고 생각했다.[21]

카자흐스탄에서 허버트 김은 추방된 고려인들을 목격했다. 그는 나중에 이렇게 기록했다:

> 중앙아시아와 카자흐스탄으로 강제이주 당한 한인들은 거처나 충분한 식량을 제공받지 못했기 때문에 처음에는 아이들이 많이 죽었고, 그 후 추위와 기아로 인해 그 지역 전체 한인 인구의 30-40% 이상에 이르는 일반 한인들이 사망했다….[22]

이 사건으로 허버트 김은 모스크바의 정책에 의구심을 품게 되었고, 러시아를 떠나기로 결심했다. 한인이자 외국인으로서 그 자신도 곧 의심을 받게 되었다. 그는 나중에 동료들이 "매일 사라졌다"고 회상했다. 그는 이

---

20 Hiroaki Kuromiya, *The Voices of the Dead: Stalin's Great Terror in the 1930s* (New Haven, CT: Yale University Press, 2007), pp. 125-140.

21 a very concise account: D. Dashdavaa, *Choïbalsan-Stalin-Mongol dakh' ikh iargalal* (Ulaanbaatar: n.p., 2012).

22 "The Story of Herbert Kim," p. 5. 허버트 김은 이 일이 1936년에 일어났다고 기술하였으나, 실제로는 1937년의 일이었다.

에 더하여 다음과 같이 서술했다:

> 광산에 있는 그 누구도 그 일에 대해 이야기하지 않았다. 그들은 모두 무슨 일이 일어나고 있다는 것을 알고 있었고, 광산직원 전체가 공포에 사로잡혀 있었다. 게다가 7년 동안 나에게 우호적이었던 지역 당이 태도를 바꾸어 노동자로서의 나의 성실성을 공격하기 시작했다.
>
> 내 위에 있던 사람들은 모스크바로 가서 감옥에 갇혀 있었고, 엔지니어와 기술자 등 내 밑에서 일하던 사람들이 사라지고 있었다. 그들이 체포되었다는 소문은 있었지만 어디로 끌려갔는지 아무도 확실하게 알지 못했다. 그래서 나는 더 이상 머물기가 매우 불편해졌다. 1937년 9월에 나는 이 나라를 떠나기로 결심했지만 사직서를 제출하지 않았다. 그런데 9월 어느 날 [본사]로부터 러시아에 훈련받은 엔지니어와 기술자가 충분하기 때문에 외국인 전문가를 대체할 수 있으니 내 서비스는 필요하지 않다는 통보를 받았다.[23]

그는 소련을 떠나기 위해 출국 비자를 받으려다 1937년 11월 1일 카자흐스탄의 페트로파블로프스크에서 체포되었다. 그의 체포 자체에 대해 놀랍거나 특별한 것은 없다. 간첩과 파괴 및 테러 활동 혐의도 전혀 특별하지 않다(검찰은 그가 1928년 뉴욕 주재 일본 영사관 직원 '다나카'에 의해 포섭되었다고 주장했는데, 이는 완전히 터무니없는 혐의이다). 그가 다른 체포된 사람들처럼 고문을 받아 허위 자백을 했다는 사실도 충격적이지 않다. 다른 많은 사람

---

23 Ibid., pp. 6-7.

들처럼 그도 형식적으로 재판을 받고 사형 선고를 받은 것도 예상치 못할 일이 아니다. 그는 자신이 "몽둥이에 맞았다"고 느꼈고 "내 귀를 믿을 수 없었다"고 말했다. 그러나 당시에는 거의 일상적인 일이었다.[24]

허버트 김 사건의 특별한 점은 사형 선고를 받은 지 나흘 만에 형량이 25년으로 감형되었다는 점이다. 당시에는 이런 사례가 거의 없었다. 대부분 항소가 허용되지 않았기 때문에 거의 즉시 사형이 집행되었고, 많은 경우 선고 당일에 사형이 집행되었다. 그는 불운과 행운을 동시에 겪었다. 그는 미국 시민이 아니었기 때문에 운이 나빴다. 미국 시민권이 있었다면 어느 정도 보호를 받을 수 있었을 것이다. 많은 미국인들이 비밀리에 체포되었고 그들의 운명은 종종 비극적이었지만, 다른 사람들은 체포를 피하기도 했다. 예를 들어 앞서 언급한 미국인 금광 기술자 존 리틀페이지는 허버트 김이 체포되기 직전인 1937년에 출국이 허용되었다(그러나 그를 모집한 세레브로브스키는 트로츠키주의자라는 누명을 쓰고 1938년 처형당했다). 앞서 언급한 마그니토고르스크의 미국인 엔지니어 존 스콧은 1937년 마그니토고르스크에서 일자리를 잃었지만 체포되지는 않았다. 그는 1941년에야 러시아 아내와 함께 출국할 수 있었다. 허버트 김은 운좋게도 그의 중국 국적이 도움이 되었다. 소련 대법원은 그의 감형에 대해 두 가지 이유를 들었다. 첫째, 그의 아버지는 중국에서 일본 점령군으로부터 한국을 해방시키기 위해 싸우는 '진보적 한국인' 이민자였다. 둘째, 모스크바 주재 중국 대사관이 소련 정부에 그를 석방해 중국으로 보내 달라고 요청했다.[25] 그는 석방되지도 처

---

24 이상은 김재원·이승희 엮음, 『잊혀진 이름, 잊혀진 역사』에 수록된 김건후의 회고록에 따랐다. 그의 기억에 따르면 1938년 12월에 선고와 감형이 이루어졌는데, 카자흐스탄에서 온 그의 개인 파일의 내용보다 늦은 것이었다. 이는 그가 재판 받기 전에 이미 그것이 결정되었음을 의미한다. 그는 재판이 3분 이상 걸리지 않았다고 회상하였다.

형되지도 않았다.

그 후 3년 반 동안 그는 이 수용소에서 저 수용소로 옮겨 다녔다. 수용소 수감자들은 난방없는, 소를 운반하던 짐칸에 태워져 철도로 이송되거나, 화물선을 타고 바다로 이송되었는데, 그 여정은 며칠, 몇 주, 때로는 몇 달이 걸리기도 했다. 그가 페트로파블로프스크에서 알마 아타까지, 그리고 그곳에서 여러 수용소를 거쳐 1941년 9월 모스크바까지 이동한 거리를 계산하면 최소 12,000km에 달한다. 실제로 그는 모스크바 이후 사라토프, 쿠이비셰프(사마라), 오렌부르크를 거쳐 다시 모스크바로 이동했고, 다시 쿠이비셰프로 이동해 기차를 타고 알마 아타로 이동한 후 1942년 6월 당시 중국의 수도였던 충칭으로 향하는 비행기를 탔다. 또한 카자흐스탄 역사가가 서술한 그의 사건 파일에 따르면 그는 우크라이나의 석탄 채굴 중심지인 도네츠크, 러시아 북극 지역의 니켈 채굴 중심지인 노릴스크, 아프가니스탄 국경의 힌두쿠시 등에서도 일했다고 전한다.[26] 솔로브키 섬의 한 수용소에서는 배고픔과 추위로 쇠약해진 허버트 김이 숲속에서 일하기에는 너무 힘이 들었다.

"나는 손과 무릎으로 땅을 짚고 기어가려고 했다. 깊은 눈 속에서 맨손과 지친 무릎으로 기어가는 것은 당연히 해결책이 되지 못했다."

---

25 Gosudarstvennyi arkhiv Russkoi Federatsii, f. R-9473, op. 1a, d. 6049, l. 1, and Kim's personal file in Kazakhstan.

26 Zhazira Khasenova, "Repressii i reabilitatsiia inostrannykh grazhdan," https://e-history.kz/ru/contents/view/repressii_i_reabilitatsiya_inostrannih_grazhdan_v_kazahstane_8013 (last accessed 17 July 2023). 이상하게도 허버트 김은 회고문에서 이러한 장소에 대하여 언급하지 않았다.

그는 수용소 시절을 회상하며,

"그 지옥 같은 곳에서 어떻게 살아서 빠져나올 수 있을까 하는 생각이 그 때도 들었고, 지금도 마찬가지이다."

라고 적었다.

그는 나중에 이렇게 썼다.

20세기 조사관들이 나에게 가한 육체적 고문과 도덕적 침해의 야만성을 견뎌낼 수 있었던 것은 오직 나의 강인한 체질과 융통성있는 기질 덕분이었다. 내 눈앞에서 내가 헌신했던 사회 시스템은 주저 없이 나의 모든 지식과 경험, 실제로 내 존재 자체를 사상누각처럼 무너뜨렸다. 그들이 사회에서 바람직한 삶의 질을 달성하기 위해 사용했던 바로 그 수단이 그 정신을 완전히 죽여 버렸기 때문에 새로운 인간 사회의 건설자들은 정치 깡패 무리가 되었다.[27]

폴린도 그를 지탱해 주었다. 체포된 후 그는 아내와 아들에게 무슨 일이 일어났는지 확신할 수 없었다. 폴린으로부터 소포를 받았을 때, 그는 그녀가 체포되지 않았다는 사실에 안도했지만 왜 그녀와 로버트가 출국하지 않았는지 궁금해했다. 그를 석방시키려는 폴린의 필사적인 시도가 실패로 돌아간 후, 그녀는 아들과 함께 미국으로 돌아왔다. 그녀는 1940년 2월 28일 허버트에게 애정 어린 편지를 보냈다. 그녀는 결혼한 지 곧 10년이 되지

---

27 Dave Coolbaugh, "The History and Mystery of Herbert Kim," p. 13.

만 후회는 없다고 말했다. 그녀의 편지는 짧았는데, "나는 당신의 생각을 알고 당신은 나의 생각을 알고 있기 때문"이라고 했다. 그녀는 "영원한 당신의 폴린"으로 편지를 마무리했다. 이 편지는 모스크바 주재 중국 대사관을 통해 수감 중인 허버트에게 전달되었다. 허버트는 이 편지를 비밀리에 간직하고 있었지만, 어느 순간 들켜 수용소 당국에 의해 편지를 압수당했다. 하지만 폴린의 편지는 카자흐스탄의 비밀 경찰 기록 보관소에 있는 그의 개인 파일에 보관되어 작성된 지 80여 년이 지난 지금에야 읽힐 수 있게 되었다.[28]

그의 전문 지식은 고된 노동에서 살아남는 데에 도움이 되었다. 그가 일했던 마지막 수용소인 러시아 코미 공화국의 악명 높은 보르쿠타 노동 수용소는 북극권에서 북쪽으로 199km 이상 떨어진 곳에 위치해 있었다. 2월 보르쿠타의 평균 최저 기온은 -23.0°C였지만 -50°C까지 내려가기도 했고, 2월의 평균 최고 기온은 -16°C에 불과했다. 한겨울에는 해가 지평선 위로 떠오르지 않아 24시간 내내 어두웠다. 죄수들은 "일하기 위해 오두막에서 쫓겨나야 했다"고 한다. 그러나 상상할 수 없을 정도로 열악한 이곳에서 그는 운이 좋았다.

> 내 능력 덕분에 나는 새로운 광산의 엔지니어 감독관으로 일하게 되었다. 러시아 기술자 중 극소수만 할 수 있었던 광산 작업을 내가 할 수 있었다는 사실이 보르쿠타 수용소에 있는 동안 내 목숨을 구해줬다. 이 수용소에 수용된 수감자 중 매년 30%가 살아서 나오지 못한 것으로 추정된다.[29]

---

[28] 김재원·이숭희 엮음, 『잊혀진 이름, 잊혀진 역사』, p. 328.
[29] "The Story of Herbert Kim" II, p. 7.

허버트 김의 전문 지식은 매우 귀중했기 때문에 그는 별도의 철도 칸을 통해 수용소에서 다른 수용소로 이송되었다.[30] 그의 사례는 소련 정권에 매우 소중하여 특별 감독하에 감옥에서 일해야 했던 다른 많은 사람들과 비슷했다. 수수께끼에 쌓인 한국계 소련 비밀 경찰 로만 김Roman Kim(1899-1967)은 일어와 일본문화에 대한 해박한 지식으로 소련 감옥에 수감된 동안, 정부를 위해 절취된 일본 문서를 번역하는 데 관여할 정도로 없어서는 안 될 존재였다. 1937년 일본 스파이 혐의로 체포되어 20년 징역형을 선고받은 그는 1945년 석방되었고, 1959년 완전히 무죄를 선고받았다.[31] 서로 다른 배경을 가진 두 김씨는 자유롭고 독립된 대한민국이라는 그들의 꿈에서 하나가 되었다.

4. 국제적 상황과 석방

남편을 구하기 위한 폴린 김의 노력은 아무 소용이 없었다. 중국에 있는 그의 가족들이 허버트에게 연락하기 위한 노력도 성공하지 못했다. 이 글의 앞부분에 언급된 엘리너 루스벨트 에게 보낸 폴린의 탄원서 역시 결실을 맺지 못했다. 허버트의 사례는 특별한 것이 아니었다. 많은 미국인이 소련 수용소에서 구출되지 못했다. 한 수용소에서 다른 수용소로 이동하는 과정에서 그는 매사추세츠주 메이너드 출신의 헨리 존슨이라는 미국인 수

---

30 위 Khasenova의 글 참조. 그러나 허버트 김의 회고문을 보면 그러한 경우가 통상적인 것은 아니었다.
31 Roman Kim에 관해서는 I.V. Prosvetov, "*Krestnyi otets" Shtirlitsa* (Moscow: Veche, 2015)와 Aleksandr Kulanov, Roman Kim (Moscow: Molodaia gvardiia, 2016)를 볼 것.

용소 수감자를 만났다. 그들은 미국 정부에 의해 '버려진' 사람들이었다.[32] 허버트 김은 미국 시민이 아니었기 때문에 기회가 거의 없었다. 폴린은 허버트와 결혼할 때 "황인종과 결혼했다"는 이유로 미국 시민권을 잃었다.[33] 콜로라도에 있는 그의 은사, 친구, 동료들도 그의 석방을 위해 노력했지만 아무 소용이 없었다.

소련에서 사라진 많은 미국인들의 운명에 대해 워싱턴이 무관심했던 데에는 정치적 이유가 있었다. 앞서 설명한 바와 같이 모스크바에 대한 워싱턴의 태도는 1921-1922년 워싱턴 해군 회의에서 두 나라가 비밀리에 협력한 이후 악화되었다. 1932년 일본이 만주를 침략하고 그곳에 꼭두각시 정부를 세운 후, 워싱턴과 모스크바는 다시 협력하기 시작했다. 1933년 미국과 소련이 화해하게 된 이유는 독일에서 부상한 나치즘이 아니었다. 바로 일본이었다. 워싱턴과 모스크바 모두 아시아에서 일본에 대항하는 균형추로서 서로를 필요로 했다. 모스크바가 일으킨 기근으로 우크라이나와 소련 곳곳에서 수백만 명이 죽어가고 있을 때 새로 선출된 프랭클린 D. 루스벨트 대통령은 이 사실을 무시하고 비밀리에 모스크바와 수교를 결정했다.

모스크바는 자체 스파이, 요원, 첩보원을 통해 워싱턴의 의사 결정 과정에 눈에 띄게 영향을 미쳤다. 이러한 우호관계는 제2차 세계대전이 끝날 때까지 계속되었다. 루스벨트는 소련에 호의적이었던 윌리엄 불릿William C. Bullit을 주 모스크바 초대 미국 대사로 파견했다. 불릿은 곧 소련의 본질을 파악하고 루스벨트에게 적절한 조언을 제공했다. 루스벨트는 불릿의 말에 귀를 기울이지 않고 그를 모스크바에서 소환하고, 부패하고 무능한 외

---

32 이는 소련에서 '버려진' 미국인들의 운명을 논의한 Tzouliadis의 책 제목이다.
33 김재원·이숭희 엮음, 『잊혀진 이름, 잊혀진 역사』, p. 324.

교관 조셉 데이비스Joseph E. Davies를 대신 파견했다. 데이비스는 1937년과 1938년 스탈린이 모스크바에서 연출한 세 차례의 악명 높은, 보여주기식 재판 중 두 차례에 참석하여 피고인들의 "정부에 대한 명백한 음모"라고 보고, 소련당국의 정당성을 보고했다.[34] 소련의 독재자 스탈린에 대한 루스벨트의 호감은 아돌프 히틀러가 소련을 포함한 유럽 정복의 꿈을 시작한 후에도 줄어들지 않고 더욱 강해졌다. 루스벨트는 1943년 테헤란 회담에 참석하기 위해 갔을 때, 소련 측에 "스탈린과 같은 숙소를 잡아달라고" 미리 전달했다.[35] 워싱턴은 소련에서 체포된 미국인에 대한 불편한 문제를 모스크바 측에 제기하기를 꺼려했다. 미국인들은 독재자와의 허망한 우정을 위해 희생되었다. 허버트 김이 워싱턴에 의해 구출될 기회는 없었다.

소련에서 허버트 김의 운명('일본 스파이')을 결정한 것이 일본이었다면, 결국 그를 구한 것은 일본의 침략이었다. 스탈린의 전략은 중국에 일본을 끌어들여 중국과 미국을 이용해 일본 제국주의를 무너뜨리는 것이었다. 그의 계획은 훌륭하게 성공했다. 적어도 스탈린의 머릿속에는 중국과 미국이 소련을 대신해 일본과 싸웠다고 생각했기 때문이다.[36] 따라서 스탈린은 중국을 지원하고 만족시키기 위해 모든 노력을 기울였다. 1940년 봄 주 소련 중국 대사로 임명된 소력자邵力子(1882-1967)가 허버트 김의 부친 김홍서의 친구였다는 점은 그에게 큰 행운이었다. 1940년 2월에 쓰인 폴린의 편지

---

34 Hiroaki Kuromiya, "Democracies and the Holodomor," *Svit Klio* (Kyiv), no. 1 (2020), pp. 28-35.

35 *The Kremlin Letters: Stalin's Wartime Correspondence with Churchill and Roosevelt*, eds. David Reynolds and Vladimir Pechatnov (New Haven, CT: Yale University Press, 2018), p. 340.

36 Hiroaki Kuromiya, *Stalin, Japan, and the Struggle for Supremacy over China, 1894-1945* (London-New York: Routledge, 2023)에 상세하다.

가 허버트에게 전달된 것은 아마도 소력자를 통해서 였을 것이다. 결국 허버트 김을 소련 굴락에서 구출하는 데 성공한 것은 소력자였다.

소력자가 허버트 김 석방 절차를 시작하도록 모스크바를 설득하는 데는 꼬박 1년이 걸렸다. 1941년 5월, 그는 보르쿠타에서 모스크바로 호출을 받았다. 독일이 6월 22일 소련을 상대로 일으킨 전쟁이 발발하면서 소련 수도로의 여정이 복잡해졌다. 허버트 김은 9월이 되어서야 모스크바에 도착했다. 독일군이 모스크바로 진격하고 외국 대사관들이 쿠이비세프(혁명 이전과 현재의 사마라)로 이전하면서 그는 사라토프와 오렌부르크를 거쳐 쿠이비세프로 보내졌다. 쿠이비세프에서 그는 일본이 진주만을 공격했다는 소식을 들었다. 1941년 12월 8일이었다. 그날 그를 불렀던 소련 비밀경찰은 그에게 "한국은 자유 국가가 될 것"이라고 말했다. 그도 이 소식을 듣고 바로 그렇게 생각했다. 그 장교는 이어서 "우리는 당신 같은 사람이 나가서 동족의 자유를 위해 싸우기를 원한다"고 말했다. 그는 소련 법원이 그의 사건을 재고해야 하지만 그런 형식적인 절차를 밟을 시간이 없다고 덧붙였다. 허버트 김이 기소된 범죄 혐의에 대해 유죄를 인정하더라도 소련 정부는 "당신을 풀어주고 자국민의 자유를 위해 일하게 할 것"이라는 것이었다. 이 장교의 논리는 터무니없는 것이었다. 허버트 김은 일본을 위한 간첩 혐의로 기소되었다. 김이 유죄라면 모스크바는 왜 그를 석방했을까? 모스크바는 왜 그가 일본이 아니라 "동족을 위해 일할 것"이라고 생각했을까? 말할 필요도 없이, 그 혐의는 명백히 거짓이었으며 장교는 그것을 알고 있었던 것이다. 이러한 부조리는 스탈린 치하의 정치적 상황을 잘 보여준다.

1942년 3월, 모스크바가 독일군의 위험에서 벗어나자 허버트 김은 쿠이비세프에서 모스크바로 다시 끌려갔다. 그는 감옥에서 매우 좋은 대우를 받았다. 어느 날 그는 비밀경찰 사무실로 불려가 한 관리로부터 "머지않은 장래에 서울에서 당신을 만나게 될 것으로 기대합니다. 그때는 산업부 장관이나 그와 비슷한 직책으로 당신을 만날 수 있기를 기대합니다. 일본이 오래 가지 않을 것은 확실합니다"고 말했다. 이 관계자는 "우리는 한국이 해방되어 한국 국민에게 넘겨지는 것을 보고 싶습니다"고 덧붙였다. 의심할 여지없이 그의 발언은 일본 패전 후 한국을 공산화하려는 모스크바의 계획을 은폐하기 위한 것이었다. 이 장교는 그에게 다음과 같이 말했다.

> 김약산은 공산주의자가 아닙니다. 우리는 공개적으로 공산주의자로 알려진 사람과 함께 일하고 싶지 않습니다. 우리는 모든 사람을 공산주의자로 만들려는 것이 아닙니다. 우리는 한국이 자유롭고 독립적이기를 원합니다. 한국이 공산주의가 될지 여부는 한국 국민 스스로에게 달려 있습니다! 그러니 가서 [한국] 국민의 자유를 위해 일하는 사람들과 힘을 합치십시오.[37]

소련 정부는 역사를 통하여 내내 이런 종류의 궤변과 위장을 사용했다. 1920년대에 몽골인민공화국과 투반Tuvan인민공화국을 지배할 때 모스크바는 모스크바의 지배를 정당화하기 위해 '인민 민주주의'와 '인민 공화국'이라는 새로운 용어를 만들어냈다. 이들은 최초의 소련 위성 국가였다. 제2차 세계대전 후 모스크바가 동유럽에 공산주의를 수출할 때도 같은 수법을 사용했다. 동유럽 공산주의자들이 자신들의 정당을 공산당이라고 부르는 것을 금지했다. 대신 '노동자당'과 같은 완곡한 표현을 사용했다. 심지

---

[37] 김약산은 김원봉(1898-1958?)으로 공산주의자였으나 김일성(1912-1994)와 같은 한국 공산주의자 지도자들과 뜻이 맞지 않았다. 김원봉은 북한으로 갔으나, 김일성에 의해 살해되거나 자살하였다.

어 모스크바에서는 공산주의 국가를 설명하는 데 '사회주의자'라는 단어를 사용하는 것조차 허용하지 않았다. 몽골과 투반의 사례에 따라 이들 정부는 공산주의 독재를 위장하기 위해 '인민 민주주의'라고 불렀다. 북한은 공식적으로 스스로를 '조선민주주의인민공화국'이라고 불렀다. 마찬가지로 중국은 1949년 공산당이 정권을 장악한 후에도 스스로를 '중화인민공화국'이라고 불렀다.

허버트 김이 모스크바의 이러한 속임수를 이해했는지는 불분명하다. 그는 소련 비밀경찰 장교가 서울에서 그를 만나기를 고대하고 있으며, 중국으로 석방된 후 모스크바 요원들이 중경에서 그를 찾을 것이라는 취지의 발언에 불안해했다. 그는 일종의 함정을 감지했다. 하지만 그는 소련을 벗어나는 것이 가장 중요하다고 판단했다. 어쨌든 그는 독립된 대한민국을 위해 일하고 싶었다. 그래서 그는 "어떤 방식으로" 한국 국민을 위해 일할 것을 기대하는지 이해하지 못했지만 "한국 국민을 위해 일하기로 동의"했다. 그는 나중에 "그들이 생각하는 '우리 국민을 위해 일한다'는 것과 내가 생각하는 '우리 국민을 위해 일한다'는 것은 전혀 다른 것임을 느꼈다"고 말했다. 그러나 그 자리에서 그때 내가 국민을 위해 일하겠다고 동의한 것은 거짓말을 하는 것이라고 느끼지 않았다".[38] 모스크바가 보기에 자본주의에서 해방된 인민의 미래를 대표하는 것은 소련 정부였기 때문에, 소련 관리들이 볼 때, 한국 인민을 위해 일한다는 것은 소련 정부를 위해 일하는 것을 의미했다.

---

38 "The Story of Herbert Kim," II, p. 11.

5. 결론

허버트 김의 소련에서의 삶은 어떤 기준으로 보더라도 정말 특별하고 드라마틱하다. 그는 소련의 처형장이나 굴락에서 망각 속에 사라진 수백만 명의 사람들 중 한 명이 될 수도 있었다. 하지만 그는 정신적, 육체적 강인함과 당시의 지정학적 역학이 결합된 덕분에 살아남을 수 있었다. 그가 남긴 기록은 제한적이다. 하지만 그의 성격, 사생활과 공적 삶, 그리고 그가 살았던 격동의 세계를 감동적으로 드러내고 있다. 특히 그의 회고록은 스탈린 치하의 소련 생활에 대한 설득력 있는 증언으로서 더 널리 인정받을 만하다. 그는 소련을 "수천만 명의 무고한 영혼이 생각지도 못한 범죄로 고통받는 지옥 같은 곳"이라고 말했다.

사실 허버트 김의 파란만장한 삶은 그 자체로 동아시아, 소련, 미국의 역사에 관심이 있는 사람이라면 누구나 흥미를 가질 만한 이야기이다. 또한 스탈린이 자신의 정치적 목표를 실현하기 위해 사용한 잘 알려지지 않은 작전들에 대해서도 많은 것을 밝혀준다. 스탈린은 소련 정부의 팽창주의를 공산주의적 국제주의로 정당화했다. 1920년대에 그는 몽골과 투바에 대한 소련의 지배를 숨기기 위해 '인민 민주주의'라는 새로운 개념을 발명했다. 그는 제2차 세계대전 이후 모스크바의 동유럽, 중국, 북한 지배를 위장하기 위해 같은 개념을 적용했다. 모스크바가 보기에 모스크바는 전 세계 '인민'의 이익을 대변했다. 따라서 정치적으로 편리한 논리에 따르면 소련을 위해 봉사하는 것과 한국 국민(그리고 중국 국민 등)을 위해 봉사하는 것은 같은 의미였다.

소련에서의 오랜 경험은 허버트 김에게 소비에트 논리의 허구성을 가르쳐주었다. 그의 인생 목표는 진정한 의미에서 한국 국민을 위해 봉사하는 것이지 모스크바의 '폭력배 집단'의 이익을 도모하는 것이 아니었다. 1950년 서울에서 그를 체포하면서 모스크바는 그가 "한국 인민을 위해 일한다"는 모스크바의 거짓 주장을 받아들이지 않았다는 것을 거의 확실하게 이해했다. 따라서 평양과 모스크바는 어떤 식으로든 그를 처치했을 가능성이 매우 높다. 그렇기 때문에 모스크바가 여전히 허버트 김에 대한 파일이 없다고 주장하는 것으로 이해할 수밖에 없다. 그러나 모스크바가 여전히 그의 기록을 비밀리에 보유하고 있다는 것은 의심의 여지가 없다. 카자흐스탄 역사학자 자지라 카세노바가 지적했듯이, 스탈린 이후 소련 정부는 허버트 김의 명예회복을 위해 거의 노력하지 않았다. 소련이 붕괴된지 8년이 지난 1999년에야 카자흐스탄 정부는 1937-1938년에 그가 기소된 모든 범죄 혐의에 대해 면죄부를 주었다. 1950년 납치 이후 허버트 김의 운명에 대한 정보는 아직 밝혀지지 않았다.

평양과 모스크바가 허버트김의 가족과 전 세계에 진실을 숨기면서 그의 비극을 영속화하고 있는 것은 매우 유감스러운 일이다. 언젠가 러시아와 북한이 진정한 민주주의 국가가 되는 날, 그의 비극이 밝혀지기를 바란다.

번역 : 김재원

사리-아르카 금광과 게르베르트 김

잠빌 아르퇵바예브Zhambyl Artykbayev |
카자흐스탄 국립 구밀료프 유라시아 대학교 교수

1. 1000개의 구덩이 – 스테프냐크의 고대 지명
2. 졸림베트 – 소비에트 황금의 시대
3. 게르베르트 김의 사리-아르카에서의 삶

카자흐인들은 대 유라시아 초원의 중앙 지역을 '사리-아르카(황금색 언덕)'라고 부른다. 목초로 덮여있는 드넓은 사리-아르카의 평원은 가축을 키우기에 매우 적당한 조건을 갖추고 있다. 현재는 카자흐스탄의 중북부 지역 전체를 사리-아르카라고 지칭한다. '아르카'라는 단어는 일반적으로 유라시아의 전체 대초원 지대에서 '언덕' 또는 '능선'을 의미한다. 그리스어에 '아르카디아Arkadia'라는 단어가 있는데, 평범한 양치기의 조화로운 삶, 목가적인 삶을 뜻한다. 이를 통해 추정컨대, 아르카라는 단어의 역사는 상당히 오래된 것으로 보인다. 필자는 이 단어를 들을 때마다 푸생 Nicolas Poussin(1594-1665)이나 게르치노Guercino(1618-1622, 본명 Giovanni Francesco Barbieri)의 그림 "Et in Arcadia ego(그리고 나는 아르카디아에 있다)"가 기억난다.

사리-아르카는 현재 카자흐스탄 공화국 행정 구역 중 북부 카자흐스탄, 콕세타우, 악몰린스크, 파블로다르스크, 카라간딘스크, 울루타우스크 주州에 걸쳐있다. 이 지역에는 높은 산, 소나무와 자작나무가 가득한 타이가, 목초지, 기이한 암석과 숲으로 둘러싸인 아름다운 호수들이 있다. 이러한 경관과 기후조건을 배경으로 문화적 정체성, 원주민들의 정신세계가 이 지역에 녹아있다.

1. 1000개의 구덩이-스테프냐크의 고대 지명

소비에트 지질학 문헌에서는 사리-아르카 북쪽의 약 12만km²의 지대를 '카자흐스탄 북부 황금 지대'라고 표현한다. 예로부터 이 지방의 가장 큰 금 매장지는 카자흐인들이 '민순키르', 즉 '천개의 구덩이'라고 불렀던 스테프냐크(스탭니약, 스탭냐크)이다.

18세기 아블라이 칸국의 주요 거점에서 멀지 않은 곳(약 30km)에 위치해 있다. 이 지역은 원래 대초원의 지배 왕조들이 선호했던 것으로 추정되는 곳이다. 이곳에서 멀지 않은 곳에 스키타이인의 매장지가 있는데, 지역 원로들에 따르면 왕의 딸의 유골이 묻혀 있었다고 한다. 1928년 슈추체 호수(쇼탄) 기슭에서 잔해 채굴 중 우연히 훈족 공주의 부장품이 풍부한 무덤이 발견되기도 했다.[01] 이 기념물들은 여전히 현지 카자흐족에게 신성한 것으로 여겨지고 있으며, 이곳은 최근까지 민간신앙의 예배 장소로 사용되었다.

과거에는 카라가일리(보로보예) 호수와 쇼탄 호수를 둘러싼 전체 지역이 칸에 의해 보호되었다. 이 지역은 엄격하게 출입이 통제되어 외국인은 출입할 수 없었으며, 이곳의 역사적 기념물들은 신성한 것으로 여겨져 숭배의 대상이 되었다. 또한 사리 불락 강어귀의 칸의 특별 보호구역에서 카자흐 광부들이 금을 세척했다. 가장 부유한 금광 중심지 중 하나인 스테프냐크는 의심할 여지 없이 고대 스키타이 시대부터 1920년대까지 보존되어 왔다. 카자흐스탄의 사학자 A.H. 마르굴란은 이 금광지역 일대가 칸의 소

01　Бернштам А.Н., Находки у оз. Борового в Казахстане//СМАЭ, Т. XIII, М.-Л.: 1951, pp. 216-229.

유였다는 많은 증거를 제시한다. 그의 글을 인용하면,

> "서지자료와 카자흐 민속 전승에 따르면 칸의 권력이 약해지기 전에는 스테프냐크를 포함한 북동 카자흐스탄의 금 매장지가 여행자에게 공개되지 않았기 때문에 나보코프 소령 등 러시아 제국의 관리들이 최선을 다해 찾으려 했지만, 제국 행정부에조차 완전히 알려지지 않은 채로 남아 있었음이 분명하다. 모든 사금과 금광맥은 칸에 의해 엄격하게 비밀로 유지되었다. 나보코프 소령이 이끌고 광산 기술자 N. 샹긴이 참여한 금광 및 기타 광석 매장지를 탐사하기 위해 대초원에 파견된 특별 지질 탐험대조차도 이 지역으로의 진입이 허용되지 않았다. 탐험대는 사금과 광맥, 금이 가장 풍부한 지역인 보로보예와 스테프냐크를 통과했지만…"02

오래전에 고갈된 '이만타우'는 구리 매장지인데, 칸은 그의 하인을 남서부 지역에 있는 러시아 탐사대로 보냈다. 고대에 이만타우는 구리, 납 및 은 추출의 중심지 중 하나였으며 약 20만 톤 이상의 광석이 채굴되었다. 1816년 샹긴은 자신의 일기장에,

> "거대하고 다양한 종류의 구리들과 고대 기념물들은 이 광산이 광업의 풍부한 원천임을 증언한다.…"

라고 썼다. 하지만 러시아 지질 탐사대는 이만타우에서 실질적인 것은 발

02　Маргулан А.Х., Горное дело в Центральном Казахстане в древние и средние века//Поиски и раскопки в Казахстане. - Алма-Ата: Наука, 1972, p. 19.

견하지 못했고, 아바사르까지 더 나아간 다음 예실(이심)로 흘러 들어가는 테리 사칸강 하구에서 아울리, 코르가신 등 오래된 야금 광석 매장지를 발견했다.

더 나아가 광물을 찾아 나선 탐사대는 유명한 데즈카즈간 구리 광산이 있는 키치 타우의 한 봉우리에 도달했다. 그러나 이때 현지 카자흐 안내인은 더 이상 러시아 지질 탐사대 이끌기를 거부하고 돌아섰다. 하여서 데즈카즈간은 러시아인들에게 '인식 너머의 땅terra incognito'으로 남아있게 된다. 탐사대는 돌아오는 길에 자크시와 자만콘 지역을 탐험하고 쿨라 노트페스강을 따라 누라강 계곡에 도달하였다.

사리-아르카에 대한 이 최초의 러시아 지질 탐사 보고서와 일기를 읽으면서 많은 것에 놀랐다. 현지 카자흐인들은 이미 작업한 노천 구덩이와 광산으로 러시아 엔지니어를 보내기를 꺼려하여, 숨기려고 했다. 러시아인들을 통역했던 안내인들도 일부러 금을 구리로 통역하는 등 노력을 아끼지 않았고, 이렇게 마지막 카자흐 칸 시대에 지역 주민들이 러시아 지질학자들로부터 금 매장지를 지켜낼 수 있었다.

또한 러시아인들이 인지했듯이, 사리-아르카의 마지막 카자흐 통치자들도 금광 공개를 엄격히 금지했다. 19세기 초에 사리-아르카에 들렀던 코간트 칸국(역주: 우즈베크인들이 현 우즈베키스탄에 세운 나라)의 F. 나자로프 러시아 특사는 보고서에서 다음과 같이 기록했다.

"수십 년 전 코체산 기슭의 카자흐족은 구리와 납 광석을 파고 있었고, 여전히 깊은 구덩이를 볼 수 있습니다. 러시아인들에게 이 광석과 광산을 공개하는 카자흐족은 사형에 처할 수 있다고 할 정도로 금지되어 있습니다."[03]

카자흐인들의 전통적인 세계관에서 금은 신성하다기보다 신비한 힘을 가진 물질로 여겨 어느 정도 두려운 감정을 갖는다. 아마도 이런 이유로 카자흐 대초원의 금광과 매장지는 칸의 소유로 운영되었던 것으로 생각한다. '아탈릭'은 칸의 아들들의 가정 교사이자, 궁중의 업무를 관리하고 칸의 재무를 책임지는 동시에 금 채굴, 무역 및 캐러밴 경로를 통제했다. 금광을 지키는 일은 '톨렌구츠'라는 특수부대가 수행했다. 채굴과 가공, 거래에는 일반 주민들이 참여했다. 옛말에 "황금에는 주인이 있다."는 말이 있는데, 이를 무시하면 필연적으로 사고를 당할 수밖에 없는 것으로 인식되어, 관리, 채굴, 거래는 늘 조심스러워했다. 이러한 인식은 콕세트-부라바이 지역, 특히 스테프냐크-민순키르에서 오늘날까지 남아 있다.

　　1990년대의 혹독한 시기에 지역 주민들은 전통적 기술을 사용하여 금을 캐냈고, 이로써 먹고 사는 데에 큰 도움을 받았다. 이러한 전통 기술과 가내 광업은 청동기 시대 사리-아르카에서 늘 있었던 일이다. 카자흐스탄 땅을 식민지화할 때 러시아 산업가들은 전통 지식을 가진 사람들에게 약간의 금액을 주고 정보를 습득했다. 전통 지식의 내용은 현대 지질학에서도 인정하는 바로, 예를 들어 석영 퇴적물은 일반적으로 그 위에 자라는 풀의 착색에 영향을 미치며, 1톤의 석영에는 최대 20~150그램의 금이 포함되어 있다는 것 등이다. 이외에도 금맥을 찾는 옛 방식들이 있는데, 울창한 풀과 관목으로 덮인 작은 산의 움푹 파인 곳, 풀의 푸른색이 금을 함유한 석영 정맥의 존재를 나타내는 징표라는 등의 이야기들이 있다. 가장 대표적인 금맥을 찾는 지식은 뱀에 있다는 것이다. 카자흐스탄 사람들은 뱀이 비철금

03　"Назаров Ф. Ғ. Записки о некоторых народах и землях средней части Азии. СПб., 1821, p. 23.

속, 특히 금의 정기(알티닌 바이)를 빨아먹는다고 믿는다. 그래서인지 카자흐스탄 전설에는 황금 창고(알틴 코리얌 아이다하르)를 지키는 용에 대한 이야기가 자주 등장한다. 아무튼 이것은 카자흐스탄에서 광산학 연구자들에게 흥미로운 주제인 것은 확실하다.

스테프냐크-민순키르의 고대 산업에 대한 증거는 위에서 밝혔듯, 고대 광산의 갱도, 수천 개의 구덩이 등이 자주 보인다는 것이다. 현재는 소와 말 등의 가축들이 이들 구덩이에 빠지는 것을 방지하기 위해 폐쇄되었다.

작은 광산 외에 거대한 구덩이와 채석장도 보존되어 있다. 스테프냐크의 길이 150m, 폭 20m, 깊이 6m의 노천 구덩이의 기원은 기원전 2천 년 전으로 거슬러 올라간다. 여기에서 수직 깊이 30m의 고대 작업 유적도 발견되었다.[04] 스테프냐크의 금은 국내 수요뿐만 아니라 다른 국가로의 수출도 이루어졌던 것으로 짐작된다.

마르굴란에 의하면 러시아인들은 19세기 중반이 되어서야 이 일대의 금맥을 발견했다고 한다.

> "보롭스크 지역의 사금은 1830-1840년대, 칸 발리가 사망하고 칸국이 완전히 없어진 다음에 러시아인들에게 알려졌다. 이 지역의 주민들은 러시아 기술자 및 금세공업자들에게 약간의 돈을 받고 기꺼이 고대 광산을 공개했다. … 주민들의 도움으로 러시아의 숙련된 지질학자들도 그동안 알 수 없었던 수 십개의 광산이 한번에 공개되었다. 스바롭스키는 대초원에서 금을 탐사하고, 착취하는 광란의 행보를 보였다. 이 회사의 약탈적인

04　Кабылденов А.С., Сулейменов Ш.Х., История развития горно-обогатительного коммбината 《Каззолота》. Алма-Ата, НИЦ 《Мураттас》, 1992, p. 11.

운영방식으로 인해 40여 년이 흐른 후 이 지역의 사금은 완전히 고갈되어 버렸다."[05]

실제로 러시아인들이 금이 매장된 콕쉐-부라바이 지역을 개발하기 시작한 것은 1836년 칸국이 청산된 이후부터이다. 1837-1847년 케네사르 칸이 주도한 카자흐스탄 봉기가 진압된 후 러시아 사업가들은 금 매장지를 헐값에 사들이기 시작했다. 이 과정에서 콕쉐-부라바이의 주요 금 매장 지역을 매입한 페트로파블롭스크의 상인 젠코프가 그 선두에 섰다. 1880년대 이 지역은 이른바 '골드러시'의 광풍이 불었고, 불량한 러시아인들이 이곳으로 몰려와 약탈 방식의 채굴이 시작되었다. 사금은 강바닥과 샘물과 계곡 경사면에서 채굴되었으며, 금을 함유한 모래의 두께는 0.3m에서 1.0m 사이이며, 깊이 1m에서 3m에서 5m에 걸쳐 퇴적되는데, 이것을 다 파냈다.[06] 금 약탈채굴이 시작되고 곧 부라바이 지역의 사금은 고갈되었지만, 제대로 된 장비 없이 값비싼 금속을 채굴할 수 없는 스테프냐크-민순키르와 같은 대규모 매장지는 보존될 수 있었다.

스테프냐크를 개발하려는 시도는 1888년 수다코프가 금이 매장된 민순키르 지역에 대한 소유권을 주장하면서 시작되었다. 그러나 알 수 없는 이유로 이 지역은 1896년 당시 부라바이 지역에서 채굴을 하던 쿠조프에게 소유권 승인이 이루어졌다. 그는 민순키르에 세 개의 구역을 배정받았으며, 즉시 기존의 카자흐어 지명을 버리고 러시아식 명칭인 트로이츠키, 게오그리에프스키, 엘리자베트스키라는 지명을 달았다. 이후 쿠조프는 금 가

---

05 Маргулан А.Х., Горное дело в Центральном Казахстане в древние и средние века // Поиски и раскопки в Казахстане. - Алма- Ата: Наука, 1972, pp. 28-29.
06 Кабылденов А.С., Сулейменов Ш.Х., op. cit., p. 14.

공업을 하는 슈프링그바흐에게 임대지를 팔게 된다.[07]

1900-1901년 슈프링그바흐는 스테프냐크-민순키르에서 약 1km 떨어진 '탈디 쿠둑('버드나무 밑 우물', 아마도 미크 시대부터 있던 오래된 광산일 듯함)' 지역에 말(馬)의 힘을 이용하는 자체적으로 제작한 채굴기를 사용하여 작업했다. 1907-1908년 슈프링그바흐는 마침내 풍부한 석영 광맥을 발견했고, 본격적으로 금을 캐내기 시작했다. 1909년에 그는 생산량을 늘리고 공장을 건설했다. 이후 조야, 블라디미르, 8월 등의 이름을 붙인 작은 광산들을 세웠다. 이로써 스테프냐크-민순키르는 사리-아르카에서 금 채굴의 중심지가 되었다.

20세기 초 이 지역에 유럽인이나 미국인 사업가들이 있었는지는 확인되지 않는다. 다만 카자흐스탄 중부지역의 구리와 석탄 같은 비철금속 주요 매장지를 그들이 경영했기 때문에 금광도 소유했을 것이라고 추측할 뿐이다.[08]

1917년 10월 쿠데타와 내전이 발생한 후 모든 광산 소유주들은 기업을 버리고 도망쳤다. 그리고 1927년에 소련 당국은 금광 산업을 복원하기 위한 몇 가지 조치를 취했다. 이때 고정 자본 3천만 루블의 금 산업 조합주식회사 '소유즈 졸로토(금 조합)' 설립에 관한 결의안 NO. 216를 SNK(인민위원회)가 채택하였다.

---

07 Ibid., p. 17.
08 Fell E. N. Russian and Nomad: Tales of the Kirghiz Steppes.-London: Forgotten Books, 2013, p. 188.
Wardell J.W. In the Kirghiz Steppes.-London: Gallery Press, 1961, p. 190.

2. 졸림베트-소비에트 황금의 시대

　소비에트 시기 카자흐스탄 광산 일대에 금 관련 산업이 활성화되기 시작했다. 특히 1932년 옛 광산 지역 인근에서 발견한 '졸림베트'가 주목받았다. 졸림베트 지역은 아스타나(카라트켈)에서 북동쪽으로 45km, 쇼탄디 정착지에서 동쪽으로 54km, 스텝노고르스크에서 남쪽으로 100km 떨어진 아크몰라 지역의 쇼탄디 지구에 위치해 있다. 졸림베트 개발은 1933년에 시작되었다. 이 매장지는 스테프냐크의 자오선을 따라 보고다놉스크 북동부와 졸림베트-보스실쿨스크의 위도가 겹치는 곳에 위치해 있다. 금은 세 가지 형태의 발생학적 유형으로 구분할 수 있다. 1 황철광에 분산된 미세 금, 2 천연 금, 3 석영 광맥 속 금이다. 이 지역의 광석의 금 함량은 평균 6.6g/t으로 매우 불규칙한 편이다. 이 밖에 주요 광물은 황철광, 황철석, 칼코피라이트 등이 있다. 오늘날 이 곳에는 두 개의 광산이 있는데, 하나는 졸림베트 마을의 남동쪽에 있고, 다른 하나는 남쪽으로 1km 떨어진 곳에 있다. 현재 이 광산들은 '카자흐알트인'사가 소유하고 있다.[09]

　1920년대 후반부터 30년대 초반까지 소련은 공업화를 추진하면서 해외에서의 기술과 장비 도입의 필요성이 대두되었고, 다른 한편에서는 농민들을 산업화 현장으로 보내기 위한 무자비한 정책들이 펼쳐졌다. 금광 개발도 이러한 산업화 현장에서 멀리 떨어져 있지 않았다. 1929년 정부는 '금과 백금 산업에 관한 법률'을 제정했다. 1932년에는 금과 백금 산업 전문가에게 특권을 제공하는 법률이 제정되었으며, 금광의 모든 광부가 소위 '쿠폰'을 받고 특별히 조성된 상점에서 구하기 어려운 생필품을 받을 수 있

09　https://ru.wikipedia.org/wiki.

는 제도가 시행되었다. 이러한 적극적인 정책에 의해 1934년 소련은 세계 2위의 금 생산 국가가 되었다.

필자의 부모님은 강제적으로 이 과정에 참여하게 되었다. 1932년 모든 가축을 빼앗긴 부모님은 임박한 굶주림의 위협을 앞두고 시베리아로 탈출할 수 있었다. 이 어려운 서사의 일부 세부 사항은 문서보관소에 보관된 자료들을 통해 재구성할 수 있다. 부친 오마르 아르퇵바예프는 인민의 적으로 두 번(1937년, 1947년) 유죄 판결을 받았는데, 한 심문에서 NKVD(소련내무인민위원회) 수사관이 카자흐스탄에서 시베리아로 떠난 것을 반혁명 활동과 연결시키려고 했을 때 다음과 같이 대답하여 풀려났다.

"1932년 흉작으로 인해 기근이 발생하여 가족과 함께 시베리아로 떠나야 했고, 그곳에서 옴스크 지역의 정착촌에 정착하여 철도 건설에서 일했다."[10]

시베리아에서 필자의 가족은 1934년에야 카자흐스탄으로 돌아왔고, 파괴된 마을로 돌아갈 필요는 없었기 때문에 금광에서 일자리를 얻었다. 처음에 그들은 다닐로프카 광산(현재 알틴디)에서 일하게 되었고, 부친은 '보스모이노프' 협동조합에 일자리를 얻었다. 이 시기에 대해 부친은,

"1934년 3월 카라간다 지역으로 돌아와 다닐로프카 광산에 정착했고, 그곳에서 보스모이노프의 이름을 딴 협동조합의 금광 광부로 입사해 3년

---

10 Артықбаев Ж.О. Әкем Омар және оның заманы туралы. Астана: 《Алтын кітап》, 2017, 51(I.53).

동안, 1937년까지 일했다."

고 전한다. 1937년 양친은 졸림베트 광산으로 이사하기로 결정했다.

"1937년 7월 나는 건설 분야에서 일하게 될 졸림베트 광산으로 이사했다."

같은 해 가을 부친은 체포되어 카를라그(역주: 카라칸다에 존재한 소비에트 카자흐 인민공화국에서 가장 큰 노동수용소)로 보내졌고 전쟁 기간 동안 그는 다시 졸림베트로 보내졌다. 그 당시 이곳에 카를라그에서 관리하는 수용소가 세워졌기 때문이다. 1947년 카자흐 지식인에 대한 두 번째 대량 탄압의 물결 동안 부친은 다시 인민의 적으로 유죄 판결을 받았고 1953년 스탈린이 사망한 후에야 석방되었다.

이제 자신의 젊음과 에너지, 지식을 스테프냐크의 금광에 바치고, NKVD가 저질렀던 국가적 테러와 마주했던 게르베르트 김의 운명에 대해 소개할 차례가 되었다.

3. 게르베르트 김의 사리-아르카에서의 삶

게르베르트 김(본명 김건후)은 1904년 평안남도 강서군 함종면 훈련리의 강서 사광초등학교 교감으로 근무하던 김홍서(1886년생)의 장남으로 태어났다. 그의 아버지는 나중에 서울에서 『대한매일신보』의 편집인으로 일했다.

일제강점기였던 1918년에 김건후는 아버지를 따라 서울에서 남경으로 건너갔다.[11] 남경에서 김건후는 1918년부터 1921년까지 미국 선교사들이 설립한 고등학교에 다녔다. 그 후 1921년부터 1923년까지 금릉대학에서 공학을 전공하며 학업을 계속했고, 칭치엔허라는 이름으로 중국 국적을 취득했다. 1923년 10월 그는 허버트 김이라는 새 이름으로 미국으로 유학을 떠나게 된다. 그는 사우스 다코타의 사립 휴론 대학교에서 공부한 후 콜로라도 광산 대학교에 입학하여 1928년 5월 광산 공학 학위를 취득하고, 1928년 뉴욕의 컬럼비아 대학교에 입학했다. 허버트 김은 미국에서 받은 우수한 기술 교육 외에도 한국어, 중국어, 영어, 일본어, 러시아어에 능통했다.[12] 이 젊은 전문가는 미국에서 유망한 미래를 가질 수 있었다. 그러나 운명은 다른 길을 주선했다. 그는 '글라브졸로토(소련 최고 국가 경제 아카데미의 비철금속, 금 및 백금을 위한 주요 관리국)'의 A.P. 세레브로프스키의 초청에 동의하고 소련으로 떠났다. 위에서 이미 언급했듯이 당시는 소련의 금광 산업이 호황을 누리고 있었고, 전문가와 새로운 기술이 필요했던 시기였다. 세레브로프스키는 그의 저서에서 "스탈린의 직접 명령에 따라 두 번(1927년과 1930년) 미국을 방문하여 모든 금광 현장을 답사했고, 관련 교육기관을 방문했다."[13] 결국 1930년 허버트 김과 그의 아내 김(립만) 폴린은 소련으로 오게 되었으며, 그는 미누신스크 광석 부서의 광산 중 한 곳에서 엔지니어로 일하기 시작했다. 1931년 글라브졸로토의 지시에 따라 카자흐스탄으로 이

---

11 항일투쟁에 투신했던 김홍서는 일제의 탄압으로 인하여 1916년 중국으로 망명하였다.

12 Хасенова Ж.О., Репрессии и реабилитация иностранных граждан в Казахстане//https://e history.kz/ru, 2018. 3.

13 Серебровский А.П. НА.Р. а золотом фронте. - М.: Изд-во Академии наук СССР, 1936, p. 33.

동하게 된다. 문서보관소의 자료에 의하면 1932-1933년 게르베르트 김은 '카즈졸로토' 사업소의 광산 스테프냐크에서 엔지니어로 일했다는 것을 알 수 있다. 그의 가족은 아쉽게도 현재는 없어진 스테프냐크의 톨쿠노바 거리에 살았다. 1933-1935년 그는 이르모프스크 광산사무소에서 수석 엔지니어로 일했다. 1935-1936년 그는 바야나울에서 90km 떨어진 파블로다르주에 있는 마이카인스크 금광의 기술자로 일했고, 1936년 졸림베트 광산의 기술 부소장으로 임명되었다.

여기서 당시 게르베르트 김이 일했던 회사의 구조를 잠시 살펴보자. 1932년 11월 4일 카자흐스탄에 인민중공업위원회에 의해 '카즈졸로토'라는 신탁회사가 만들어져, 그 안에 마이카인스크, 제티가린스크와 스테프노이(스테프냐크) 콤비나트 등을 포함시킨다. 카즈졸로토의 종합관리소는 페트로파블로프스크에 두었다가, 이후 슈추린스크(쇼탄)로 이전한다. 신탁회사의 총 관리자는 스테프냐크의 이사를 역임했던 S.P. 쿨리코프가 임명되었고, 소유즈졸로토에서 일한 경험이 있는 A.P. 팀이 수석 엔지니어가 되었다.

카즈졸로토의 스테프노이는 스테프노이와 스탈린스크 두 개의 콤비나트로 나뉘어 있었다.

1 스테프노이: 스테프냐크에 사무실을 두었으며, 게오르기예프스크, 인터내셔널, 이르모프스크, 페르보마이스크, 우스칼마크, 두디 광산으로 구성되었다.
2 스탈린스크: 알렉세예프카에 사무실이 있고, 우준칠리크, 베스토베, 스탈리스크, 졸림베트, 악베이트, 카라울 토베, 타우크 킨, 아지, 추박, 코르준쿨, 부를리 광산으로 구성되었다.

이미 언급했듯이 졸림베트 금광은 1932년 청동기 시대의 고대 광산을 발굴하면서 알려졌다. 졸림베트 광산은 1933년에 다시 가동을 시작했기 때문에 각종 기술장비 및 인력 등이 부족했다. 이 기간은 카자흐스탄에는 소비에트 권력의 정책이 발단이 된 대기근이 있었고, 대초원에서 많은 사람들이 산업 시설이 있는 지역으로 피할 수밖에 없었다. 대기근에서 살아남은 사람들에 따르면 '땅굴 도시'라고 부를 정도로 교외지역, 광산 근처에 굴을 파고 살았다. 졸림베트에는 이런 빈민가 동네가 있었고 필자의 누나는 1938년 초에 그곳에서 태어났다.

카자흐인으로 이루어진 광산 노동자들은 곡괭이와 삽으로 단단한 바위를 파내어 이를 양동이에 담아 지상으로 올렸다. 우리는 이미 1930년대 소련이 엔지니어와 노동자들의 힘들고 위험한 노력에 힘입어 세계 2위의 금 생산국가가 되었다는 것을 알고 있다. 그러나 채굴 계획량은 매년 늘어났고, 이것이 어려워지자 전체주의 국가가 늘 그렇듯 반동세력을 만들어내기 시작한다. 미국의 주요 대학 졸업생이자 중국 국적을 갖고 있는 게르베르트 김의 카자흐스탄 체류는 당시로서는 어찌 보면 말이 안 되는 상황이었다. '인민의 적'을 찾기 위해 혈안이 되어 있던 사람들에게 그는 좋은 먹잇감일 수밖에 없었다. 필자의 부친을 포함한 많은 사람들과 함께 게르베르트 김은 NKVD의 가혹한 재판을 받게 되었다.

게르베르트 김은 1937년 11월 1일 카자흐스탄 북부에서 NKVD에 의해 체포되었다. 그는 러시아 연방 형법 제 58조 6항, 8항, 9항, 11항에 따른 범죄 혐의로 기소되었다. 1937년 11월 1일의 구속조치에 대한 문서를 보면,

"김 게르베르트, 징산후는 간첩, 사보타주 및 테러 임무로 일본 정보국의 지시에 의해 소련 영토에 도착하여 카즈졸로토 사무소에 존재하는 반혁

명, 트로츠키주의들의 사보타주 조직에 들어감. 테러 작업을 하고, 비밀 정보를 일본 정보국에 전달, 사보타주 작업을 수행하고, 산업 시설을 은폐하고, 당과 정부 지도자에 대한 테러를 수행하기 위해 테러 단체를 만들었음."14

으로 기록되어 있다.

　게르베르트 김의 개인적인 자료들을 분석하다 보면 소련에 만연했던 국가적 행위의 방식을 알 수 있다. NKVD는 게르베르트 김이 글라브졸로토와의 계약을 통해 소련에 입국한 것도 잘 알고 있었다. 그런데 A.P. 세레브로프스키 등이 이끄는 글라브졸로토의 모든 경영진을 동시에 체포함으로써 게르베르트 김에게 간첩혐의를 뒤집어 씌우는 것이 어렵지 않게 되었던 것이다. 1938년 11월 10일 대법원은 게르베르트 김에 대해 유죄 판결을 내리고, 재산을 몰수하고, 사형을 언도했다(SGA IAC MIA RK F.6. D.3728 게르베르트 김의 혐의에 대한 사건, l. 9-9 ob). 1938년 11월 14일 항소가 이루어졌고, 징역 25년으로 감형되었다. 어떤 이유로 감형되었는지는 지금도 알 수 없지만, 아마도 당시 중국에 살았던 그의 아버지가 중국 공산당을 통해 어떻게 든 스탈린에게 연락을 취하지 않았을까 추측해 볼 수 있다.

　게르베르트 김이 수형생활을 한 수용소의 지리적 범위를 보면 놀라움을 금치 못한다. 1938년부터 1942년까지 그는 쿠이비세프 노동교화소, 도네츠크 노동교화소, 우흐트페츨라그, 코틀라스, 기타 우랄지역 광산, 크라스노야르스크의 노릴라그, 바슈키르스탄의 노동교화소, 아프카니스탄 국경지대에 있는 힌두쿠시 노동교화소, 토볼스크, 아르한겔스크 노동교화소,

---

14　Хасенова Ж.О., op. cit.

바르쿠트, 무르만스크, 솔로브카, 브트리야크, 루비안카 등 거의 소련 지역의 수용소를 망라한다. 아마도 게르베르트 김은 소련의 여러 광산에서 엔지니어로 수형생활을 했을 것이다. 이렇게 고단한 나날 속에서도 그는 톨스토이의 '전쟁과 평화'를 읽고 싶어 했고, 바깥세상 이야기가 담겨있는 신문 구독을 요청하는 등 인간으로서 지켜야 할 존엄성을 위해 노력했다는 것은 놀라운 사실이다.

　게르베르트 김에게 신비로울 정도의 행운이 따랐다. 25년의 투옥 기간을 채우지 않고 5년(1937년 11월-1942년 5월)의 수용 생활 후 석방된 것이다. 그의 석방에 기여한 것은 아마도 세계 제2차 대전이 진행되면서, 미국이 소련을 돕기 시작했고, 그 대가로 소련에 억류된 외국인들에 대한 완화 정책이 시행되었기 때문일 것이다. 아울러 그의 아내 폴린 김이 미국 정부를 통해 별도로 청원한 것으로 알려져 있으며, 1940년 대한민국임시정부의 요인이던 아버지의 요청도 있었을 것이다. 결국 1942년 5월 27일 NKVD는 그를 석방하고, 여행에 필요한 소액의 경비를 제공했으며, 여권을 돌려주고 중국 중경으로 보냈다.

　1942년부터 1946년까지 게르베르트 김은 중국에서 일하다가 고국인 대한민국으로 돌아온다. 그는 대한중석에서 광업부장과 기술지원부장으로 일했다. 모든 것이 순조롭게 진행되던 1950년 6월 한국전쟁이 발발했고, 이는 게르베르트 김과 그의 가족에게 치명적인 결과를 가져다준다. 딸이 태어나기 넉 달 전인 6월 30일 게르베르트는 이복동생 김건영과 함께 북한군에 의해 납북되었다. 현재까지 그가 북한 땅에서 어떻게 되었는지, 유골이 어디에 묻혔는지는 알려지지 않았다.

　이렇게 그의 일생과 사리-아르카에서 있었던 이야기는 끝을 맺는다. 카자흐스탄을 찾아왔던 게르베르트 김의 딸 김재원의 노력 덕분에 우리는 여기에 밝힌 모든 이야기에 관심을 갖게 되었다. 졸림베트에 있는 학교 박물관에서 게르베르트 김을 기리는 특별 전시회가 열렸고, 슈친스크의 고등기술대학박물관에 그의 논문이 기증되었다. 페트로파블롭스크에 있는 1930년대 소비에트 정권에 의해 탄압을 받은 사람들을 기리는 희생자 탑에 게르베르트 김의 이름이 새겨졌다.

사라-아르카의 영광스러운 아들 중 한 명인 게르베르트 김의 유골에 전능하신 하느님께서 안식을 주시기를, 그리고 하늘이 그의 안식처가 되기를!

번역 : 이건욱

카자흐스탄의 외국인 억압과 복권

카세노바 하지라 오랄베코브나Kassenova Zhazira Oralbekovna |
카자흐스탄 국립 구밀료프 유라시아 대학교 박사연구원

소련의 역사는 여전히 연구자들을 다양한 함정과 비밀로, 그리고 폐쇄적이고 불확실한 기록 보관소로 내몬다. 동시에 이 모든 것에도 불구하고, 그들은 그 국가의 역사 문제에 '뛰어들기'를 택하여, 연구 경험을 통해 축적된 새로운 사고 방식을 수용하고 과거의 다양한 현상에 대한 객관적인 평가를 제공하고 있다.

학계의 관심이 필요한 제반 문제 중 하나는 카자흐스탄에서의 외국인에 대한 탄압과 복권문제이다. 대大테러의 이론과 방법론에 대한 연구는 볼셰비키 당의 이데올로기가 국적에 관계없이 인간 생명의 존엄성에 대한 이해부족이라는 믿을만한 근거를 제공한다. 스탈린주의에 의한 탄압이 있었던 기간에 카자흐스탄은 거대한 강제수용소로 변했고, 그곳에서 58조(정치법) 위반으로 유죄 판결을 받은 수많은 사람들이 형을 살았다. 당국의 정치에 공개적으로 반대하는 사람들뿐만 아니라, '인민의 적'의 가족 구성원을 포함하여 잠재적인 위험계층인 소위 '계급 외계인'과 '사회적 위험요소'로 간주되는 사람들이 억압되었다.[01] 이는 카자흐스탄 내무부 아카이브에 소장되어 있는 게르베르트 김Герберт Ким 형사사건 파일 분석에 의해서도 입증된다.[02]

---

[01] Zhemkova E., Roginski A. Between Sympathy and Indifference - Rehabilitation of the Victims of Soviet Repressions // Proceedings of the International Conference "After Dictatorships: Working with the Victims in Europe" (Hannah Arendt Institute on the Study of Totalitarian Regimes, Dresden, June 27-29, 2013), p. 1.

2018년 여름, 인천가톨릭대학교 조형예술대학 전 학장 김재원 교수와 국방대학교 국제정치학 명예교수 이숭희 부부가 아스타나를 방문했다. 그들은 생전에 만나보지 못한 김재원의 아버지, 게르베르트 김에 대한 정보를 찾기 위해(김재원이 태어나기 전인 1950년 6월 서울에서 북한군에 납북) 카자흐스탄의 수도로 향했던 것이다. 아버지에 대한 정보를 찾는 과정에서 인디애나 주립대학의 쿠로미야 교수를 통하여 알게 된 L. N. 구밀레프 국립대학교의 아르튁바예브Dr. Zh. O. Artykbayev 역사학 교수의 도움을 받았다. 2017년, 아르튁바예브는 스탈린 시대의 혹독한 시련을 겪은 그의 아버지에 관한 책『아버지 오마르와 그의 시대에 대하여』를 출간했다. 안타깝게도 그는 자신의 복권을 보지 못했지만(1989년에 복권) 평생을 조국과 가족을 위해 정직하게 헌신했다. 일간신문『중앙 카자흐스탄』은 그의 아버지에게 헌정된 아르튁바예브와의 인터뷰를 게재했으며, 여기에는 게르베르트 김의 이름도 언급되었다. 김재원과 이숭희 부부는 저자의 연락처를 찾았고, 그 덕분에 아스타나에서 그를 만날 수 있었다. 게르베르트 김의 과거사를 복원하는 데 귀중한 도움을 준 카자흐스탄 공화국 내무부 특별 국가 기록 보관소장 D. 알리 키지는 포괄적인 지원을 제공했다.

우리의 한국 동료들은 카자흐스탄 공화국 내무부 특별 국가 기록 보관소에서 자료의 원본을 찾을 수 있었다.

대테러 당시 카자흐스탄 영토에서 체포된 게르베르트 김 사건은 매우 드물게 개인적인 정보를 담고 있을 뿐만 아니라, 전체주의 정권의 수립시기뿐만 아니라, 스탈린의 숙청과 탄압의 형태와 실행을 추적할 수 있기 때

---

02 Special State Archive of the Information and Analytical Center of the Ministry of Internal Affairs of the RK. F. 6. V. 1. C. 3728. The case of the accusation of Kim Herbert.

문에 우리의 관심을 끌었다.

징장후라고도 불리는 게르베르트 김(김건후)은 1904년에 평안남도 강서군 함종면의 한 가정에서 태어났다. 그는 강서 사광보통학교 교감이었던 김홍서(1886-1959)의 장남이다. 1910년 일본이 한국을 병합한 후 한국에서는 저항운동이 일어났고 이후 몇 년 동안 최고조에 달했다. 그러나 이 저항운동은 이후 탄압을 받았고, 한국의 지도자들은 중국으로 피신해야 했다. 항일운동에 앞장섰던 김홍서는 결국 1916년 중국으로 망명길에 올랐고, 가족도 그의 뒤를 따랐다. 징장후는 1918년부터 1923년까지, 중국에서 남경의 금릉대학 부속중학교를 졸업하고 금릉대학에 진학하였다. 칭치엔허(아카이브 파일에는 징장후로 기록됨)라는 이름으로 중국 시민권을 취득했다.

1923년 10월 징장후는 허버트 김Herbert Kim이라는 새 이름으로 미국 유학을 시작하였다.

그는 사우스다코타에 있는 사립 휴런 장로교 대학에서 '기초 과학' 프로그램을 선택해 공부했다. 1924년 허버트 김은 콜로라도 광산대학에 입학하여 1928년 5월에 졸업하고 '광산엔지니어' 자격을 취득했다. 1928년 허버트 김은 뉴욕의 컬럼비아 대학교에 입학하여 공부하면서 뉴욕대NYU의 청년 기독교 협회YMCA 사무실에서 간사로 일했다. 그는 1930년 4월 8일 뉴욕에서 유대인인 교사 폴린 립만Pauline Liebman(1908년생)과 결혼했고, 같은 해 뉴욕 컬럼비아대학교 야금공학과 졸업장을 받았다.[03]

미국에서 우수한 기술 교육을 받은 허버트 김은 모국어인 한국어 외에

---

03 Special State Archive of the Information and Analytical Center of the Ministry of Internal Affairs of the RK. F. 6. V. 1. C. 3728. The case of the accusation of Kim Herbert. Application, p. 15.

도 중국어, 영어, 일본어, 러시아어에 능통했다.⁰⁴ 우리는 그가 젊은 전문가의 유망한 미래를 믿고 있었다고 가정해 본다. 허버트 김의 전문적 활동의 시작은 소련의 산업화가 시작되고 스탈린의 개인 권력 체제가 강화되는 시기와 일치한다는 점에 유의해야 한다. 카자흐스탄을 포함한 소련은 1920년대 후반과 1930년대 초반에 산업화에 착수하여 금광 산업 개발을 계획하면서 공인된 전문 기술 인력이 필요했다. 다른 산업과 마찬가지로 1920, 30년대 소련 금광 산업의 지위는 국가 정책에 의해 형성된 복잡한 개발 조건에 따라 결정되었다. 1928년 스탈린은 '글라브졸로토'(소련 최고 경제위원회의 비철금속, 금, 백금 담당국)의 책임자로 A.P. 세레브로프스키A. P. Serebrovski를 국장으로 임명했다.⁰⁵

세레브로프스키는 미국의 높은 수준의 기술 전문 지식을 배우면서 활동을 시작했고, 기존 교육 기관과 연계하여 필요한 인력을 양성했다. "스탈린 동지는 나에게 미국으로 가서 캘리포니아, 콜로라도, 알래스카에 있는 가장 선진적인 광산을 방문하라고 했다."⁰⁶ "스탈린의 직접적인 지시에 따라 그는 1927년과 1930년 두 차례 미국을 방문하여 금이 매장된 모든 지역을 조사하고 많은 광산을 방문했다."⁰⁷ '황금' 전문가 양성을 매우 중요하게 생각한 세레브로프스키는 미국의 많은 교육 기관을 방문했다.

---

04 Special State Archive of the Information and Analytical Center of the Ministry of Internal Affairs of the RK. F. 6. V. 1. C. 3728. The case of the accusation of Kim Herbert. Personal file of prisoner №. 6224, p. 43.
05 Serebrovski A.P. On the golden front. - M.: Publishing House of the Academy of Sciences of the USSR, 1936, p. 50.
06 Ibid., p. 18.
07 Ibid., p. 33.

콜로라도에서는 콜로라도 광산 학교를 답사했고 캘리포니아에서는 스탠포드 대학을 방문했다.[08]

이 무렵 젊은 전문가였던 광산 엔지니어 허버트 김은 미국 광산에서 엔지니어로서의 지식과 기술을 시험할 시간을 이미 가졌었다.

1924-1928년 여름마다 사우스다코타주 리드에 있는 홈스테이크 금광에서 일했다. 1928-1930년에는 암토르그 무역회사를 통해 뉴욕의 광산 장비 회사에서 엔지니어로 일했다.[09]

1924년 뉴욕에 암토르그Amtorg Trading Corporation가 설립되었다는 점은 주목할 만하다. 1933년 미국이 소련을 공식 외교 대상으로 인정한 후에야 프랭클린 델라노 루즈벨트 대통령에 의해서 미국 주재 소련 대사관이 문을 열었기 때문에, 그 이전 시기에 암토르그는 특히 중요했다. 모스크바에는 암토르그의 대표 사무소인 "소브암토르그Sovamtorg"가 있었다. 대부분 소련 정부를 외교적으로 인정하지 않았고, 공식적인 수준에서 무역 및 경제 관계를 발전시키려 하지 않았다. 소련 무역 산업 조직 및 부서와 무역 및 경제 관계를 수립하는 데 관심이 있는 미국 민간 기업을 방해하지 않으려는 미국 정부의 공식적인 입장으로 인해 암토르그의 설립 및 후속 작업이 가능해졌다.

---

08 Ibid., p. 114.
09 Special State Archive of the Information and Analytical Center of the Ministry of Internal Affairs of the RK. F. 6. V. 1. C. 3728. The case of the accusation of Kim Herbert. Personal file of prisoner № 6224, p. 43.

대공황 기간 동안 암토르그는 소련의 다양한 산업 분야에서 약 12,000개의 일자리를 발표했다. 미국 정기 간행물에는 다음과 같은 광고가 실렸다.

> 지식인 …, 전문성을 가진 남녀… 세계 최고의 실험이 수행되는 국가로 초대됩니다.[10]

미국 당국이 발행한 법률과 지침에 따라 무역 및 경제 문제를 다루는 소련 관리들이 특별한 제약없이 미국에 도착하고 체류할 수 있었다. 결과적으로 미국 민간 기업가와 전문가들은 소련 당국과의 어려움에 대해 미국 정부가 책임지지 않는 상황에서, 어떠한 지원도 제공할 수 없다는 전제하에 소련으로 여행하고 그곳에 거주할 수 있었다.

요컨대, 이 미국 법조항에 따라 허버트 김은 소련의 금광 산업에서 일할 수 있었다. 그러나 허버트 김이 소련에서 일하고 싶다는 의사를 직접 표명했는지, 아니면 미국 방문 중이었던 세레브로프스키의 초대를 받았는지 여부는 아직 완전히 알려지지 않았다. 아마도 그 결과는 달랐을 것이다. 아카이브 참조자료 NO.11815에 따르면 암토르그 트레이딩 코퍼레이션과 'Glavzoloto'의 계약에 따라 광부 게르베르트 김은 1930년 8월(1930-1931)부터 미누신스크 광산 부서에 속한 한 광산에서 엔지니어로 일하기 시작했으며, 그곳에 아내와 함께 도착했다.[11] 그는 1931년 12월 5일 모스크바 방향으로 이동하여, 카자흐스탄에서 '카졸로토' 광산 신탁의 '스텝냐' 광산에서 엔지

---

10 Electronic resource]. URL: https://ru.wikipedia.org/wiki/Amtorg_Trading_Corporation. (Date of the application 13.09.2017).

11 Archival record of the Information and Analytical Center of the Ministry of Internal Affairs of the RK of July 10, 2017. No. 19-5-82-19-3808, p. 43.

니어로 일하기 시작했다. 그 후 2년간(1933-1935) 게르베르트 김은 이르모프스크 광산 부서의 수석 엔지니어로 일했고(1934년 1월 1일 아들 김득원-로버트-이 이곳에서 출생), 1935-1936년에는 마이카인스키 광산 부서의 차장으로 일했다. 1936년 그는 졸림베트 광산 기술 부소장으로 임명되었다".[12]

졸림베트 금광은 1932년 탐사대 책임자 N.P. 칼리 킨과 현지인 나우 샨니야 조프 (그는 같은 해 가을 졸림베트 광산에서 체포되었다는 점에 유의해야 한다)에 의해 발견되었기 때문에 광산에서 일하기는 아직 매우 어려웠다.[13]

광산 자체는 1933년에 가동되기 시작했다.[14] 광산의 부실한 기술 장비로 인해 '카졸로토' 광산 신탁에 의해 졸림베트 광산에 할당된 작업량에 도달하지 못했다. 금광 광부들은 곡괭이와 삽으로 바위를 자르고, 나무 양동이로 바위를 들어 올렸다. 작업은 힘들 뿐만 아니라 위험하기도 했다. 광석을 찾기 위해 파낸 구덩이는 종종 무너졌다. 따라서 "1937년 여름까지 40개의 광산 작업장 중 3 개만이 운영되었다."[15]

1936-1937년 소련은 금 생산량에서 세계 2위를 차지했다. 그러나 원래의 계획은 더 인상적이었다. 이는 두 번째 5개년 계획의 프로그램에서 금 채굴을 위한 '스탈린주의 금 할당'이 '좌절'되었음을 의미한다. 따라서 1938년 겨울에 '글라브졸로토' 자산 회의에서 중공업 인민위원회 위원장 카가노

---

12 Special State Archive of the Information and Analytical Center of the Ministry of Internal Affairs of the RK. F. 6. V. 1. C. 3728. The case of the accusation of Kim Herbert, pp. 43-44.
13 Special State Archive of the Information and Analytical Center of the Ministry of Internal Affairs of the RK F. 6. C. 761. The case of Niyazov and others in three volumes.
14 Passport of the Zholymbet mine (installed at the entrance to the mine building).
15 Special State Archive of the Information and Analytical Center of the Ministry of Internal Affairs of the RK F. 6. C. 761. The case of Niyazov and others in three volumes.

비치L. M. Kaganovich의 결론은 다음과 같았다.

> 할당량 미달사태는 금광 산업이 그렇게 어려운 상황에 빠졌다는 사실을 말해줍니다.[16]

생산량 증가율이 충분하지 않은 진짜 이유는 새로운 장비의 개발과 합리적인 사용에 대한 어려움을 포함하여 생산과정의 낮은 기술 수준 때문이었다.

게르베르트 김이 카자흐스탄 영토에 머물렀던 시기는 대숙청의 와중에서 '인민의 적'을 찾는 캠페인과 맞물려 있었다. 정치적 탄압의 희생자 중에는 가장 문맹률이 낮고 재능이 뛰어나며 활동적인 대표적 국가 지식인층이 들어있었다. 희생자들은 또한 외국인들이었다. 게르베르트 김은 NKVD(내무부 인민위원회) 수용소 취조의 가혹한 단계를 거쳐 건강을 잃고 만성 기관지염, 치질, 림프절염에 걸리고 가족(가족 상봉이 이루어지지 않음), 직장 및 생명권을 잃은 사람들 중 한 명이었다.[17] 중화민국 국적의 조선족인 "볼세비키 전연합공산당 VKP(b) 당원이 당원 서류 확인 시 제외된", 졸림베트 광산 기술 부소장 게르베르트 김이 1937년 11월 1일 카자흐스탄 북방보안국 NKVD 지역부에 의해 체포되었다.[18] 그는 소련 형법 제 58조 6, 8, 9, 11항을

---

16 Electronic resource]. URL: http://statehistory.ru/5495/Istoriya-zolotodobychi-v-SSSR. (Date of the application 13.09.2017).

17 Special State Archive of the Information and Analytical Center of the Ministry of Internal Affairs of the RK. F. 6. V. 1. C. 3728. The case of the accusation of Kim Herbert. Application, p. 80 and p. 105.

18 Special State Archive of the Information and Analytical Center of the Ministry of Internal Affairs of the RK. F. 6. V. 1. C. 3728. The case of the accusation of Kim Herbert, p. 2.

위반한 정치범으로 기소되었다. 1937년 11월 1일의 '구속 조치의 차출에 관한 법령'에는 다음과 같이 명시되어 있다.

> 징장후이기도 한 김 게르베르트는 일본 비밀경호국의 간첩-방해 및 테러 임무와 함께 암토르그와의 계약에 따라 소련 영토에 도착했다. '카졸로토' 광산 신탁에 존재하는 반혁명 트로츠키 간첩-방첩-파괴 조직에 들어가 간첩, 파괴 및 테러 작업을 수행하고, 일본 정보국에 비밀 정보를 보내고, 기업에서 부서의 운영을 무력화하고, 파괴 작업을 수행하고, 산업 물체를 숨기고, 당과 정부 지도자에 대한 테러 단체를 설립했다.[19]

1938년 11월 9일자 기소장에는 다음과 같이 적혀 있다.

> 1930년 뉴욕에서 일본 영사 다나카가 암토르그를 통해 소련에 파견될 전문 광부로서 간첩과 사보타주를 위해 모집하였다.

'카졸로토' 광산 신탁에서 그는 1933년 신탁의 전 최고 엔지니어인 스트루흐코프Struchkov의 반혁명 트로츠키주의 조직에 참여했으며, 체포 당일까지 그는 적극적인 반혁명 파괴 작업을 수행했다.

일본-독일 정보 요원과 '카졸로토' 광산 신탁의 반혁명 조직의 지시에 따라 그는 방해 행위와 간첩 활동을 위해 31명을 끌어 들이고 반혁명 민족주의 단체를 설립하고 방해 행위를 수행했다.

그는 일본 정보 장교와 직접적인 관계를 맺었으며, '글라브졸로토'의

---

19 Ibid., p. 2.

미국인 컨설팅 엔지니어인 리틀페이지와도 친분이 있어 그에게서 임무를 받아 일본 정보를 위한 비밀 자료를 보냈다.

반혁명적 트로츠키주의 사보타주 조직의 일원으로서 그는 다음과 같은 체계적인 사보타주 작업을 수행했다.

a) 이르모브카, 메이카인, 졸림베트 광산의 기계화 지연;

b) 자본 감가 상각과 황금 기둥 보존을 목적으로 미개척 광맥에서 굴착 및 채굴;

c) 금 함량이 낮고 금 가격이 상승한 광산을 프로그램에 포함시킴으로써 금 채굴 프로그램을 과소평가하는 행위;

d) 사고를 유발하고 금 채굴을 지연시키기 위해 광산 붕괴를 통해 방해 행위를 저지르는 행위;

e) 노동자들의 불만을 불러일으키기 위해 견딜 수 없을 정도로 가혹한 생활 환경을 조성하는 행위"[20]

이상의 조작된 혐의 외에도 그는 암토르그에 의해 소련에 대한 간첩, 방해 공작 혐의로 기소되었다.[21] 미국에 정식으로 소련 외교 공관이 개설되기 전인 1924-1933년에 암토르그는 실제로 대사관과 무역 공관의 업무를 담당했던 것으로 알려져 있다. 스탈린의 비서였던 보리스 바자노프와 KGB 제1부위원장 필립 밥코프에 따르면 암토르그는 코민테른과 OGPU(통일국가정치국)의 지하 활동의 주요 거점이기도 했다. 연방 관리들은 암토르그를

---

20 Ibid., pp. 3-7.
21 Ibid., pp. 17-18.

'소련 스파이 활동의 교두보'이자 미국에서 가장 오래된 소련 정보기관이라고 불렀다.[22] 위에서 언급했듯이 1937-1938년은 금광 산업 직원들이 큰 고통을 겪었던, '인민의 적'을 근절하기위한 캠페인으로 각인되었다. 국가 보안 기관은 허버트 김이 암토르그와의 '글라브졸로토' 계약에 따라 소련에 도착했다는 사실을 잘 알고 있었다. 따라서 소련에서 암토르그가 모집한 스파이에 대한 원칙적 비난을 구축하는 것은 어렵지 않았다. 동시에 세레브로프스키가 이끄는 '글라브졸로토'의 지도부가 체포되었다. '산적' A.P. 세레브로프스키는 특권을 가진 '광부들을 부패시키고' 최고의 편의를 제공한 혐의로 기소되어 금광 사업에 대한 '상업적 접근' 혐의로 체포되었다.[23]

1938년 11월 10일 소련 대법원 군사대학 현장 회의의 군사 재판소는 게르베르트 김에 대한 판결을 내렸고, 그는 유죄 판결을 받고 재산 몰수와 함께 총살이라는 극형을 선고받았다.[24] 여기서 주목해야 할 점은 NKVD 수사관들은 총살형이거나 투옥된 사람들의 유죄에 대한 증거를 전혀 가지고 있지 않은 경우가 많다는 것이다. 소련 검사 A.Y. 비신스키는 탈출구를 찾았고, 그의 부하 검사들에게 명령을 내렸다.

> 법원에 제출할 증거 문서가 충분하지 않은 사건은 소련 국가보안위원회 특별 회의에 보내야 한다.[25] 비신스키는 아마도 증거 없이도 기소할 수 있

---

22 Bobkov F.D. KGB and power. - M.: Publishing house "Veteran MP", 1995, pp. 107-124.
23 Serebrovski A.P. On the golden front. - M.: Publishing House of the Academy of Sciences of the USSR, 1936, p. 420.
24 Special State Archive of the Information and Analytical Center of the Ministry of Internal Affairs of the RK. F. 6. V. 1. C. 3728. The case of the accusation of Kim Herbert, p. 9.
25 Ibid., p. 7.

다는 것을 보여준 최초의 전문 검사 중 한 명일 것이다. 분명히 이 원칙에 따라 비신스키는 1938년 11월 14일 사형을 25년 징역형으로 감형하고 개인적으로 소유한 모든 재산을 몰수하는 형을 제안했을 것이다. 따라서 1938년 11월 14일 소련 대법원 전원합의체의 결정에 따라 최고형인 사형이 25년 징역형과 재산 몰수로 대체되었다.[26]

는 판결이 내려졌다.

수용소 생활이 시작되었다. 1938년부터 1942년까지 게르베르트 김은 일련의 구금 장소를 거쳤다.

쿠이비셰브 ITL(노동 수용소), 도네츠크 ITL, 우트크페호라그, 코틀라스 및 기타 우랄 광산, 크라스 노야르스크 크라이의 노릴 라그, 바쉬 코르토스탄 ITL, 힌두 쿠시 ITL, 아프가니스탄 국경, 토볼스크, 아르한겔스크 ITL, 보르쿠타, 무르만스크, 솔로브키, 부튀르카 및 루비안카의 산기슭. 유죄 판결을 받은 게르베르트 김의 수용소가 자주 바뀌는 것에 많은 의문이 야기된다. 아마도 이런 방식으로 그는 형을 선고받았을 뿐만 아니라, 당국이 광산 엔지니어 및 야금 엔지니어의 전문 지식과 기술의 잠재력을 사용했다는 것으로 설명될 수 있을 것이다. (그렇지 않다면) 호송대가 배치된 전차로 한 수용소에서 다른 수용소로 게르베르트 김을 수송하라는 명령을 이해할 수 없다. 다른 죄수들과 격리되어야 하는 죄수 게르베르트 김 (징장후)은⋯.[27]

---

[26] Special State Archive of the Information and Analytical Center of the Ministry of Internal Affairs of the RK. F. 6. V. 1. C. 3728. The case of the accusation of Kim Herbert. Conclusion on the archival criminal case No. 3592.

그를 전차에 혼자 태웠다.

지식인이 어떤 조건에서도 자기 개발에 계속 정진하고 있다는 사실은 관심과 존경을 받을 가치가 있다. 수용소에 있던 게르베르트 김은 세상에서 일어나는 일에 계속 관심을 가졌고, 예술 작품을 읽었다. 1939년 9월 그는 교도소 당국에 신문 *Leningradskaya Pravda*를 구독할 수 있도록 요청했고, 1941년 9월에는 L.N. 톨스토이의 소설 『전쟁과 평화』를 요청했다.[28] 이러한 사실들은 그의 높은 지적 교양을 보여준다.

운명은 40년대 초 게르베르트 김에게 친절했다. 운좋게도 그는 25년이 아닌 약 5년(1937년 11월-1942년 6월)을 감옥에서 복역했다. 1940년 초, 그의 아버지 김홍서(당시 한국 임시정부 요인)는 주중 러시아 대사와 러시아 주재 중국 대사 소력자邵力子 등 최고위급 외교관들에게 아들을 구해달라고 호소했다. 폴린 립만도 러시아 주재 중국 대사관에 남편을 석방해달라고 청원했던 것은 의심의 여지가 없다. 이 형사 사건의 기록자료에는 게르베르트 김 석방 결정에 대한 구체적인 정보가 없다. 알려진 것은 그가 중국 여권을 신속하게 반환받았다는 것이다(극히 드문 경우이다). "중국 여권은 중국 시민 김 게르베르트의 소유이며 1942년 5월 27일 소유자에게 전달되었다"[29] 및 "1942년 5월 16일 소련 NKVD NO. 8/6505의 제1 특별 부서의 지침에 따라 구금에서 석방된 김 게르베르트(징장후)에게 638루블을 지불

---

27 Special State Archive of the Information and Analytical Center of the Ministry of Internal Affairs of the RK. F. 6. V. 1. C. 3728. The case of the accusation of Kim Herbert, p. 74.

28 Special State Archive of the Information and Analytical Center of the Ministry of Internal Affairs of the RK. F. 6. V. 1. C. 3728. The case of the accusation of Kim Herbert. Personal file of prisoner №. 6224, pp. 29, and 100.

29 Ibid., p. 1.

하도록 요청한다."³⁰ 그리하여 긴급하게 "1942년 5월 27일 그는, 1942년 3월 26일 소련 대법원 전원 회의 결정에 따라 구금에서 석방되었으며, 이에 따라 투옥이 소련에서 추방으로 대체되었다."³¹ 중국인 김 게르베르트는 중국(중경)으로 보내졌다.

소련 감옥에서 석방될 수 있도록 도와준 중국 정부에 대한 감사의 표시로 1942-1946년 게르베르트 김은 중국 정부를 위해 감숙성의 주도인 난주시의 광산 개발에 참여했고, 기적적으로 만기 출옥(1952년 만기)을 면했다.

1946년 여름, 그는 고국인 한국으로 돌아왔다. 이곳에서 그는 대한중석의 광업부장과 기술고문으로 임명되었다. 미소공동위원회에 대한 그의 데이터 분석은 이 직책에서 매우 중요했다. 게르베르트 김의 딸 김재원에 따르면, 1948년 10월 그는 미국 위스콘신주로 출장을 떠났고, 당시 최대 산업기기 제조업체였던 '앨리스-찰머스'사로부터 대한중석에 필요한 장비를 구입했다. 이를 계기로 그는 미국에서 아내와 아들을 재회했다.

1938년 11월 1일, 폴린과 로버트는 게르베르트를 석방시키려는 헛된 시도 끝에 뉴욕으로 돌아와야 했다. 이것은 1940년 가을 부르티카 감방, NO.48 수색 과정에서 게르베르트 김이 가슴에 숨기고 있었던 폴린으로부터의 편지(영어)가 발견되어 밝혀진 사실이다.³² 또한 그녀가 모스크바의 중국 대사관에 이 편지를 그에게 전해달라고 요청했다고 보고하고 있다. 편지에는 그들의 아들 로버트가 학교에 다니고 있고, 러시아어와 아버지를 기억하지 못한다고 전한다. 폴린 자신은 이제 학교 교사가 아니라 의료 종사자라는 새로운 자격증을 받아 일하고 있으며, 가장 중요한 것은 남편의

---

30 Ibid., p. 6.
31 Ibid., p. I. 9.
32 Ibid., p. 73.

건강에 대한 걱정이라고 밝히고 있다.

그러나 1948년 게르베르트 김은 폴린과 이혼에 동의해야 했다. 결혼은 여러 가지 이유로 깨졌다. 폴린은 게르베르트와 함께 한국으로 가는 것에 동의하지 않았다. 미국 시민권을 잃고 싶지 않았고, 체포와 박해의 기억이 그녀의 기억 속에 깊이 남아 있었기 때문이다. 그는 미국에 남아 있고 싶지 않았다. 그는 고국으로 돌아와 동포들을 위해 적극적으로 일하기 시작했다.

1년 후인 1949년 11월 15일, 게르베르트 김은 이화여대 교수였던 정정식과 결혼했다.

불행히도 행운은 다시 게르베르트 김에게서 멀어졌다. 1950년 6월, 갑자기 시작된 한국전쟁은 그와 그의 가족에게 치명적이었다. 딸이 태어나기 넉 달 전인 6월 30일, 그는 아버지와 이복 동생 김건영과 함께 북한군에 의해 납북되었다. 그의 아버지는 3일 후 집으로 돌아왔지만 아들들에 대한 소식을 전혀 듣지 못했다. 지금까지 한국에서 그에게 무슨 일이 일어났는지, 어디에 묻혔는지, 고도로 전문적인 대가의 잠재력을 실현할 운명이 아니었던 그의 삶이 어떻게 끝났는지 알려지지 않았다. 따라서 납북이후 게르베르트 김의 '흔적'을 찾는 것은 중요한 다음 과제이다.

스탈린이 사망 한 후, 억압을 비난하고 피해자를 복권하는 정책과 관련된 "미래를 향한 변화의 숨결"이 소련에서 느껴지기 시작했다. 그러나 '해빙' 과정이 시작되었음에도 불구하고 게르베르트 김의 복권은 수십 년 동안 지연되었다. 소련 정권은 그의 사건을 서두르지 않았다. 많은 사람들이 이미 1950년대와 1960년대에 무죄 판결을 받았지만 그의 사건은 고려되지 않았다. 이 경우에는 게르베르트 김이 복권을 신청했는지 여부, 감독 당국이 소련 시대에 그의 사건을 고려했는지 여부에 대한 정보가 없다. 1969년 1월 2

일 쿠이비셰프에 게르베르트 김의 기록 및 수사 파일을 검색해달라는 요청이 있었다는 것만 알려져 있을 뿐이다. 1969년 1월 15일에 "김 게르베르트에 대한 기록-조사 파일은 카자흐스탄 소비에트 연방 각료회의 산하 트셀리노그라드 UKGB에 있다"는 답변이 전해졌다.[33]

1999년 6월 7일, 게르베르트 김에 대한 결론이 발표되었다.

> 형사 사건의 자료를 보면, 게르베르트 김(징장후)에게 제기된 혐의 중 어느 하나도 예비 조사에서 입증되지 않은 것으로 보인다. 그에 대한 고발은 게르베르트 김이 체포된 후 사건에서 심문하지 않은 '자백'과 증언에 근거한 것이다 … 이 사건에서 그가 스파이, 테러 행위 준비 및 실행, 사보타주에 연관될 수 있었던 증거는 없다.
>
> 형사 사건의 자료를 연구한 결과, 게르베르트 김(징장후)의 유죄는 입증되지 않았으며, 그에 대한 탄압은 정치적 동기에 의한 불합리한 것으로 간주되어야 한다.
>
> 위와 같은 점을 고려할 때, 1993년 4월 14일 "대규모 정치 탄압 피해자의 복권에 관한" 카자흐스탄 공화국 법률 제5조 가항과 1997년 7월 22일 "대규모 정치 탄압 피해자의 복권에 관한" 카자흐스탄 공화국 법률 개정안에 근거하여 김 게르베르트(징장후)은 복권대상이며 복권받은 것으로 간주되어야 한다.

---

33 Special State Archive of the Information and Analytical Center of the Ministry of Internal Affairs of the RK. F. 6. V. 1. C. 3728. The case of the accusation of Kim Herbert. Application, p. 106.

고 결론 내려졌다.[34]

따라서 복권을 위한 긴 여정, 즉 게르베르트 김의 복권은 독립 이후 기간에 이루어졌다. 소련의 정치적 테러는 게르베르트 김의 삶과 관련하여 그 핵심적 특징을 충분히 드러냈다. 테러의 엄청난 규모는 지리적, 양적 특성과 소련 시민뿐만 아니라 외국인의 후속 세대에 대한 직간접적인 영향 등을 볼 때 놀랍다. 물론 "모든 테러 캠페인은 최고 정당 기관인 VKP 중앙위원회 정치국(b)인 CPSU 중앙위원회의 엄격한 통제 하에 중앙 집중화되어 시작되고 수행되었다. 따라서 이것은 우리에게 대량 테러의 초법적 성격에 대한 사실을 진술할 이유를 제공한다. 허위 고발, 육체적 고문을 포함한 체포자에 대한 부당한 처우로 입증되었으며, 범죄 혐의에 대한 자백을 얻기 위해 사용되었고, 비 법원 및 (반헌법적) 초 사법 기관에서 체포된 사람의 압도적 다수를 선고하는 경우가 많았다. 별도의 테러 캠페인(트로이카, NKVD 위원회, 소련 검사 등)을 비사법 당국에 의한 결석 재판, 한마디로 수감자의 권리에 대한 완전한 침해로 고통받았던" 소련 탄압의 희생자들에 대한 역사적 기억은 공정하게 복원되어야 한다.[35] 이는 우리에게, 미래 세대의 인류에게 밝은 미래를 희망할 권리를 부여한다.

'게르베르트 김 사건'에 대한 분석을 통해 우리는 소련 시민뿐만 아니

---

34 Special State Archive of the Information and Analytical Center of the Ministry of Internal Affairs of the RK. F. 6. V. 1. C. 3728. The case of the accusation of Kim Herbert. Conclusion on the archival criminal case No. 3592.

35 Zhemkova E., Roginski A. Between Sympathy and Indifference - Rehabilitation of the Victims of Soviet Repressions // Proceedings of the International Conference "After Dictatorships: Working with the Victims in Europe" (Hannah Arendt Institute on the Study of Totalitarian Regimes, Dresden, June 27-29, 2013). The article was published in German in the collection Nach den Diktaturen. Der Umgang mit Opfern in Europa. - Dresden, 2016, pp. 1-2.

라 외국인에 대한 소련 국가의 정책을 파악할 수 있었다. 게르베르트 김의 아내, 김재원의 모친 정정식 교수는 남편에 대한 아무런 소식도 듣지 못한 채 2015년 10월 30일 서울에서 작고했다. 운명에 따라 아버지의 이름이 공정하게 복권되는 것을 목격하고, 아버지의 삶 이야기, 특히 아버지의 카자흐스탄 체류와 활동을 재구성한 사람은 오직 딸뿐이었다. 김재원은 게르베르트 김의 매장지를 찾기 위해 그의 '한국에서의 흔적'을 찾아야 하는 중요한 다음 과제를 안고 있다.

소련의 정치적 탄압으로 희생된 게르베르트 김에 대한 기억은 아직도 살아 있고, 추적은 계속될 것이다.

번역 : 김재원

해방 후 한국의 정치적, 사회적 혼란과 김건후의 적응

이숭희 | 국방대학교 명예교수

1. 강대국에 의한 해방과 한반도 통합 정치체
2. 김규식의 후견
3. 하지의 정치고문 버치와 김건후
4. 미국선교사 피치와 김건후
5. 이승만 정부와 상동광산 기술고문 김건후
6. 인민공화국 치하의 서울과 김건후의 납치

1. 강대국에 의한 해방과 한반도 통합 정치체

　　식민지배로부터 한반도의 해방은 국제 정치환경의 변화와 주변 강대국 간의 전쟁의 결과로 갑자기 준비없이 이루어진 것이었다. 그 간 중국이나 미국에서 한국인들이 독립을 위하여 끈질기고 엄청난 노력을 기울였으나, 한반도에 결정적 변화를 가져오는 데는 많은 장애가 있었다.

　　세계 제2차대전 중 세계무대에서(카이로와 포츠담 회담) 한국을 위한 발언은 중화민국의 장개석 총통이 대신해 왔으나, 이는 주로 일본제국의 영토를 제약하는 의미에서 한국의 해방을 언급했고, 미국, 영국, 소련의 대 한반도 구상에 대한 의견개진에는 한계가 있었다.

　　미국과 소련의 대 한반도 구상은 일정기간 신탁통치를 전제로 독립을 허용한다는 입장이었지만, 그들의 속내는 한반도에 대한 각자의 영향력을 유지하는 것이었다. 소련은 일본과의 전쟁선언으로 중국과 한반도에서 그의 지분을 챙기려 했고, 미국은 소련의 팽창을 동북아에서 막기 위하여 중화만국에 힘을 실어 주었으며, 소련의 일본 진출을 막기 위하여 적어도 한국에 완충지대buffer zone을 가져야 했다. 이러한 양 강대국의 한반도에 대한 야심을 보면 남과 북이 통합된 형태의 정치체를 구성한다는 것은 일본제국의 패망에 기여한 역할이 없는 상태에서 국제적으로 어려운 일이었다.

　　1920년대부터 시작된 중국과 미국에서 한민족의 독립운동은 그 행동방식과 전략에 따라 여러 갈래로 나누어지지만, 그 구심점에는 분단된 상태가 아닌 통합된 한반도 국가의 회복에 있었다. 우선 실재로 일본 항복선언 일 주일 전에 대 일본 참전을 선언한 소련군은 지정학적으로 유리한 여건에서 8월 초부터 한반도의 북쪽으로 진입했고, 9월 초에는 38선 근처까지 전진했다. 이러한 상황에 맞대응하여 미군도 맥아더Douglas MacArthur의 명령 하에 9월초 인천에 상륙하여 남한 쪽을 장악하였다.

이렇게 한반도를 갈라놓은 양국 군대의 대치상황은 신탁통치라는 큰 테두리 내에서 한반도 문제를 해결하려는 양국의 합의에 크게 어긋나는 것은 아니었다. 그러나, 1945년 12월 모스크바 외상회의에서 신탁통치의 구체적 내용이 드러나고, 한반도 내의 찬탁과 반탁운동에 대한 남과 북의 실권자들의 전략이 친공이냐, 반공이냐의 이데올로기 문제로 발전하게 되어, 한국민의 통합을 어렵게 하는 방향으로 한반도의 상황이 변화하게 되었다.

독립운동 시기에 한국 내외의 한국민들에게 사회주의 및 공산주의 이데올로기는 그렇게 큰 문제가 아니었다. 오히려 해외에서 일부 엘리트들은 소련 공산당의 도움을 받아보려는 노력도 있었다. 그러나, 일본의 식민지배가 끝나고 미, 소의 대립상태에서 이 이데올로기 문제는 미, 소의 영향권 자체를 의미하기 때문에 그들의 도움으로 해방을 맞은 한민족에게는 무시할 수 없는 이슈였다.

김구, 김규식, 김원봉 등 상해, 중경 등 중국지역을 배경으로 독립운동을 펼쳤던 독립인사들에게 이러한 이데올로기는 그렇게 큰 문제가 아니었던 반면에 미국을 중심으로 독립운동을 했던 이승만 중심의 인사들은 그들이 겪은 미국 자유 민주주의 경험의 덕분으로 그들에게 공산주의 이데올로기는 큰 문제였다. 이러한 의미에서 김홍서와 그의 아들 김건후의 한반도 정치체의 구상은 남북 통합적 정부수립이 최대 목표였다. 물론 김건후는 1923년 이후 7년 동안 미국에서 유학했지만, 그의 정치적 의식은 중국 망명

시절에 형성된 것이었으며, 미국 생활에서 체화된 민족의식은 "뭉치면 살고, 분단되면 망한다United, we stand; divided, we fall"라고 주장한 그의 편지에서 보듯이 좌, 우의 이데올로기보다 강했다.

2. 김규식의 후견

김건후가 20여년의 망명생활을 끝내고 한국으로 돌아온 시기는 1946년 6월이었다. 한국의 정치상황은 좌우의 대립이 심화되어 가는 중이었다. 그들의 이념대립의 이슈는 당시 신탁통치에 대한 찬반의 차이였으나, 새로운 나라의 기틀을 갖추는 데 있어서도 구상은 많이 달랐으며, 그것을 이루는 구체적인 방법에 있어서도 큰 차이를 드러냈다.

그러나 결국 그들에게 있어 급한 문제는 어느 쪽이 국가권력을 장악하는 데 있어서 우위를 차지하느냐였다. 이 권력갈등의 향방은 국제정세와 미소관계의 변화, 그리고 미군정으로 대변되는 미국의 대 한반도 정책에 달려있었다.

김건후의 정치적 성향은 그의 아버지 김홍서의 영향이 컸으며, 대체로 진보적 우파에 속한 김규식의 정치노선에 가깝다. 그는 1942년 5월 소련에서 석방된 이후 아버지의 권유로 김규식이 1935년 김원봉과 함께 창당한 민족혁명당에 입당하게 된다. 당시 김홍서는 민족혁명당의 중앙집행위원이었다. 민족혁명당은 1944년이후 상해 임시정부에 참여하여, 김구의 한국독립당과 함께 주요 정당으로 자리잡았다.

김규식은 해방이 되자 김구와 함께 1945년 12월에 귀국하였다. 그의 정치적 성향은 '민족적 통합주의'라고 칭할 수 있겠다. 그러나 김구보다는 더 실용적이었고, 이승만보다는 더 민족주의적이었다. 그의 민족을 중시하는 측면은 그가 모스크바 삼상회의 결정에 따른 신탁통치에 찬성하지 않았지만, 우선 임시정부의 수립에 더 적극적이었으며 될 수 있는 대로 남북협력의 통합적 정치체제를 수립하려고 노력하였다. 또한 1946년 5월 제1차 미소공동위원회의 결렬 이후 좌우대립은 더욱 심화되었으나, 김규식은 여운형과 함께 좌우의 노선을 통합하여 남북을 아우르는 민족국가 건설을 위한 남북합작위원회The Left-Right Coalition Committee를 성립시켰다.

    그의 이러한 실용적 측면은 그가 1946년 2월 이승만, 김구, 이시영, 안재홍과 함께 임시정부 수립을 위한 비상국민회의를 출범시켰고, 이 단체의 정무위원회를 미군정 사령관의 자문기관인 '남조선대한국민 대표민주의원'으로 개편하는 데 적극 참여한 활동에서 볼 수 있다. 김규식이 1946년 7월에 들어 미군정이 좌우합작의 중간파를 지원하는 방향으로 정책을 전환하자, 남한내의 정치개혁을 위한 '남조선 과도입법의원'에 참여하여, 이 기구의 의장직을 맡았다. 이 기구는 미군정이 지명하는 관선의원 45명과 간선제 주민투표를 통한 민선의원 45명으로 구성되었는데, 미군정이 지명하는 관선의원 대부분은 좌우합작파였으며, 민선의원 대부분은 이승만과 한민당원이었다.

    김건후는 이러한 한국의 정치상황의 변화를 인지한 상태였고, 이미 1946년 1월 '중경거주 한국독립운동대회' 대표자 명의로 중국의 장개석 주석에게 보낸 호소문에서 신탁통치반대 입장을 밝히고, 이 삼상회의 결정을 취소하는 데 앞장서 줄 것을 간청한 바 있다. 그러나 귀국 후 그가 당면한 상황은 첫째, 우선 60세의 아버지를 포함한 대가족의 생계를 어떻게 유지할 것이냐였고, 둘째 미국에 있는 그의 가족, 아내와 아들과의 재결합이었다. 그들과 헤어진 기간이 거의 9년에 이르니 안타까운 심정이 컸다.

이 문제들을 해결하는 데 있어서 6개월 전에 먼저 귀국한 김규식이 일정한 역할을 한 것으로 사료된다. 그는 미국 북장로교 선교사 언더우드의 도움으로 일찍이 미국 유학 길에 올라 로어노크 대학Roanoke과 프린스턴 대학에서 6년간 수학하였다. 미국문화에 익숙하고, 영어로 소통이 가능했으며, 오랜 동안 독립운동에 참여한 경력으로 한국정치에 중요한 영향력을 행사할 수 있는 그는 자연히 미군정의 접근 대상이었으며, 그는 그의 동료인 김홍서의 아들 김건후의 후견인이 될 수 있었다. 특히 김건후는 미국 대학교 학위를 가진 광산기술자로서, 소련에서 실무자로 7년 동안 일한 전문가이기 때문에 미군정청도 관심의 대상이었다. 미군정은 당시 김규식을 좌우합작운동의 중심인물로 생각하고 있었으며, 이를 실질적으로 추진한 인물은 레나드 버치Leonard M. Bertsch 중위였다.

3. 하지의 정치고문 버치와 김건후

따라서 김건후가 김규식으로부터 접촉할 대상으로 소개받은 미군정 관계자는 레나드 M. 버치였다. 버치는 미군정의 정치자문단Political Advisory Group에 소속된 육군 중위였다. 그는 미국 하바드 로스쿨Harvard Law School에서 수학한 변호사로 2차 세계대전이 발발하자 군에 입대하여 한국에 파견된 지성인이었다. 그는 주한미군 사령관이었던 하지John R. Hodge에게 발탁되어 미소공동위원회US-Soviet Joint Commission 자문관으로서 활동하는 한편, 한국정치에 깊이 관여하는 임무를 맡았다.

김규식을 통하여 버치에 대한 정보를 얻은 김건후는 우선 미국에 있었던 가족과 연락을 주고받기 위하여 그에게 접근하였다. 목련이 흐드러지게

피어 있던 늦은 봄 오후, 덕수궁 대한문 앞에서 김건후는 버치를 기다렸다. 그는 이미 정오부터 몇 시간 동안 이곳을 지키고 있었다. 비가 억수같이 쏟아지고 있었으나, 그에게 이것은 문제가 되지 않았다. 김건후는 퇴근 시간 쯤 되어서야 덕수궁에서 나오는 버치를 만날 수 있었고, 그를 그의 거처까지 동행하면서 그에게 자기 처와 아들과 연락하는 것을 도와줄 것을 요청하였다. 다행히 버치는 이미 한국에 부임하기 전에 한국에 관한 자료들을 탐색하였고, 김건후의 부친인 김홍서 옹에 대하여 알고 있었던 터라, 그의 사정을 이해하였다.

사실 버치 중위의 당시 한국에서의 위상은 그의 계급에 어울리지 않을 정도로 컸다. 그는 미군정이 자문기관으로 개입하여 한국 정치인들로 구성한 '남조선 대한민국 대표민주의원'이나, '남조선 과도입법의원'을 조직하는 데 있어서 막후에서 중대한 역할을 한 인물이었다. 남조선 과도입법의원의 의장직에 김규식이 임명되도록 천거한 것도 그였으며, 김규식이 중도 우파의 인물로 미군정의 지지를 받게 된 데에도 그의 역할이 컸다.

버치의 이러한 영향력은 김건후가 생활기반과 연고가 없는 남한에서 안정을 찾는 데 큰 도움이 되었다. 우선 버치의 추천으로 미군정에서 통역관으로 자리를 잡을 수 있었으며, 이어서 그의 전문분야였던 광산 분야에서 일할 수 있었고, 또한 거처할 집도 없었던 서울에서 적산가옥을 할애 받을 수 있었다.

버치는 특히 김건후가 소련에서 스파이 혐의로 체포되어 강제수용소, 굴락Gulag에서 4년반 동안 겪은 그의 생사를 넘나드는 경험에 대하여 관심이 컸다. 그래서 버치는 허버트 김, 김건후에 관한 보고서를 작성하여 언론에 발표하고자 하였으나 미군정 당국의 만류로 뜻을 이루지 못하였다. 이 당시는 미소가 공동위원회를 중심으로 심하게 대립하고 있었던 시점이라 소련에 관한 이런 부정적인 기사는 소련을 쓸데없이 자극한다는 것이었다. 둘 사이의 우정은 단기간에 맺어진 것이었지만, 급박하고 혼란스러운 상황에서 돈독하게 구축되었다. 버치는 김건후의 사람됨을 다음과 같이 묘사하였다. "건후는 그의 부친의 애국심과 탐구정신을 물려 받았다", "그는 지금 완전한 한국인이 아님에도 불구하고 한국인으로서 의무감을 가지고 있다", "그는 세 개의 세계(제1, 제2, 제3 세계)에 대해 어렵게 터득한 지식을 지닌 철학자였다", "여전히 그는 공산주의자가 아니라 사회주의자였고, 러시아가 일본의 천적임을 알고 있었으며, 그들 간의 전쟁이 일본으로부터 한국의 해방을 가져오기를 희망하였다." 그들의 우정은 1950년 6월, 김건후가 북한군에 의하여 납치될 때까지 이어졌다.

독립이후, 김건후가 지향하는 한국의 미래는 남과 북이 통합된 형태로 발전하는 것이었다. 해방 후 곧 첨예화되어갔던 미국과 소련의 냉전 틈바구니에 있던 한국이 소련의 의도를 무시하고 남과 북을 통합하는 자유, 민주주의 체제를 확립할 가능성을 그가 구체적으로 생각해 봤는지는 알 수 없으나, 남북간의 산업구조와 인구분포에서 보완성이 큰 남과 북을 분단시킨다는 것은 과학도인 그에게 엄청난 실망이었던 것 같다.

그의 생각은 미·소가 한국에서 시도하려는 신탁통치에 대한 부정적인 견해를 드러내지 않으면서, 통합된 임시정부의 수립에 더 중점을 두려는 김규식의 생각과도 일치하였다. 분단을 공식화할 남한만의 총선거가 시행되기 한달 전에 남북협상을 위하여 평양을 방문한 것도 김규식의 마지막 통합을 위한 몸부림이었다. 김건후의 정치적 행보는 실제로 거의 찾아보기 어려우나, 그는 자기의 전공분야에서 해방된 조국을 위하여 무엇을 해야 하는지 분명히 인식하고 있었다.

소련에서 풀려날 당시에 소련 정부의 비밀첩보기관인 NKVD로부터 지시받은 명령, 즉 중경의 김원봉과 접촉하라는 지령을 어느 정도 이행했는지 알 수 없으나, 그가 김규식과 김원봉이 중심이 된 민족혁명당에 가입한 사실 이외에 김원봉과의 사적 접촉에 대한 증거는 희박하다. 특히 귀국 후 좌파 정치세력을 대변했던 김원봉과 접촉한 행적은 찾기 어렵다. 이러한 점은 김규식과의 교류와 크게 대비된다. 1950년 한국전쟁이 발발했을 때 김건후가 안심할 수 있는 피난처로 김규식의 집으로 간 사실은 이를 잘 증명한다.

4. 미국선교사 피치와 김건후

한-미 토론그룹Korean-American Discussion Group에서 김건후는 UN한국임시위원단UN temporary Commission on Korea의 입국으로 선거 가능한 지역, 즉 남쪽만의 선거에 의한 단독정부 수립에 대하여 다음과 같이 그의 견해를 피력하였다. "국가의 분단은 한국민의 의사와 하등의 관계가 없으며, 남한만의 선거는 분단을 고착화할 것" 이라고 말했다. 이 토론그룹에서는 피치 박사Dr. George A. Fitch와 그의 부인을 포함한 거의 모든 참석자들이 남한만의 정부수립이라는 현실론에 기울었지만, 김건후는 "한국민이 북쪽을 제외한 선거에 참여하는 것은 38선을 고착화하는 것이고, 북한과의 통합을 포기하는 것이다" 라고 주장하였다.[01]

또한 미국신문인 『스크립스-하워드Scripps-Howard』를 인용하여, "UN

---

01 Proceedings of Korean-American Discussion Group, 5th Meeting, February 11, 1948; Fitch Papers Box 8).

한국임시위원단은 북한에 의하여 무력으로 저지받을 때까지 북쪽으로 가야 하며, 그들이 모두 무력에 의하여 죽을 수도 있다는 것을 인정해야 한다"고 역설하였다. 북쪽과의 협력이나 타협이 체코-슬로바키아에서 보듯이 불가능하며, 현실적으로 생각해야 한다는 의견에 대해서도 김건후는 "남한만의 단독선거는 꼭 좌. 우익의 문제만은 아니다. 러시아의 상황이 악재라면, 좀 더 (전체 한반도 선거를) 기다릴 수 있다. 한국은 작은 나라이다. UN 한국임시위원단이 한국을 떠나면 당신들은 우리들을 금방 잊어버릴 것이다"라고 피력하였다.[02] 위와 같은 김건후의 발언에서 보듯이 그의 생각은 큰 틀에서 보면 김규식과 궤를 같이 하고 있었다.

김건후가 그의 정치적 견해를 밝힐 수 있었던 공간은 조지 피취와 그의 부인 제랄딘 피치Geraldine Fitch가 주도한 한-미토론그룹이었다. 1947년 10월부터 1948년 6월까지 피취 저택에서 이루어진 이 토론그룹은 한국에 체류하고 있었던 외국인(미군정청 근무자 포함), 한국사회의 지도층, 미국유학을 다녀온 인사들이 참여하여 한국의 사회 및 정치상황에 대한 의견을 교환하던 자리였다. 이 토론그룹의 참석자 기록에 의하면, 그들은 피치 부부와 허버트 김(김건후)를 비롯해, 아펜젤러, 버치, 고황경, 조봉암, 임영신, 변영태, 장기영 등 30여명이었는데, 한국 근대사에 족적을 남긴 사람들이 많았다.

피치는 미국 장로교 선교사로 1947년 7월부터 1949년 8월까지 한국에서 YMCA 대표로 근무하였다. 그는 한국에 부임하기 전 중국에서 근무하였는데, 그 때부터 한국의 독립운동에 대한 관심이 컸으며 많은 도움을 주었다. 특히 주목할 점은 1932년 4월 상해 홍구공원에서 감행한 윤봉길 의사의

---

02 Proceedings of Korean-American Discussion Group, 7th Meeting, Fitch Papers, Box 8.

일본군 고위층에 대한 폭탄투하 사건 직후, 피신하던 김구 이하 임정요인들을 숨겨주고 도피시키는 데 큰 도움을 주었으며, 이 의거 이후 체포되었던 안창호의 석방에도 기여하였다. 또한 미국에서 이승만의 독립운동에도 큰 힘이 되어 주었다.

  피치의 아시아 활동의 배경이 되어 준 YMCA 조직은 1888년 이후 미국의 선교사들을 중심으로 기독교를 기반으로 그들이 생각한 미개한 젊은이들에게 일종의 근대 시민의식과 민족국가 성립의 토대를 마련하여 주는 것이었다. 여기에 속한 기본이념으로는 민주적 가치, 건전한 신체를 위한 체육과 의료, 사회정의, 인지발달을 위한 교육 등이었다. 한국의 YMCA는 1903년에 설립되어 한국의 근대화에 앞장선 많은 인재들에게 영향을 미쳤다.

  김건후와 피치의 인연은 2대를 이어 맺어졌다. 그는 남경의 금릉대학(현 남경대학) 재학시절 피치의 부친인 조지 필드 피치George Field Fitch가 운영하던 장로교 출판사Presbyterian Mission Press에서 일한 경력이 있으며, 그 후 피치가 대표로 있었던 상해 YMCA에서 서기로 일하면서 계속 인연이 이어졌고, 그의 미국 유학에도 도움을 주었다.

  김건후는 귀국 후 미군정의 행정권력에 힘입어 조선중석광업회사(전 고바야시 광업주식회사)의 기술고문으로 일하면서 실질적으로 이 회사의 모든 사업을 주관하였다. 그가 1948년 10월 미국 위스컨신 주의 밀워키의 앨리스-찰머스Allis Chalmers 회사에 텅스탠 원광분석연구와 광산 설비를 구입하기 위하여 미국원조기금ECA의 자금으로 8개월 체류 예정으로 미국에 출장을 가게 되었다. 물론 공무도 중요하지만 18년 만의 미국방문은 그에게 있어 카자흐스탄에서 갑작스런 구금으로 헤어진 후 12년 동안 만나지 못한 가족과의 해후가 더 급했으며, 앞으로 함께할 삶에 대하여 의논하는 것이 급선무였다. 이러한 개인사를 겪는 과정에서 김건후는 끊임없이 피치와 그의 부인 제랄딘에게 서신을 보내 자기사정을 얘기하고 조언을 구하였다. 특히 폴린Pauline과의 재결합에 관하여는 제랄딘 피치가 폴린에게 보낸 개인적인 서신에서 엿볼 수 있다. 그녀는 그 편지에서 그의 인간됨을 "백만명 중에 하나 있을 정도의 사람He is one in one million"이며, 김건후가 언제쯤 미국에 도착할 예정인지 알려주고, 그의 아들 밥(김득원Robert, 애칭 Bob)에게는 "마음씀과 성격에서 세상 어디에서도 찾아볼 수 없는 아버지He is a father in heart and character Bob could look for the world one and not find a better man to choose as his father"라는 것으로 재결합을 설득하려 했다.[03]

이러한 김건후의 피치 부부에 대한 감정은 아버지, 김홍서와의 관계에서도 찾아볼 수 없는 인간적인 친밀감을 느끼고 있다는 것을 짐작케 한다. 이러한 감정은 소련으로부터 그의 석방에 힘을 써준 은혜에 대한 감사와 존경심, 그리고 더불어 험난한 귀국 후 생활에 대한 정서적 뒷받침이 되어 준 것임을 보여준다.

김건후는 피치 부인에게 보낸 편지에서 폴린과의 만남에서 실망을 감출 수 없었다고 고백했다. 폴린은 그에게 상냥했으나, 지극히 사무적인 행태를 보였고, 그녀는 왜 그가 자기와 아들을 한국으로 데려가려 하는지 이해할 수 없다고 얘기했다는 것이다. 그녀는 한국도 체코-슬로바키아처럼 한반도 전체가 공산화될 것으로 생각했다. 그의 설득이나 논리적 설명도 소용없었고, 그는 그들의 관계에서 부부간의 사랑의 감정은 영원히 사라진 것같이 느꼈다. 반나절 정도의 대화로 그들은 친구로 남기로 하고 이혼에 합의하였다.

---

03 Herbert kim's letter to Mrs. Fitch, Nov. 5. 1948, Harvard Yenching Library(HYL), Fitch Papers, Box 8.

김건후는 그가 왜 미국에 돌아와 가족과 결합을 시도하지 않고, 이혼을 무릅쓰더라도 한국에 남아있으려고 했는가에 대한 분명한 이유를 밝히지 않으면서, 단지 그는 자기의 안위만을 위하여 한국을 떠날 수 없다고 얘기하고 있다. 그는 위와 같은 개인적 사정을 피치 부인에게 자세히 토로하면서, 그녀에게 이런 사연을 보내는 것은 그녀가 그의 제일의 친구이기 때문이라면서, 폴린과의 이혼사실을 자기가 직접 부친께 얘기하기 전에는 비밀로 해 줄 것을 부탁하였다.[04]

5. 이승만 정부와 상동광산 기술고문 김건후

김건후 귀국 후 처음에는 미군정 군정장관인 러취Arthur L. Lerch 소장의 통역으로 일하였으나, 곧 버치 중위의 중재로 군정청 광산국으로 자리를 옮겼고, 1946년 10월 당시 조선중석광업회사의 기술고문으로 그의 전문분야에서 그가 꿈꿔왔던 대로 조국의 광산업에 봉사할 수 있게 되었다. 그는 군정청의 적극적인 지원으로 상동광산의 채광과 선광조업을 재개하고, 저품위 중석 정광품精鑛品 380톤의 텅스텐을 한국 최초로 세계시장에 수출하는데 기여하였다(1947년 2월).[05]

김건후가 1948년 10월 이후 10개월 동안 회사의 업무를 위하여 미국에 체류하는 동안 대한중석광업회사로 명칭이 바뀐 회사의 안팎 사정은 크게 변화하였다. 우선 1948년 8월, 대한민국 건국이후 모든 행정권이 미군정청

04　Herbert Kim's letter to Dr. and Mrs. Fitch, Dec. 6. 1948, Yenching Library, Fitch Papers, Box 8.
05　『대한중석 70년사』, 대한중석광업주식회사, 1989년 발행, p. 163.

에서 대한민국 정부로 이관되었으며, 이에 따라 이 회사의 경영주체와 실권자들도 많은 변화가 있었다. 이 광산의 경영기관은 한국 정부의 상공부 광무국으로 바뀌었으며, 회사책임자도 황순봉에서 김현경으로 경질되었다.

이러한 회사내외의 급변 상황에 미국에 머물렀던 김건후는 미국 출장을 마치고 1949년 8월 말에 예정보다 1개월 늦게 한국에 도착했다. 그러나 2만불에 해당하는 국가공금으로 수행한 출장성과와 무관하게 그는 상공부의 광산국으로부터 퇴출명령을 받았다. 이는 전혀 예상 밖의 황당한 사태였다. 그가 귀국하기 이전부터 한국 광산업계에는 그를 적대시함으로써 이익을 챙기는 세력이 있었다. 그들은 김건후가 '완전한 공산주의자'라는 소문을 퍼트리려고 최선을 다해왔고, 그 소문의 중심에는 그와 일면식도 없는 '윤보선'이라는 상공부 장관이 있었다. 윤 장관은 이승만 대통령과의 면담에서 광산업계의 중요인사 3-4명을 거론하면서 오랜 기간 소련에서 살았다는 이유만으로 김건후를 제외하였다. 따라서 이 누명이 해소되지 않는 한 한국에서 일할 자리는 없었다. 위와 같은 내용도 역시 김건후가 이미 한국을 떠나 미국으로 돌아간 피치 부부에게 쓴 편지에서 밝힌 내용이다.[06]

김건후에 관한 오해를 푸는 방법은 그가 직접 이 대통령을 면담하고 해명하지 않으면 해결될 수 없는 사안이었다. 그래서 김건후는 피취 부부에게 이 대통령에게 편지로 자기에 관하여 그들이 아는 대로 해명해 주기를 부탁하였다.

김건후는 그의 장래가 걸린 이런 오해가 해소되지 않으면, 한국에 더

---

06 Herbert Kim's letter to Dr. and Mrs. Fitch, Sept. 17. 1949, Yenching Library, Fitch Papers, Box 8.

이상 정착할 수 없음을 인식하고 자기의 구명운동을 전개했다. 그래서 그는 이승만과 교분이 깊은 죠지 셔우드 에디George Sherwood Eddy(1871-1963년) 박사에게도 그의 과거 행적에 대한 해명을 부탁했다. 에디는 김건후가 뉴욕에서 컬럼비아 대학 재학 중 뉴욕 YMCA에서 서기로 일하면서 서로 알고 지내는 사이였고, 최근 1949년 9월에는 에디박사의 한국 방문을 계기로 관계가 밀접해졌으며, 특히 김건후의 소련 수용소 수형생활에 대한 관심이 지대하여 허버트 김Herbert Kim의 수기를 그의 저서에 실으려고 원고를 부탁하던 때였기 때문에, 김건후는 그에게 도움을 요청할 수 있었다.[07]

죠지 셔우드 에디는 미국의 선교지도자, 행정가, 교육자, 저술가로서 그의 주요 업적은 세계 지성인들, 특히 아시아, 유럽, 미국의 교회지도자 간의 교류와 접촉을 촉진하고, 이를 위한 재정적 지원을 전개한 것이었다. 그는 예일대학교에서 학부를 마친 다음 프린스턴 신학교를 졸업하고 복음전도사업과 YMCA활동에 헌신하였다. 그는 또 미국학생복음운동Student Volunteer Movement에 참여하여 인도에 파견되어 15년 동안 인도의 YMCA에 봉사하면서 힌두교 신자들을 기독교화 시키는데 종사하였다. 1911년부터는 5년 간 YMCA의 아시아 담당 서기로서 중국, 일본, 필리핀 등지에서 활동하면서 이 지역의 지도적 인물들과 교류하였다. 1931년 이후 신학자 니부어Reinhold Niebuhr가 조직한 사회주의적 기독교 단체의 일원으로 자본주의적 개인주의를 비판하였다.

에디는 오래 전부터 이승만을 알고 지냈으며, 그가 아시아 담당으로 있었을 때 이승만은 서울 YMCA 청년 감사 및 감리교 선교사Religious Work Director of Seoul YMCA로 재직하면서 서로 친분을 갖게 되었고, 이 인연은

---

07 Herbert Kim's Letter of Oct. 20. 1949, HYL Box 8.

이승만의 미국 체류시기에도 계속 이어졌다.

　에디는 1949년 8개월 예정의 동아시아 방문 중 일본에서는 천황을 만나고, 맥아더 장군과 오찬을 했으며 도쿄 서울 간 서북항공Northwest Airline의 비행기 스케줄이 어긋나자 맥아더는 직접 군의 비행기편을 제공하여 예정대로 서울에 갈 수 있도록 하였다. 또한 한국에 와서는 주한 미국대사 무쵸, 존 콜터John B. Coulter 주한 미군 제1 군단장과 만찬을 했으며, 한국 측 인사로는 김규식과 여운홍(여운형의 동생)을 만났으며, 이승만 대통령으로부터는 특별대우를 받았다. 21세기 동아시아에서는 상상하기 어려운 YMCA 서기 경력의 인사가 받았던 대우였다. 그 만큼 당시에는 이 기독교 단체의 역할과 중요성이 컸던 것 같다.

　피치는 서우드 에디를 이승만대통령의 집무실로 안내했으며, 그들은 한 시간가량 면담한 후 뒤에 당시 공보처장 김동성, 농림부 장관이었던 조봉암을 만났다. 에디는 이승만과의 회동에서 그가 에디에게 몇 년 전에 빌려주었던 『신약성경』을 다시 돌려주었는데, 이 성경은 이승만이 옥살이하는 동안 그의 삼촌이 몰래 감옥에 넣어 주었던 바로 그 성경이었다.[08] 이 감옥생활은 이승만이 1899년 박영효의 고종 폐위 음모사건에 연루되어 5년 7개월 동안 한성감옥에 갇혔던 때를 이야기하는 것이었으며, 이 때에 기독교도로 개종하였다.

　결국 피치 부인이 이승만의 부인 프란체시카에게 그리고, 에디가 이승만에게 보낸 편지에 의하여 김건후의 경력, 신상, 인간됨이 밝혀질 수 있었으며,[09] 드디어 대통령과의 개인 면담을 통해 그에 대한 오해가 해소되었고,

---

[08]　George A. Fitch, My Eighty Years in China, 1974, pp. 351-352 참조.
[09]　Herbert Kim's Letter of Oct. 20. 1949, Fitch Papers HYL Box 8.

강원도 상동에 있는 텅스텐 광산에 복귀했다. 그러나 김건후의 실망감은 컸다. 그는 부친과 함께 미군정 경무부장으로 공산주의자들의 척결에 앞장서서 일했던 조병옥의 집에 들러서 그의 신상에 대하여 해명해야 했다. 그의 인생에 우여곡절이 끝없이 반복되었지만, 조국에 돌아와서 조국을 위하여 봉사하려는 그의 의지를 꺾어버린 4개월 동안의 휴직은 그에게 많은 회의감을 불러왔다. 이승만 대통령의 복직 약속에도 불구하고 다시 돌아간 직장에서 그는 평범한 지위에 머물러야 했다. 이 직위는 실질적인 회사 운영자였던 그전의 그의 위치와 크게 대비되었다. 단지 그는 그가 텅스텐 생산에서 보여줄 수 있는 능력에만 희망을 걸었다. 실제로 그는 정부 조직내에 유능한 인재들이 밀려나는 것을 보고 경악을 금치 못했다.

미 군정청이 미국에 기술훈련을 위하여 파견했고, 수련 후 다시 돌아온 12명의 연수생 중에 단 한 명만이 수원의 농업실습소에서 직장을 얻을 수 있었다. 김건후는 이러한 일들이 이승만 대통령이 원하는 일은 아니었겠지만, 그가 제대로 알고 있지 못할 수 있다고 생각했다. 이는 행정관료들이 중간단계에서 실용성보다 이데올로기적인 이유로 이러한 유능한 인재들을 제외하지 않았나 사료된다.

그가 보기에 조선중석광업회사 상동광산의 직원들을 체포한 사건은 이러한 전형적인 이데올로기의 올가미로 여겨졌다. 1948년 3월 20일 오후 영장도 없이 민간인 복장의 세 명의 경찰과 경찰 복장을 한, 한 명의 경찰이 상동광산의 본청 사무실에 들이닥쳐 매니저 황순봉, 엔지니어 박찬희와 박왕길을 수갑을 채워 체포한 뒤에 트럭에 싣고 가서, 종로 경찰서에 감금하였다. 그들의 죄목은 이 세 사람이 남노당 당원이었으며, 1947년 3월 22일의 파업의 주동자들이라는 것이었다. 그 와중에 황순봉은 구타당했고, 이러한 행위는 결국 그를 매니저 자리에서 내쫓기 위한 공작이었다. 사실 경찰의 관심은 그 자리가 누구에게 돌아갈 것인가에 있었다. 당시 혼란스러운 한국에 있어서 누구나 자기들의 사적 이익을 추구하기 위하여 어떤 수단이든 동원하려 했다. 이 사건을 일으킨 장본인들은 그 전에 이 광산에서 상당히 높은 자리에서 근무하다가 쫓겨났던 박영순이란 인물이었다. 그리고 그 협박의 배후에는 대동청년단이라는 우익단체가 있었다. 이러한 음모와 공권력을 동원한 개별적 위협은 이 조선중석광산회사에 우익세력을 침투시켜서 이곳을 장악하기 위함이었다. 이러한 공작은 광산국과 상공부의 고위층으로부터 암암리에 묵인된 것이었다. 이러한 양태는 1947년 3월 상동광산의 매니저 박찬희를 체포할 때도 있었다. 이 때는 대한노총의 건국청년회가 이 지역의 경찰과 짜고 한 일이었다. 그 때도 박찬희가 그곳의 파업을 주도했다는 것이었다. 결국 헬믹 장군Gen. Helmick의 개입으로 석방되었다. 그 해 5월에도 소위 '애국자'라는 사람들이 난동을 부렸는데, 광산국의 스미스 소령Major Smith이 6명의 테러분자들을 체포했고, 그들은 각각 4-8월에 감옥형을 언도받았다.

다음에 그들의 배척대상은 허버트 김(김건후)였다. 그 우익세력들은 광산국 고위층의 영향력을 빌려 김건후를 조선중석광업회사에서 동양광산회사의 이사진 세 사람 중에 한 명으로 전보시키려 했다. 그 때까지 김건후는 그들의 눈엣가시로, 군정청의 미국인 관리들에게 수시로 정보를 제공하여 그들의 계획을 무산시킨 인물로 여겨졌다. 그러나 그는 그 승진의 기회를 내치고 그냥 기존의 자리를 지키고 있었다. 이 일은 1947년 7월에 있었고, 8월이 되자 상공부 감사관들을 조선중석광산회사로 보내 회사의 운영장부를 감사했다. 감사관들은 그 회사가 고위 경영진 일부에게 과도한 봉급을 지급한 사실을 발견했으나, 이는 광산국으로부터 허가받은 내용이었다. 그러나 감사관이었던 조이너Mr. Joyner와 슁글러Mr. Shingler는 이 부정행위를 중단시켰다. 이러한 일들은 아마 상동광산이 홍수, 화재, 추위로 인하여 운영에 어려움을 겪지 않았다면, 계속되었을 것이다.

그러자, 1948년 1월에 대동청년단원들이 협박을 일삼으며, 황순봉, 박찬희, 박왕길 등이 체포당하도록 일을 꾸몄다. 이들이 감옥에서 석방된 이후에도 아마도 개별적 테러가 행해졌을 가능성이 크다. 결국 황순봉의 자리를 노리는 박영순이 이 대동청년단을 이용한 것이었다. 그가 조선중석광산회사에 매니저가 되려는 이유는 무엇이겠는가. 그것은 바로 돈 때문이었다.[10]

이 이승만을 지지하는 우익청년단체들은 정치에도 개입하여 1950년 이승만 대통령의 권한을 약화시키는 헌법개정을 반대하도록 국회의원들을 협박하는데 동원되었고, 이승만이 원하는 일을 하기 위하여, 고문, 신체훼손, 살인 등을 감행하였다. 그들은 산업, 노동계도 장악하여 어떤 기업체든간에 이 조직의 일원이 되도록 강제하였으며, 특히 육체노동자들이 많은 광산업계에서 횡포가 극심했다. 이 우익단체는 나차리Nachari광산에서 일하던 5000명의 광부들을 강제로 가입시킨 뒤에 한 달에 백 원을 회비로 내도록 하였다. 이 광산에서는 이 청년단체의 장이 이 광산의 매니저고, 이 자는 상공부장관으로부터 임명된 것이었다. 이승만은 대한청년단의 명예회장으로 있으면서 이 단체를 그의 정치적 수단으로 이용하여, 마치 히틀러의 청년폭력조직Hitler Jugend와 다름없었다. 그들은 실제로 나치의 완장과 유사한 녹색 완장을 차고 다녔다.[11]

김건후는 미국 출장기간에 이루어졌던 음모에서 벗어나 제자리로 돌

---

10 Herbert Kim's Letter to W. S. Wright, Metal Section of Bureau of Mining, HYL Fitch Box 8.
11 Letter to Mr. Raymond Wilson, November 14. 1950, Fitch papers, Box 8.

아가 일상을 되찾았으나, 위와 같은 이승만 정권의 부조리와 부패, 법의 지배가 크게 훼손되는 권력남용, 위협과 폭력을 동반한 국가권력을 보면서 실망이 컸다. 특히 북한과의 통합이 좌절되고, 분단국의 길이 확실해지면서 반공주의를 앞세우는 권모술수와 압제는 더욱 극심해졌고, 북쪽의 호전적 태도가 노골화되어 가고, 소련과 미국의 대립이 유럽뿐 아니라 동북아에서도 뚜렷이 나타남에 따라, 불안을 잠재울 수 없었다.

  이러한 상황에서 그는 그 사이 가족과 주변 인물들의 주선으로 재혼을 하게 되었는데, 이는 그의 정서적 혼란을 진정시키기 위한 방편인지도 모르겠다. 더욱이 결혼식이 성대히 거행된 이후 새 부인이 임신하게 되면서 개인사에 몰두하게 되었고, 한국 상황의 변화에 대하여 거리를 두게 되었다.

6. 인민공화국 치하의 서울과 김건후의 납치

  서울을 점령한 북한 공산정권은 아직 남쪽으로 피난가지 못한 서울 거주 주요인사들을 물색하여 그들이 북한 정권에 협조하도록 자진출두를 권유하고, 포섭했으며, 이것이 불가능한 경우에는 연행, 체포를 강행하였다. 북한정권의 내무성 정보국은 노동당 중앙위원회 통일전선부와 연락부의 지도와 협조 하에 1950년 7월 3일, 서울을 점령한지 일 주일만에 최고사령관 김일성의 주제 하에 당 중앙위와 군사위원회 고위간부들이 내린 "남반부의 정치, 경제, 사회계 주요인사들을 포섭하고 재교육하여 그들과 통일전선을 강화할 데 대하여" 결정을 집행하게 되었다.

  따라서 그 주요인사들을 우선 다음과 같이 분류하여 접근하였다. 첫째 카테고리는 북한체제에 실질적으로 참여하고, 지지하는 정당이나 단체에 속한 인사들이다. 둘째 부류는 노동당의 비밀당원이나, 노동당의 동조자, 지지자로서 자신의 정체를 은폐하면서, 남한사회의 주요 사회부문에서 활동하는 인사들이다. 이 부류에는 고위급관료, 국회의원, 군장성 등이 속한다. 셋째 부류는 남북 정당 사회단체 대표자 연석회의(1948년 4월)에 참가했던 정당과 사회단체 지도자들이다. 이들은 남, 북한 정치판도에서 중간적 위치를 차지하고 있는 애국적 민족주의 세력이다. 넷째 부류는 정치, 경제, 교육, 문화, 기술, 과학 등 각 전문분야에서 활동하던 주요인사들이다. 다섯째 부류는 북한 정권에 적대감을 갖고 있는 인사들로 북한 당국에 의하여 반동세력으로 분류된 사람들이다. 이들은 재교육과 설득을 위해 4차에 걸쳐 평양으로 이송되는데, 그 시기는 대개 7월말부터 8월 중순사이이다.[12]

그런데, 김건후 납치의 경우에는 위와 같은 일반적인 강제 혹은 비강제 현황과 여러 면에서 달랐다. 우선 체포된 시기를 보면, 남한 인사들에 대한 체포, 연행에 관한 결정이 1950년 7월 3일 이루어졌는데, 김건후는 서울 함락 2일 후인 6월 30일에 체포, 연행되었다. 또한 체포에 동원된 인력이 내무성 정보국 요원들이 아니고, 군복을 착용한 군인들이었으며, 1개 소대가 그의 거처였던 을지로 2가 자택에 무단 침입하여 이루어졌다. 김건후 개인뿐아니라, 그의 동생 김건영(체포당시 회사원), 그리고 그의 부친인 김홍서도 함께 연행되었다. 김홍서는 상해 임시정부 요인이라 그들의 주목 대상이었겠지만, 김건영이 같이 끌려간 것은 가족 전체를 그들이 목표로 삼았다고 생각할 수 있다.

김건후는 위에 언급한 넷째 부류인 기술분야에서 중요 인물로 볼 수

---

12 이태호, 신경완 증언, 『압록강의 겨울, 납북요인들의 삶과 통일의 한』, 다섯수레, 1991, pp. 22-31.

있고, 미군정 행정에 관여했기 때문에 다섯째 부류에 속하는 '반동분자'로 그들의 주목대상이 될 수도 있겠다. 특히 광산기술자인 김건후는 북한의 천연자원 개발에 유용하게 활용할 수 있기 때문에 오래 전부터 포섭 및 연행의 대상이었을 가능성도 크다. 또한 특이한 점은 소련 당국과의 연결고리이다. 김건후는 그의 자필수기인 「시베리아의 유형수, 허버트 김의 악몽」에서 밝히고 있듯이 1942년 5월 소련의 강제수용소에서 석방될 당시에 내무인민위원회(NKVD, KGB의 전신)로부터 중국에 입국하면 소련비밀요원과 연결될 것이고, 김원봉과 같이 활동할 것을 통보받았다는 내용이 있으나, 실제로 그가 소련을 위한 첩보활동에 참여했는지 여부는 알아내기 어려웠다.[13] 그러나 1950년 10월 9일 미군이 북한에 진주하여 노획한, 김건후 연행 이후 작성된 심문록에 의하면 그가 실제로 중국에 있는 동안 "비밀 공작을 위하여 5년간 소련 정부와 연락이 있었다"는 것을 시인하였다.[14] 여기에서 그는 1946년 6월 중국에서 한국으로 귀국 후에는 소련 당국과 연결이 두절되었다고 진술하였다.

따라서 북한군의 체포조가 소련정부의 지령으로 미리 확보한 정보에 따라서 김건후가 도피하기 전에 급히 체포를 단행한 것인지 여부가 또 하나의 가능성으로 사료된다. 2015년까지 생존한 그의 부인 정정식 교수가 전해들은 바에 의하면, 납북 후 그가 두만강에서 가까운 북한의 함경북도 아오지 탄광에서 일하고 있는 것을 보았다든가, 청진에서 광산사무를 보고 있다는 등 여러 소문들이 있었지만 아직까지 그의 생사에 관한 어떤 사실

13　김재원·이승희 엮음, 『잊혀진 이름, 잊혀진 역사; 김건후, 칭치엔 허, 허버트 김, 게르베르트 김』, 푸른사상사, 2022, pp. 105-106.
14　한국전쟁 노획문서, 문서번호 200569, NARA(The U.S. National Archives and Records Administration) II 소장자료.

적 근거도 찾기 어려웠다.

    4년반 동안 소련의 강제수용소에서 비참하고 비인간적인 처지에 놓여 소련 공산당의 만행과 모순을 뼛속 깊이 체험한 김건후에게 있어서 북한공산정권에 대한 두려움이 얼마나 컸을 것이며, 또 다시 그 치하에서 치욕을 겪는다는 것은 얼마나 어려운 일이 되었을 것인지는 불 보듯 자명한 일이다. 이러한 민족적 비극이 여전히 지속되고 있는 것이 21세기 한반도의 현 상황인 것이다.

부록

1. 허버트 김 이야기 (김건후의 수기)
2. 김건후 (金鍵/建厚) 연보
3. 사진자료*

*여기 실린 사진자료는 대부분 김재원 소장앨범, 김정숙 소장 옛 중국 망명시기 가족앨범, 그리고 김건후 앨범에서 발췌한 것이다. 김건후앨범은 그가 CSM시절 만들기 시작한 앨범으로 소련으로 가지고 갔던 것을 폴린이 소련을 탈출하며 가지고 나온 것이다. 지난 2022년 김득원(폴린의 아들)의 딸(Ann Coveri)이 김재원에게 전달하여 현재 김재원이 소장하고 있다.

1. 허버트 김 이야기(김건후의 수기)
1949년 5월 18일 쉐우드 에디 Sherwood Eddy에게 전달
(예일대학교 신학대학원 도서관 소장자료)

나의 친애하는 친구 허버트 김은 뉴욕에서 YMCA 간사로 일하였고, 그가 러시아에서 체포되어 투옥된 이야기를 소개한다. 조지 피치가 그를 러시아에서 구출하였다. 그는 공산주의자들에 의해 살해당했다.
My dear friend Herbert Kim was a YMCA secretary in New York City, here tells of his arrest and imprisonment in Russia. George Fitch got him out of Russia. He was killed by the Communists.*

나는 1904년 1월 7일 평양에서 약 30마일 떨어진 작은 마을에서 출생하여, 6살부터 감리교 보통학교에 다녔다. 내가 어린 소년이었을 때 가족이 그리스도교인이 된 후 나도 그리스도교인으로 자라났다. 이 작은 마을에서 보통학교를 마치고 곧바로 감리교 미션 학교에 들어가 1918년에 졸업했다. 이 무렵 아버지는 이조 말엽의 정치 활동에 상당히 적극적이었다.[01]

---

* 죠지 피치와 소력자邵力子가 자신을 소련에서 구출했다고 허버트 김은 증언하였고, 그의 최후에 관한 정확한 정보는 없다. 이 자료는 예일대학교 신학대학원 도서관 소장의 Eddy Papers, RG 32 Box 6 Folder 125에 포함되어 있다. 셔우드 에디Sherwood Eddy는 미국, YMCA에서 아시아 지역을 담당한 목사였다. 본서에 수록된 이승희 「해방후 한국의 정치적, 사회적 혼란과 김건후의 적응」, pp. 224-225 참조.

01 이미 일제 치하였기이며, 항일투쟁이 정확한 표현일 것이다.

한일합병이 되자 아버지는 한국에 머물 수 없어 1914년[02] 정치 망명자 신분으로 피난을 떠나야 했다. 한국의 신문에 관여하고 있었고, 애국자로서 일본에 적대적(당시 나는 겨우 10, 11살이었다)이었던 아버지는 미국에 오기를 희망하며 상하이로 피신했다. 당시 많은 한국인들이 이 나라로 왔다. 내겐 분명하지 않은 이유로 아버지는 상하이에서 구금되었었다.[03] 그는 신학을 공부하기 위해 남경신학원에 가기로 결심하였다(1917). 나는 한국에서 고등학교[04]를 졸업하고, 남경에서 사역을 준비하고 계신 아버지에게로 갔다. 1919년 중학교[05]에 입학하였다. 한국에서 독립운동이 일어났을 때 아버지는 금릉 남경신학원의 마지막 학년이었지만,[06] 상해에 모인 친구들은 학업을 중단하고 한국으로 가라고 권유했다. 나는 남경대학에 남아 이 나라에 오기 위해 주로 영어를 공부했다.

　　1923년, 대학 3학년을 마친 후, 광산학을 전공하기 위해 미국에 온 것은 그 당시에도 젊은 한국인으로서 무엇보다 더 실용적인 분야를 전공해야 한다고 느꼈기 때문이다. 나는 광산학에서 미래의 큰 실용성을 보았고, 콜로라도 광산대학교Colorado School of Mines에 가기로 결정했다. 1928년 광산 공학 학위를 받고 졸업했다. 같은 해에 뉴욕으로 와서 컬럼비아대학교 광산학과Columbia School of Mines에 등록하여 1930년 야금(금속) 공학 학위를 취득하고 졸업했다.

02　많은 연구자료에 김홍서가 1916년 중국으로 망명한 것으로 기록되어 있다.
03　항일 투쟁에 열성적이던 김홍서는 망명직전 한국에서 일제에 의해 구금되었던 것으로 알려져 있다.
04　광성중학교를 1918년에 졸업하였다.
05　금릉대학 부속중학교.
06　김홍서는 1918년에 금릉신학원에 입학하였고, 1919년 상해로 옮겨 독립운동에 투신하였기 때문에 금릉신학원 재학은 매우 짧은 동안이었다.

이때(1930년) 소비에트 러시아는 많은 전문가를 모집하고 있었는데, 그 중에는 광산 엔지니어와 야금 공학자도 포함되어 있었다. 소비에트 러시아 및 새로운 소비에트의 생활에 공학 지식을 적용하려는 가능성에 대해 많이 들었던 나는 1930년(뉴욕에서) 암토르그Amtorg와 계약을 체결하기로 결정했다. 기간은 3년이었다. 월급 일부는 미국 달러화, 그리고 생활비로 월 350 루블(즉, 미화 100불과 350 루블) 지급조건이었다. 1930년 7월 러시아로 건너가 이르쿠츠크에 본부가 있는 러시아 금 연합신디케이트에 배치되었다.

(미국에서의 채광 경험은 사우스 다코다 - 1924년부터 매년 여름에 일했던 홈스테이트 광산회사Home State Mining Company에서 했던 약 2년 동안이었다.)

러시아로 갔을 때, 나는 26 살이었다.

이르쿠츠크에서 나는 시베리아 서부의 금광인 미누진스크에서 근무하도록 배정되었다. 6개월 동안 그곳에 머물렀다. 거기에는 이미 서너 명의 미국인 엔지니어가 있었다. 이 미국인들은 언어적 어려움과 러시아인의 정서에 대한 이해 부족으로 인해 기술적 훈련과 적용에 큰 진전을 이루지 못했다. 그들의 실패는 새로 온 내게도 영향을 미쳤다. 엔지니어로서 나는 그들보다 훨씬 어렸고, 동양인이다 보니 잘 지내기가 더욱 어려웠다. 이러한 요인들로 인해 일하기가 정말 어려웠다. 약 6개월 후 그 광산에서 내 업무성과를 검토해 보았을 때 거의 무無였다. 그래서 나는 이르쿠츠크의 본사로 찾아가 다른 광산으로 옮겨달라고 부탁하기로 했다(러시아 엔지니어들의 협조를 거의 받지 못했다). 내 요청에 따라 본사는 나를 카자흐스탄(시베리아 러시아, 우랄의 동쪽)으로 보냈다. 그 나라에는 신장 접경지역까지의 전 영토가 속한다. 1931년 전반의 일이었다.

여기는 나의 첫 근무지와는 달랐다. 나는 현지 러시아 엔지니어들로부터 큰 환영을 받았다. 이 즈음 나는 광산에서 내 위치를 확보하기 위해서는 실제로 그들에게 내 작업의 성과를 보여줘야 한다는 것을 이해하게 되었다. 그래서 나는 매일 광산에 내려가 노동자들과 함께 미국에서 배운 기계 사용법과 채굴 방법을 보여주기로 했다. 3개월 동안 집중적으로 노력한 결과 지하 작업량이 내가 오기 전보다 3-4배 증가했고, 광석 생산량이 200%에서 250% 사이로 증가했다는 구체적인 결과가 나왔다. 이제 러시아 엔지니어들의 지원도 받게 되었다. 그것이 내 경력의 시작이었다. 점차 모두가 나를 완전히 신뢰하게 되었고 모든 행사에 초대되었고, 여러 정당 행사와 전문적인 노조 회의, 당 회의에도 초대받았다. 나는 다양한 토론에 참여할 수 있었다. 그곳에 간 지 2년 후인 1933년, 나는 광산의 수석 엔지니어로 임명되었다. 그때부터 내가 1937년에 체포될 때까지 수석 엔지니어였다.

1930년에 나는 우크라이나에서 쫓겨난, 약 3,000명에 달하는, 가족을 동반한 농민들을 보았다. 그들은 우리 광산으로 이송되어, 아무런 은신처도 없이 맨몸으로 구획된 장소에 수용되었다. 그때는 늦가을이어서 추운 날씨가 다가오고 있었고, 이미 10월의 아침저녁은 꽤 추웠다(이 농민들은 강제로 수용되어 울타리 안에서 살아야 했다. 그들이 은신처를 만들 수 있도록 제공된 것은 약간의 목재와 텐트가 전부였다. 열악한 대우를 받았다. 그들 중 약 50%가 추위와 식량 부족으로 사망했다). 그들은 울타리를 벗어나 빵을 구걸하러 광산 마을의 이웃집 문을 돌아다녔다. 그러나 모두 먹을 것이 충분하지 않았기 때문에 그들은 파리처럼 죽어갔다.

우리는 매우 특별한 조건에 있었다. 당시 러시아인들은 금광에 모든 것을 집중하는 정책을 채택했다. 금광종사자에게는 음식, 의복 등 모든 것을 최우선적으로 공급했다. 그런 상황이었음에도 충분하지 않았다.

내가 1931년 그곳에 도착했을 때 그 광산은 연간 약 450kg의 금을 생산했다. 그곳에서 약 7년 동안 일한 후 광산의 순금생산량을 연간 7톤으로 늘렸는데, 이는 7,000,000달러에 이르는 가치였다(1937년, 톤당 100만 달러).

1933년에 내가 그 광산에서 가장 유능한 엔지니어 중 한 사람으로 여겨졌을 때 지역의 당원들이 내게 접근하여 당에 가입할 것을 제안했다. 가입하지 않을 이유가 없어 회원가입을 신청했다. 나중에 알고 보니 외국인으로서 러시아 공산당원이 될 가능성은 전혀 없었다. 나는 코민테른에 가입해야 했지만 현지 사람들은 그것을 이해하지 못했고, 그들은 내 지원서를 받아들였다. 약 3년 동안 나는 아무런 대답도 듣지 못하고 그냥 기다렸다. 당이 누군가를 받아들이기로 결정하면, 그들은 그를 2년 동안 후보로 부른다. 그런 다음 공식적으로 신청자를 당원으로 가입시킨다. 나는 지역 지부에서 당 후보로 간주되었지만, 지구 위원회에서 승인되지는 않았다. 그 문제는 러시아 공산당의 정책에 따라 당숙청을 채택한 1935년까지 그대로 유지되었다. 이 기간 동안 당은 어떤 회원도 받아들이지 않았기 때문에 내 신청서는 유보상태에 있었다.

1934년 12월 1일, 레닌그라드에서 키로프 암살사건이 일어났다.

나는 러시아 전역에서 책임있는 당과 산업계 지도자들이 반혁명분자들과 연결되어 대량 체포되는 것을 목격했다. 소위 키로프를 죽인 조직과 관련하여 러시아인들이 체포되었고, 그들은 그 조직을 독일 파시스트들이 요원을 러시아에 파견하여 공산당 지도자들에 대한 테러를 지시한 것으로 연결시켰다. 그동안 내내 나는 러시아 공산주의자들이 옳은 일을 하고 있다고 생각하여 그들에게 완전한 동정심을 느꼈고, 이러한 사건들을 비판적인 눈으로 바라볼 생각은 전혀 하지 않았다. 잔인함을 미처 깨닫지 못했다. 나는 체포된 모든 사람들이 정권에 반대하는 반역죄를 지었다고 생각했다. 나는 그들이 체포될 만하다고 느꼈다.

1936년에 블라디보스토크 인근에 살고 있던 한인들이 대규모로 체포되었다는 사실을 알게 되었다. 러시아인들은 블라디보스토크 주변에 한인이 겨우 20만 명 정도라고 주장했지만, 극동 한인사회에 거주하는, 더 믿을 만한 한인 정보에 따르면 블라디보스토크 주변에 거주하는 한인은 약 100만 명에 이르렀다. 1936년 한인이 신뢰하던 당원 중 한 명이 투옥되었고, 한인이(100%) 극동에서 중앙아시아로 강제 이주되었다. 그들 중 일부는 카자흐스탄 남부로 왔다. 러시아 정부가 무고한 사람들을 어떻게 대했는지 처음 알게 된 것은 이 한국인 몇 명을 통해서였다. 중앙아시아와 카자흐스탄으로 이주당한 한인들은 거처도, 식량도 충분치 않아 도착하자 많은 아이들이 죽어 나갔다. 추위와 굶주림으로 한국인은 그 지역 전체 한인인구의 30~40%에 이르는 비율로 사망했다(1936년의 일이다).

　그것은 내가 한국인에 대한 그러한 정책의 정당성에 대해 의구심을 갖기 시작하게 했고, 전반적인 러시아 정책에 대한 나의 의구심의 시작이었다. 그때까지 내가 이 반혁명 조직에 대해 들은 내용의 진정성도 의심하기 시작했다. 그리하여 나는 1937년에 러시아의 정책에 대해 의심을 품고 이 나라를 떠나기로 결정했다. 이 즈음 엔지니어, 기술자 및 노동자와 같은 대부분의 동료가 매일 사라지고 있었다(이곳 러시아인들에 대해 이야기하고 있는 것이다). 광산에서는 아무도 그에 대해 이야기하려 하지 않았다. 그들은 모두 무슨 일이 일어나고 있다는 것을 알고 있었으나, 두려움에 사로잡혀 있었다. 게다가 7년 내내 내게 우호적이었던 지방당은 태도를 바꿔 실무자로서의 내 성실성을 공격하기 시작했다.

　나는 전체 광산의 2인자였다. NKVD(비밀경찰)의 지시가 있었던 것 같다. "여기에 외국인 스파이 조직이 있다"(1933년에 대부분의 미국 기술자들은 러시아를 떠나야만 했다. 왜냐하면 그 즈음 그들이 러시아에 와 있는 미국 기술자들이 기꺼이 수락할 정도의 미국 돈을 줄 준비가 되어 있지 않다는 언급이 있었기 때문이다. "제발 떠나십시요" – 그래서 모든 미국 엔지니어들은 1933년에 떠났다).

그 무렵 나는 거기가 마음에 들었고, 이미 정착하였었기 때문에 계속 머물기로 결정했다. 나는 한 달에 2,000루블을 받았다. 미국 달러는 없었다. 나는 1년에 약 20,000루블을 저축할 수 있었지만 그것을 러시아 밖으로 가지고 나갈 수는 없었다 - 모두 거기에서 소비해야 했다. 당시 루블은 10센트에서 15센트 정도의 가치였다.

1936년 후반기에 들어서면서부터 거물급 정치지도자들이 체포되었고(우익 숙청), 그때부터 정기간행물과 신문 등의 러시아 간행물에는 수많은 외국 스파이들이 밀입국하고 있다는 선전기사가 연일 쏟아져 나왔고, 그들은 러시아에서 반혁명가들과 손을 맞잡고 공작하고 있다고 하였다. 간행물 외에도 거의 매주 당모임과 노동조합모임이 열렸고, 당원들은 반혁명분자와 외국간첩이 없는지 확인하기 위해 모든 사람이 경계해야 한다고 말했다. 그런 종류의 선전은 1937년 중반까지 계속되었다. 그리고 나서 대숙청으로 이어졌다.

그 동안 나는 아무런 잘못도 저지르지 않았었기 때문에, 그리고 오로지 내 업무에만 집중했었기 때문에, 내게 어떠한 영향도 없을 것으로 생각하고 계속 내 임무를 수행했다. 1937년 여름에는 체포가 만연하여 함께 일할 사람이 거의 없었다. 내 위의 사람들은 모스크바로 가서 감옥에 갇혔고, 엔지니어와 기술자를 포함하여 내 밑에서 일하던 사람들은 사라졌다. 그들이 체포되었다는 소문이 돌았지만 어디로 갔는지 아무도 확실히 알지 못했다. 그래서 나는 더 이상 머물기가 매우 불편해졌다. 9월에 나는 출국하기로 결심했지만 아직 사표를 내지는 않았다. 그러나 9월의 어느 날 나는 본사로부터 러시아에 숙련된 엔지니어와 기술자가 충분하기 때문에 외국인 전문가를 대체할 수 있다는 사실을 고려할 때, 내 서비스가 더 이상 필요하지 않다는 통지를 받았다. 그 통지를 받고 나는 우리 일을 수행할 수 있는 기술 인력이 충분하지 않다는 것을 알았기 때문에, 그것이 진짜 이유가 아니라는 것을 알았다. 나는 모스크바 본사로 가서 나를 해고한 진짜 이유를 알아보기로 했다. 그러나 본사에 도착했을 때 내가 아는 사람들은 대부분은 사라졌고, 그나마 본사에 있는 사람들은 나에게 진실을 말하고 싶어하지 않았기 때문에, 제대로 된 사람을 만날 수 없었다. 마침내 나는 본사에 나를 1930년에 데려온 미국으로 다시 보내 달라고 요청해야 했다. 본사는 나를 포함하여 가족 모두의 귀국비용을 지불하기로 흔쾌히 동의했다.

나는 광산으로 돌아와 이 나라를 떠나는 데 필요한 모든 준비를 진행했다. 마지막 준비사항으로 나는 출국비자를 받으러 지역 비밀 경찰청에 가야 했다. 1937년 10월 29일이었다. 지역 NKVD 경찰청은 페트로파블로브스크 시에 있었다. 예전에 비자를 받으러 갔을 때는 보통 몇 분이면 비자가 발급되었는데, 이번에는 담당자가 2주를 기다려야 한다며 진짜 이유를 밝히기를 꺼렸다. 그에게 비자를 받기까지 왜 그렇게 오래 걸리는지 설명을 요구했더니, 그는 3일 안에 내 서류가 통과될 수 있을 것이라고 말했다. 나는 지방 경찰청을 나와서 호텔에 방을 잡았다. 1937년 11월 1일 밤 11시쯤 비밀 경찰이 와서 나를 체포했다. 그들이 내 개인 소지품, 몸 및 기타 모든 것을 수색하고 체포의 모든 절차를 마치고 나를 비밀 경찰 본부로 데려갔을 때는 이미 12시였다.

그들이 나를 제일 먼저 데려간 곳은 수사과장인 루다코프 대위에게 였다. 그곳에서 나는 양쪽에 두 명의 비밀 경찰과 함께 루다코프와 대면했다. 한 명은 스텝니약에서 자신을 내 친구라고 생각했던 소로킨이었다(우리는 서로를 아주 잘 알고 있었다. 3-4년 동안 광산에 함께 있었다. 그는 내가 무엇을 하는

지 정확히 알고 있었다). 내가 루다코프로부터 처음 들은 것은 "당신이 소련 정부를 정탐하기 위해 외국 스파이 조직에 의해 이 나라로 보내졌다는 신뢰할 수 있는 정보를 가지고 있다"는 것이었다. 그것은 예상치 못한 혐의였고, 내가 그것과 아무 관련이 없다는 것을 알았기 때문에 나는 그들의 어떤 종류의 고발에 대해서도 올바른 방식의 절차와 조사를 통해 무죄임을 증명할 수 있다고 확신했다. 따라서 내 대답은 "모든 면에서 완전한 증거로 나를 조사하는 것을 제외하고는 당신이 원하는 나와 관련한 모든 것을 해보라"는 것이었다. 그러자 루다코프는 웃으며 "우리는 당신과 같이 용감한 친구들을 많이 보았지만, 얼마간 여기에 머무르면 다르게 느껴질 것"이라고 말했다. 그런 다음 그는 다른 두 사람에게 손짓하여 나를 뒷방으로 데려가도록 했고, 그곳에서 그들은 나를 머리부터 발끝까지 벌거벗겨 샅샅이 수색했다.

때는 이미 새벽 3시쯤 되었다. 그들은 나를 NKVD 감옥의 매우 어두운 복도로 데려갔다. 감방(#12)에 도착했을 때 그들은 문을 열고 나를 밀어 넣었다. 나는 이 어두컴컴한 감방으로 밀려 들어가면서 잘 볼 수는 없었지만 두 유령 같은 형체가 나를 마주보고 앉아 있는 것을 보았다. 그들은 머리카락과 얼굴의 털이 너무 길어서 진짜 유령같았고, 뼈와 피부만 남아있었다. 유령이 어떻게 생겼는지 궁금하다면, 내 앞의 그들이 바로 살아있는 유령의 예였다. 그들은 여러 달 동안 그 감방에 격리되어 있었기 때문에, 나를 보는 것을 매우 흥미로워했다. 한 명은 오스트리아인이었다. 그는 제1차 세계대전 당시 오스트리아군 병사로 러시아에 왔고, 러시아 혁명 시기에 러시아군에 포로로 잡혔다. 그때 이 젊은 오스트리아 병사는 볼셰비키에 동조했고 그들과 힘을 합쳐 차르 러시아에 맞서 싸웠다. 당연히 그는 매우 독실한 공산당원이 되었다. 그 후 1920년대와 1930년대에 그는 지역 공산당의 신뢰받는 당원이자, 1927년에서 1930년까지 진행된 집단화의 책임 있는 일꾼이었으며 체포될 때까지 집단 농장의 대표였다.

그는 러시아 여자와 결혼하여 4명의 자녀 — 아들 둘, 딸 둘을 두었고, 그들은 모두 공산주의 청년 공산당 조직에 속해 있었다. 그러나 1936년에 그들은 그를 반혁명 조직의 일원으로 체포할 필요를 느끼게 되었고, 그는 재판없이 지난 11개월 동안 그 감방에 갇혀 있었으며, 수사는 끝났다고 내게 말했다. 무슨 수사냐고 물었더니 아무렇지 않은 듯 말했다. 그들이 하는 일은 당신이 마침내 무너져 내려, 시키는 대로 할 때까지 당신을 굶주리게 하고, 며칠 동안 잠을 못자게 하는 것이다. 그리고 빈정대며 머지않아 나도 진정한 조사 방법을 알게 될 것이라고 말했다. 그는 러시아 전역의 감옥에서 비밀 경찰이 기대하는 것을 하지 않거나, 해야 할 일을 하지 않고 도망칠 수 있는 사람은 없을 것이라고 생각했다. 고백할 것이 없는데 어떻게 그런 일을 할 수 있느냐고 내가 묻자 그는 나에게 이렇게 말했다. "그래, 처음 체포되었을 때 나도 그렇게 느꼈었지만, 그들이 나를 무너뜨리고 그들이 준비한 진술서에 사인하기까지 5개월이 걸렸고, 그 후 나는 지난 6개월이 넘도록 이 감방에 갇혀 재판에서 스스로 폭로하기를 기다리고 있다(그는 무죄지만 구금되어 있다고 말할 작정이었다).

두 번째 동료는 갈리시아(폴란드의 일부)인이었다. 그는 1931년 정치적 난민으로 러시아에 왔다. 그는 폴란드에서의 공산당 활동으로 더 이상 폴란드에서 살 수 없게 되자 소련에 난민으로 들어왔고, 1937년 러시아는 그를 감옥에 넣었다. 그는 그곳에서 7개월을 보냈다. 그의 조사는 그가 한 적이 없는 일을 자백하도록 만든 동일한 절차 후에 거의 끝났다(방법은 배고픔과 불면 - 구타 없음 - 정신적 고문 그리고 의지와 정신의 붕괴였다).

수감 첫날 아침 일찍 감방문이 열리고 내 주먹보다 크지 않은 검은 빵

세 조각이 나와서 감방 동료들에게 그 빵이 얼마나 될지 물었더니 약 400g이라고 하였다. 감옥에 들어온 날로부터 하루에 빵 한 조각씩 배급받는 것이 전부였다. 빵은 거의 납처럼 무거웠다. 처음 빵을 받았을 때 도저히 먹을 수 없어서 빵을 두 조각으로 쪼개서 반씩 나눠줬다. 이 작은 빵을 받고서 그들이 보였던 기쁨과 감사의 표정은 잊을 수 없다. 얼마나 배가 고팠는지, 빵이 얼마나 부족했는지 말해 주었다.

비밀경찰은 한 달 내내 나를 부르지 않았다. 그때에는 그들이 무엇을 노리는지 잘 몰랐지만, 한 달 내내 나를 불러서 어떤 종류의 심문도 하지 않고, 그 늙은 죄수들과 함께 두는 것은 감옥에 들어간 죄수의 운명과 절망에 대한 모든 정보를 얻게 하려는 의도라는 것이 분명해졌다. 이렇게 하여 모든 사람의 저항의지를 약화시키려는 것이다. 무고한 사람들을 무너뜨려 유죄 판결을 내리는 것이 일반화되어 모든 사람에게 적용되었다. 이는 어디에서나 같은 수순手順이다. 첫날 아침에 먹을 수 없었던 빵은 약 2주 동안 그 감방에서 지내면서 배급량이 충분하지 않다는 것을 스스로 발견하게 되었고 매일 더 맛있어졌다. 그러다가 진짜 배고픔을 느끼기 시작했고, 그들이 나를 처음 심문실로 불렀던 첫 번째 달 말에는 이미 너무 배가 고파서 음식 외에는 다른 생각을 할 수 없었다(몸도 의지도 약해졌다). 그러나 나는 끝까지 저항하기로 결심했다.

그들이 나를 심문실로 처음 데려갔을 때 그들의 방법은 내 두 감방 동료가 설명한 것과 정확히 일치했다. 그들은 나에게 구체적인 비난이나 증거를 제공하지 않았다.

심문하면서 그들이 한 것은 나에게 다음 네 가지 사항에 대해 쓰도록 요구한 것이었다. 언제부터 누구에 의해 내가 그 조직에 가입하였는지, 그 반혁명 조직의 일원으로서 내가 한 일과, 마지막으로 내 임무로 그 조직에 몇 명을 모집했는지였다. 나는 이 조직들과 아무런 관련이 없기 때문에 이 모든 질문에 대답할 수 없었다. 그러자 그들은 밤낮을 가리지 않고 나를 잠들지 못하도록 의자에 앉아있게 했다. 이것은 12일 동안 지속되었다. 처음 3일 동안은 너무 졸려서 나도 모르게 쓰러졌는데, 넘어질 때마다 의자에 앉히고 갈비뼈를 찔러 잠을 못 자게 깨웠다. 결국 완전히 쓰러져버린 12일째까지 계속되었다.

눈을 떴을 때 나는 12일 만에 처음으로 감방으로 돌아와 있었다. 한 달 내내 그들은 나를 괴롭히지 않았고, 이것은 내게 휴식의 기간이었다. 체포된 지 약 60일 후에 나는 고정된 자세로 앉혀져서, 방 천장에 찍힌 점을 봐야 했다. 하루에 3교대로 두 사람이 계속 나를 지켜보고 있었다. 그것은 내가 두 번째로 쓰러졌을 때까지 일주일 동안 계속되었고, 이번에 그들은 내 귀에 대고 쓰고, 쓰고, 또 쓰라고 외쳐 댔다. 이 두 기간 동안 경비원들에게 합리적이고 정의의 관점에서 생각하라고 간청하며 내가 러시아에 온 진짜 이유를 그들에게 설명할 기회가 몇 번 있었다. 그들은 내 이야기에 매료되어 자신도 모르게 동정을 보였다. 그러나 그것은 즉각적인 반응이었을 뿐, 그들이 의무를 깨닫는 즉시 엄격한 표정의 얼굴과 공식적인 태도로 되돌아갔다.

나는 두 번째로 쓰러진 후 감방에서 깨어났다. 나를 귀찮게 하지 않은 채로 또 한 달이 지나갔다. 내가 체포된 지 약 3개월 후 그들은 세 번째로 나를 심문실로 불렀다. 이번에는 심문을 빨리 끝내고 싶었다. 이 무렵 나는 신체적 상태도 나빴고, 도덕적 저항도 매우 심했다. 이것을 알고 그들은 내가 진술서에 서명하지 않으면 내 아내를 체포하고, 내 4살짜리 아이를 고아원에 보내겠다고 위협했다. 더 이상 저항하는 것이 무의미함을 깨닫고 나는 글(러시아어)을 쓸 줄 몰라서 아무것도 직접 쓸 수 없기 때문에 초안을 만들어 주기만 하면 모든 것에 서명하겠다고 말했다. 그런 다음 그들은 나에게 진술서를 건네주었고 나는 모든 종이에 서명했다. 이른바 자백을 받아낸 후 그들은 내가 체포된 지 정확히 1년 후인 1938년 11월 1일까지 더 이상 아무런 심문없이 나를 내버러 두었다.

1938년 11월 1일 우리(페트로파블로브스크 감옥에서 온 약 300명의 수감자)는 감옥 열차에 실렸다. 우리 모두는 예외 없이 1년 님게 페트로파블로브스크에 있는 NKVD 본부 감옥에 있었다. 우리 중 누구도 우리가 어디로, 왜 끌려가는지 알지 못했다. 여기에서 이 감옥 열차의 이동 조건에 대해 한마디 해야겠다. 길이 6피트, 너비 6피트의 구획으로 구성된 감옥 열차인데 보통은 3등석칸으로 사용되며 기껏해야 6명 정도를 수용할 수 있다. 쇠창살과 철문으로 통로와 칸이 나뉘어져 있는, 똑같은 크기의 객실에 우리는 약 18명에서 25명 정도 수용되었다. 위생 시설도 없었다. 나는 이에 대해 언급할 가치가 있다고 생각한다. 수감자들이 이곳 저곳으로 이송될 때마다 그들은 아무것도 주지 않았다. 먹을 음식이 충분하지 않았고, 거의 우리 모두가 원하는 것은 물이었다. 몸이 쇠약해진 데다가 물을 많이 마셔서 화장실을 자주 가야 했다. 어떤 경우에도 감옥에 갇히면 24시간 동안 두 번 밖에 나가지 못하게 한다. 감옥 열차에 실린 후, 가장 힘들었던 것은 처음 24시간이었다.

일반적으로 2~3시간에 한 번씩은 이동해야 하는데, 이보다 더 열악하다면 그것은 고문일 것이다. 그곳은 너무 꽉 찼기 때문에 앉았다 일어나면 머물 자리가 이내 사라졌다. 예를 들어 우리는 이런 상태로 5일을 여행했다. 5일의 여행 끝에 우리는 카자흐스탄의 수도인 알마 아타Alma Ata에 도착했다. 우리는 우리가 왜 그곳으로 끌려갔는지 몰랐지만, 나중에 재판을 받기 위해 그곳으로 끌려갔다는 것을 알게 되었다.

1938년 12월 1일에 나는 다른 수감자 두 명과 함께 감방에서 불려 나와 폐쇄된 트럭에 실렸다. 너무 어두워서 서로의 얼굴을 볼 수 없었다. 우리가 어디로 끌려가고 있는지 몰랐다. 마침내 우리는 알마 아타의 비밀 경찰이 일반 사무실로 사용하는 방이 있는 건물에 도착했다. 각 방은 바닥에 있는 세 개의 매트를 제외하고는 모든 것이 치워져 있었고, 우리는 각각 이 매트 중 하나에 누웠다. 12월 1일 밤 11시쯤이었다. 우리는 거기에 누워 있었고, 제복을 입지 않은 비밀 경찰들이 복도를 이리저리 왔다 갔다 했다. 그 건물에는 방이 50~60개 정도 있었고, 그 방들은 복도로 연결되어 있었다. 각 방에는 우리와 같이 매트 세 개에 각 한 명씩 누워 있었다. 그날 밤 12시경에 비밀 경찰은 우리 각자에게 기소장을 제시했는데, 거기에서 나는 51, 2-6-7-8 및 11 위반으로 기소되었다는 내용을 읽었다. 이러한 혐의는 스파이 활동, 사보타주, 난파 행위와 관련되는 것이며 이들 중 한 문항에 대한 처벌도 소비에트 법에서 가장 무거운 것이었다.

　　이 때에 소비에트 러시아 최고위 군사법정의 순회 회의가 카자흐스탄 전역에서 모인 모든 정치범들을 재판하기 위해 알마 아타에서 열렸다. 10일 동안 800명이 넘는 수감자들의 재판이 이 법정에서 열렸다. 이는 매일 최소 80명의 재판을 의미한다. 매일 12시간씩 일하면서 그들은 매시간 약 8명을 처리해야 했다. 우리 모두는 개별적으로 재판을 받았다. 따라서 각 재판에 허용되는 시간은 약 5-6분이다. 그리고 실제 재판에서는 3분도 채 걸리지 않았다. 모두 군인인 5명의 판사와 검사 1명으로 법정은 구성되었다. 각 수감자는 두 명의 경비원에 의해 끌려 나왔고, 법정 앞에 세워졌다. 이름, 나이, 출신지, 국적 등을 묻고, 마지막으로 실제 재판이 진행되면 죄인이 자신의 죄를 인정하느냐는 단순한 질문을 던진다. '예' 또는 '아니오'라는 대답은 판결에 아무런 의미가 없다. 어떠한 경우든 법원의 결정은 총살형이었다. 정확하게 그대로 나에게 일어났다.

내가 재판을 통과하자 곧바로 나는 나보다 앞서 이미 세 사람이 있는 감방으로 호송되었다. 판결이 어떻게 났느냐는 질문에 그들도 총살형을 선고받았다고 말하였다. 내가 이 사람들과 재판 이야기를 나누는 동안 다른 한 사람이 내 뒤를 이어 들어왔다. 우리 모두는 그를 향해 돌아섰다. 그의 얼굴이 종잇장처럼 하얗게 질려서 입술이 떨리고 거의 일어서지도 못하는 것을 보았다. 무슨 일이냐고 묻자 그는 다음과 같은 이야기를 들려주었다.

그는 총살형을 선고받고 나서 사형집행실로 호송됐다. 집행실 문이 열리자 그는 방 중앙에 커다란 구덩이가 파여 있는 것을 보았고, 피가 반쯤 차 있는 구덩이에서 수많은 시체를 보았다. 그가 그것을 본 바로 그 때, 경비원이 그들을 향해 달려오며 큰 소리로 "멈춰"라고 외쳤다. 그는 총살되기 직전에 그 방에서 끌려 나왔다. 그를 집행실로 호송하도록 하는 전달에 어떤 실수가 있었고, 마지막 순간에 그는 잡혀 나와 우리 감방에 갇혔다.

우리의 사형수 감방에는 총살형을 선고받은 11명의 수감자가 있었다. 모두 외국인이었다: 독일인 2명, 오스트리아인 3명, 체코인 3명, 중국인 1명, 이탈리아인 1명, 한국인 1명. 이 선고의 영향은 첫날에는 느껴지지 않았다. 그러나 다음 날 우리 대부분은 선고에 너무 충격을 받아서 침상에서 일어나거나 움직이지 못했다. 우리 모두는 총살당하기를 매 순간 기다리고 있었다. 이 기다림은 9일 동안 지속되었다. 그러나 처음 며칠 동안 가졌던 비참한 느낌은 대부분에게서 점차 사라졌고, 우리는 그들이 정말로 우리를 죽일 의도가 있는지 추측하기 시작했다. 재판 후 3일째에 비밀 경찰 한 명이 사면 청원을 원하는 사람이 있는지 묻는 서류를 들고 우리 감방에 왔다. 몇몇은 그 제안을 받아들였지만 대부분은 사면을 신청하면 죄를 인정하는 것이라고 생각하여 거부하였다. 9일이 지나갈 즈음에 갑자기 감방의 문이 열리고 우리 중 한 명이 무작위로 끌려 나갔다. 모두들 때가 되었다고 생각했다. 그런데 5분 뒤에 이 사람이 온 몸을 떨며 얼굴은 창백해져서 돌아와서는 "25년"이라고 속삭였고, 이는 그가 25년형으로 감형되었음을 의미했다.

두 번째 사람이 나갔고, 나는 그 때 세 번째였다. 나는 그들이 내게 어떻게 할지 알고자 매우 궁금했다. 첫 번째 사람의 형량이 25년형으로 감형된 것이 우리 모두에게 반드시 적용되는 것은 아닐 것 같았다. 그래서 나는 두 번째 사람이 돌아오면, 다음에 바로 나가기 위해 문 가까이로 몸을 밀어붙였다. 그리고 두 번째 남자가 왔고, 나는 스스로 알아보기 위해 나섰다. 별도의 방에 앉아 있던 비밀 경찰이 한 번에 한 명씩 불러서 칼리닌이 서명한 소련 최고 집행위원회의 결정을 알려주었다. 우리의 사형 선고는 25년형으로 감형되었다.

죽음의 감방에서 풀려난 우리 11명은 모두 알마 아타의 큰 감방으로 이송되었다. 이 큰 감방에는 150명이 넘는 수감자들이 있었는데 그들 대부분은 우리 11명과 거의 같은 경험을 했다. 우리는 우랄 산맥에 있는 감옥으로 보내지기 전에 감방에 구금되었다. 재판이 끝난 후 수감자들이 처리되고 이송되는 상황은 재판 전과 완전히 동일했다. 나는 알마 아타에서 즐로토우스트Zlotoust의 정치범 수용소로 이송된 500명 중 한 명이었다. 우연인지 의도된 것인지는 모르겠지만, 나는 재판을 받은 플레트네프 교수와 한 감방에 갇혔는데, 그는 부하린, 라코프, 야고다를 포함한 22명의 정치 지도자와 함께 했던 사람이었다. 1936년에 있었던 그 유명한 모스크바 재판을 통해서 러시아 서민들은 이 22명의 정치 지도자 모두가 소비에트 정부에 대한 진정한 범죄자라고 믿었다. 나는 플레트네프 교수와 석 달 동안 같은 감방에서 생활하면서 수사 방식과 최종 재판에 대한 그의 말을 들을 기회를 충분히 가질 수 있었다. 놀랍게도 이 사람들이 겪은 절차는 나와 나머지 수천 명의 러시아 정치범들이 겪었던 것과 똑같았다.

    1939년 7월, 나는 600~800명의 수감자들과 함께 즐로토우스트 감옥에서 갑자기 불려 나가 백해의 서쪽 해안 근처에 있는 슬로브카 섬의 정치범 수용소로 이송되었다. 이번 여행에서 대부분의 수감자들도 독일인, 오스트리아인, 체코인, 불가리아인, 라트비아인, 리투아니아인, 에스토니아인 등 외국인이었다. 처음에는 아무도 우리가 어디로 끌려가는지 알지 못했고, 18~25명의 죄수들이 한 객차에 실려져서 여행하는 동안의 삶을 매우 비참하게 만들었다. 수감자들은 설사와 이질로 앓았고 우리가 핀란드 국경 근처의 코미에서 기차에서 내리기 전에 그들 중 5명이 병사했다. 이 여행 동안 50% 이상이 너무 약해져서 기차에서 내릴 때 도움을 받아야 했다.

    이 슬로브카 섬의 정치범 감옥은 내가 지금까지 본 어떤 감옥보다 깨끗하고 조용했다. 슬로브카는 구 체제 당시 유명한 수도원의 도시였으나 소련은 이 수도원을 정치범 감옥으로 바꿔버렸다. 감방에는 9명의 수감자가 있었는데 모두 25년형을 선고받았고, 모두 외국인이었다. 우리는 교도소 도서관에서 책을 빌려볼 수 있었다. 그러나 우리가 읽을 수 있는 책의 종류는 매우 제한적이었고 대부분 과학 서적이었다. 같은 해 11월, 갑자기 감옥 전체에 소동이 일었고, 우리는 기선에 실려 아르한겔 시로 이송되었다. 지난 2년 동안 나는 감옥에 갇혀 있었다. 처음으로 신선한 공기를 마실 수 있었고, 아르한겔에 있는 철조망 안에서 햇빛을 보았다. 그들은 우리를 어디로 보내야 할지 몰라 임시 수용소에 몇 주 동안 가두어 두었다. 이 기간 동안 나는 매사추세츠 주 메이너드에서 온 헨리 존슨이라는 이름을 가진 미국인을 만났다. 그는 교도소 당국에 헨리 라이틀러로 알려져 있었다. 그는 1930년대 초에 개인 사업체의 대표로 러시아에 왔다. 1933년에 그는 소비에트 러시아를 떠나기로 결정했고 출구를 확보했다. 외무부의 기록에 따르면 그는 국외로 떠나갔으나, 그가 모스크바를 떠나기 전날 밤 국가비밀경찰이 와서 그를 체포하고 간첩죄로 기소하여 징역 10년형을 선고했다. 이미 7년을 복역했다. 그는 피부와 뼈만 남은, 살아있는 해골이었다.

이 임시 감옥에서 몇 주를 보낸 후, 어느 날 오후 4시경 400명에서 500명 정도의 모든 수감자들이 소집되어 줄을 서서 약 15마일 거리를 행진하도록 명령받았다. 우리 대부분은 2년 이상 감옥에서 부족한 배급, 엄격한 감옥 제도 그리고 비위생적인 환경의 감방에 감금되어 고통을 겪었다. 이미 깊은 겨울이었고 땅은 얼어붙은 눈으로 덮여 있었다. 우리는 언 길을 지나 아르한겔 현의 숲으로 행진해 가야 했다. 온도는 섭씨 -30도 이하였다. 거리의 절반도 채 가기 전에 대부분의 수감자들은 걸을 수 없었다. 나 자신은 얼어붙은 땅 위를 손과 무릎으로 기어가고 있었다. 수감자의 50%가 나와 같이 총살형이 중단되고 복역하고 있는 상태였다. 우리 모두가 쿠루폴다 수용소에 다다른 것은 그날 저녁 자정 무렵이었다. 우리가 처음 그곳에 도착한 후 한 달 넘게 우리에게 일은 주어지지 않았다. 그러다가 우리 중 몇 명만 숲에서 나무를 베고 눈 위로 끌어 옮기는 일에 동원되었다. 이들 대부분은 10년이나 15년 이하의 형을 받은 수감자들이었지만 노동력이 더 필요해지면서 나머지 수감자들도 숲속으로 일하러 가기 시작했다. 실제 노동그룹은 감독자 역할을 하는 한 명의 수감자에게 할당되었다. 각 감독관은 25명의 수감자를 담당했다. 작업을 감독하고 모든 수감자가 수행한 작업량을 보고하는 것이 그의 의무였으며, 이것이 각 수감자가 받을 빵의 양을 결정했다. 세 그룹 중 하나의 감독자로서 내가 가장 힘들었던 일은 우리 그룹의 각 수감자들이 수감자에게 허용된 최대량의 음식을 받도록 하는 것이었다. 동시에 보고서에 허위 진술이 드러나면 처벌이 매우 가혹하다는 것을 의미했다. 눈길을 치우는 데 더 많은 시간을 배당하고 치운 눈의 양을 늘려서 보고서를 작성하여 겨우 받아낼 수 있었다. 이 방법으로 나는 들키지 않고 수감자들에게 허용된 최대량의 음식을 얻을 수 있게 해주었다. 동료 수감자들이 통나무를 끌고 가는 것을 바라보는 것은 — 네 명의 수감자가 통나무 하나를 끌어 옮겼다 — 항상 나에게 구 차르 체제에서 볼가강 뱃사공들의 슬프고 굴곡진 삶을 상기시켜 주었다.

봄이 오면서 나무를 벌목하고 통나무를 운반하던 우리의 일은 멈춰져야 했다. 숲에서 벌목한 모든 통나무가 강둑에 쌓여 있었다. 거대하게 쌓인 더미는 봄 홍수를 이용하여 드비나 강 하류로 떠내려갈 준비가 이미 되어 있었다.

1940년 4월 후반에 우리는 쿠루폴다 수용소에서 아르한겔에 있는 임시수용소로 이송되었다. 수감자들은 매일 수백 명씩 도착했다. 6월 중순까지 전체 수용소는 15,000명에서 20,000명이 넘는 수감자들로 팀을 이루었다. 이 수감자들은 북부 수로를 통해 새로 세워진 보르쿠타의 수용소로 이송될 예정이어서 그 임시수용소로 모였다. 보르쿠타는 광대한 북극 석탄 자원 개발을 위한 새로운 감옥이었다. 6월 20일경 어느 날, 수용소에서 큰 소동이 일어났다. 9,000여명의 수감자들에게 아르한겔 부두의 증기선에 올라타라고 외쳐 댔다. 1,500~3,000톤 용량의 영국제 증기선 세 척이 있었다. 각 증기선에는 앞쪽과 뒤쪽에 하나씩 두 개의 선창이 있었다. 중앙에는 선장을 위한 다리가 있었고, 갑판 바로 아래에는 선원들의 숙소가 있었다. 배 전체가 검은색으로 칠해져 있었다. 아르한겔의 긴 낮 동안 해는 새벽 3시경에 떠서 밤 11시경에 졌다. 여름의 더위는 24시간 내내 배의 사방을 덥혔고, 그 안에 있는 모든 사람들이 견딜 수 없을 정도로 뜨거워졌다. 각 선창에는 총을 든 경비병들이 갑판 위에서 지키는 가운데, 1,500명의 수감자들이 갇혀 있었다. 우리 모두가 실리고 난 후에도 배는 며칠 동안 항해하지 않았다. 이는 선창에 갇힌 수감자들의 삶을 참을 수 없을 정도로 비참하게 만들었다. 정어리 통조림처럼 동료 수감자들 사이에 끼어 네 개의 나무 데크 중 하나에 앉아 나는 진짜 지옥이 어떤 것인지에 대해 상상하고 있었다. 덥고 목이 말랐고 모두 물을 달라고 비명을 지르기 시작했다. 그들은 충분한 식수를 준비하지 않았고, 더 많은 물을 요구하자 배의 승무원들은 강에서 물을 길어 아래에 있는 물통을 채웠다. 모두가 그 물을 마셨고 며칠 안에 수감자들 사이에 설사가 발생하여 이질로 변했다. 수감자들은 아파서 바닥에 누워 있었고, 아침부터 밤까지 갑판 위의 화장실에 가기 위해 차례를 기다리는 수감자들이 계단에 길게 줄서 있었다. 우리는 꼬박 2주 동안 아르한겔의 항구에 머물렀고 마침내 북극에서 대서양으로 흘러내리는 빙산의 흐름에 휘말려 바다로 항해할 수 없다는 말이 들려왔다. 빙산의 흐름에 갇혀서 세 척의 배가 여행을 시작할 수도 없었던 2주가 지나갔다. 지금까지 대부분의 수감자들은 너무 아파서 항해를 계속할 수 없었다. 설사와 이질로 30-40명의 수감자들이 죽었다는 소문을 들었다. 어느 날 오후 우리는 모두 배에서 내리라는 명령을 받았고, 무장한 병사들로 둥글게 둘러싸인 넓은 들판에 약 9,000명의 수감자가 있었는데, 그들 대부분은 아파서 움직일 수조차 없었다. 교도소 당국은 항해를 계속하기 위해 배에 다시 태울 수 있는 건강한 사람들과 너무 아파서 항해를 계속할 수 없는 사람들을 분류하기 시작했다. 전체의 70%가 여행에 적합하지 않은 것으로 분류되었다. 제외된 그들이 나중에 어떻게 되었는지는 아무도 모른다. 이들 대신 새로운 수감자들이 보충되었고, 세 대의 증기선이 모두 다시 적재되어 우리는 보르쿠타로 출발했다. 우리가 배에 실린 첫날 나는 한 중국인을 만났고 우리는 여행하는 동안 함께하기로 하였다. 우리는 한 장소를 찾아 자리를 잡고서 가방에 들어 있는 몇 안 되는 소지품을 주의 깊게 챙겼다. 약 30분 후에 건장한 수감자 세 명이 우리에게 다가와 우리 물건을 빼앗아 가려고 했다. 이때 우리는 너무 더워서 짧은 바지 하나만 입고 모든 옷을 벗고 있었다. 우리는 그들의 공격에 맞서 싸웠고, 그들은 달아났다. 30분쯤 후에 그들과 함께 약 15명이 돌아와서 우리가 가진 모든 것을 빼앗아 갔다. 이제 소련의 방침이 바뀌어서, 일반범죄자와 정치범을 분리하지 않았다. 이는 정치범들의 삶을 더욱 비참하게 만들었다. 아르한겔에서 피코라강 하구 아래의 나리얀 마르까지 이동하는 데 꼬박 3일 밤낮이 걸렸다. 증기선은 북극해의 이 항구까지만 갈 수 있었다. 나머지 여정은 바지선으로 이루어져야 했다. 우리가 깃발을 따라 끌려갔을 때, 수감자들을 위한 어떤 종류의 숙소도 없이 군인 무리에 둘러 쌓인 채 광야에 남겨졌다. 이 높은 고도에서는 7월에도 저녁에는 추웠다. 나는 짧은 바지 하나를 제외하고는 알몸이었다. 추위와 배고픔으로 떨며 밤을 지새우니 굶주림과 헐벗음으로 죽을 때가 온 것 같았다. 따스한 햇살이 내리쬐는 낮에 조금은 여유를 갖으며, 그렇게 비참한 이틀 밤을 보냈다. 셋째 날에 우리는 강 바지선에 실렸다. 이 바지선들은 그다지 크지 않았다. 바지선들은 상류로 가는 작은 증기선에 의해 견인되는, 바닥이 평평한 목재로 되어 있었다. 군인들이 지키는 문이 두 개뿐인 바지선 위에 나무 후드(덮개)가 세워졌다. 각 바지선에는 800명의 수감자들이 이 나무로 된 덮개 안에 꽉 채워져 있었다. 누구든 자신의 자리에서 일어나면 다시는 찾을 수 없을 정도로 꽉 찼다. 나는 일어났고 다시는 내 자리를 찾을 수 없었다. 바지선에서 그렇게 비참한 이틀을 보내고 있는데, 역시 수감자인 중년의 러시아인이 간수를 대동하고 통로로 내려왔다. 그는 수감자들을 훑어보다가 내게 가까이 왔을 때 멈춰 서서 나를 불렀다. 그는 나에게 800명의 수감자들을 위해 요리를 할 수 있는지 물었다. 나는 할 수 있다고 말했고,

그는 나를 지붕 위, 이동식 부엌이 있는 곳으로 데려갔다. 기장, 귀리 등과 같은 곡물의 일일 배급량은 1인당 50g, 어포 약 15g, 해바라기씨유 10g이었다. 각 수감자에게 배급되는 양이었다. 이 재료들은 실제로 바퀴가 달린 쇠 주전자같은 이동식 주방용기에 투입되었다. 적당한 농도가 되도록 물을 넣고 끓여서 수감자들에게 나누어 주었다. 아침이나 낮에 한 번, 저녁에 한 번, 한 컵씩 정도였다.

보르쿠타 강이 흘러드는 피코라 강 상류에는 보르쿠타 탄광에서 일하기 위해 수송되어 온 수감자들을 수용하기 위한 임시수용소가 세워졌다. 우리는 마침내 이 장소에 도착했고, 임시로 머물게 되었다. 여기에서 보르쿠타 수용소까지 40마일 정도의 거리에는 협궤열차가 운행되고 있었다. 보르쿠타는 여러 섹션으로 나뉘어 졌고, 각 섹션은 향후 탄광 개발을 위해 지정되었다. 1940년 여름 처음 수용소에 도착했을 때 이미 운영 중인 두 구역이 있었다. 새로 도착한 수감자들은 두 번째, 세 번째, 네 번째 새로운 섹션을 시작하도록 계획되었다. 북극 툰드라의 벌판에는 말뚝만 서 있었다. 이 섹션들에 수천 명의 수감자가 작업에 배정되었다. 잠잘 곳이 전혀 없었다. 음식을 요리할 곳도 없었다. 이 모든 일은 새로 도착한 수감자들이 해야 했다. 작업은 반은 얼어 있고, 반은 물에 적어 있는 이끼를 제거하는 것으로 시작되었다. 툰드라에 내려진 뿌리와 이끼를 제거하는 일은 허리가 휘는 일이었다. 식량도 부족했고, 북극의 밤을 노출된 야외에서 지새야 했고, 수감자들은 일의 진전을 보여주지 못했다. 이로 인해 매일 많은 사람들이 질병으로 드러누웠다. 이런 상황을 교도소 당국은 개의치 않았다. 우선 우리는 개간 작업에 투입되었고, 그 다음 수감자들 중 일부는 거주할 판잣집을 지을 통로를 만들기 시작했다. 그 땐 9월 상반기였고, 우리는 시간에 쫓기며 일하고 있었다. 9월의 밤에는 기온이 영하로 떨어졌기 때문에 적어도 한

달 정도는 땅밑에서 지내야 했다. 작은 나무 판잣집이 세워졌고 각 판잣집에는 50~100명의 수감자가 수용되었다. 수감자들에게는 각자의 공간으로 약 1피트 반에서 2피트 너비의 긴 나무 선반이 주어졌다. 실내를 덥히고 젖은 옷을 말릴 목적으로 빈 휘발유통으로 만든 난로를 방 중앙에 두었다. 이 판잣집 안의 공기는 참을 수 없을 정도로 탁하고 냄새가 났지만, 노천에 앉아 있는 것보다는 훨씬 나았다.

경력 덕분에 나는 새 광산의 엔지니어 감독관으로 일하게 되었다. 보르쿠타 포로 수용소에 있는 동안 광산작업에서 러시아 엔지니어 중 극소수만이 할 수 있는 작업의 일부를 맡을 수 있었던 것이 내 생명을 구해 주었다. 1941년 5월 말까지 매년 30% 정도의 더 많은 수감자들이 수용소에 들어온 것으로 나는 추정했다. 수용인원을 위한 막사 건설 작업이 북극의 어떠한 기후조건에서도 겨울 내내 계속되었다. 북극 폭풍이 툰드라 전체를 휩쓸 때에는 팔 길이 정도의 앞조차도 보이지 않을 때가 있었다. 그러나 겨울에도 수감자들은 날마다 온갖 일을 하도록 내몰렸다. 1941년 봄까지 더 많은 막사가 세워졌고, 훨씬 더 많은 수의 포로를 수용할 수 있도록 새로운 철조망이 설치되었다. 2, 3, 4번의 3개 갱도에서 그들은 영구 서리층의 일부를 뚫고 탄층에 도달했다. 이 모든 광산에서 그들은 이미 석탄을 생산해 내고 있었다.

5월 20일 즈음 어느 날, 나는 일을 마치고 막사로 돌아왔다. 나는 교도관으로부터 내 물건을 챙겨서 30분 안에 수용소를 떠날 준비를 하라는 지시를 받았다. 이런 갑작스러운 통지는 수감자들에게 매우 이례적인 것이었고 희소식으로 여겨졌다. 그것은 수감자가 자신의 사건을 재심사받기 위해 비밀 경찰 본부로 다시 호출되었음을 의미했다. 목록에는 24명의 이름이 있었고, 내가 마지막으로 불림을 받았기 때문에 내가 떠날 준비를 할 때쯤 나머지는 모두 약 40마일 떨어진 협궤 철도의 다른 쪽 끝으로 이미 옮겨가 있었다. 우리는 다음날 아침 일찍 바지선에 타야 했고, 나는 저녁 8시경에 전갈을 받아 나를 바지선까지 데려다 줄 경비원이 없었다. 순전히, 운 좋게도 한 경비원이 자원하여 나를 자신의 책임 하에 바지선으로 데려갔고, 그날 주 갱도를 떠나서 마지막 열차를 탈 수 있도록 해주었다. 나는 시간에 맞춰 바지선에 도착하여 나머지 24명과 합류할 수 있었고, 우리는 강을 따라 우스트 우사로 향했다.

 1941년 6월 22일, 수용소 전체가 동요했다. 독일군이 러시아 서부 국경을 침공했다는 소식이 전율처럼 군중을 뚫고 흘러나왔다. 모든 수감자들은 그 소식에 기뻐했다. 간수들은 수감자들에게 매우 친절해지고 우호적이 되었지만 이러한 상황은 오래 가지 않았다. 약 5일 후 간수들은 다시 수감자들에 대한 통제를 강화했다. 수감자들은 서로 독일 침공에 대해 공개적으로 이야기했었는데, 이제 그들의 태도가 바뀌어 속삭이고 있었다. 그리고는 이 수용소의 모든 포로들에게 오랜 기다림이 이어졌다. 모든 철도는 군대를 서부 전선으로 이동시키는 데 동원되고 있었기 때문에 수감자들을 생각할 틈이 없었다. 7월 하순에 나는 코틀라스 수용소에서 불려 나와 다시 수용소 차에 실려 키로프(이전의 비야트카)로 끌려갔다. 나는 8월 한 달 내내 키로프 감옥에 갇혀 있었다. 그 후 고르키로 끌려갔고, 거기서 모스크바의 루비얀카까지. 1941년 9월 1일 밤이었다. 그날 밤 모스크바에 독일군의 첫 번째 공습이 있었다. 비밀 경찰이 내 사건을 그 자리에서 처리하려고 했더라도 독일군이 모스크바에 바짝 접근해 있었기 때문에 연기해야 했을 것이다. 다음날 나는 부틸카 감옥으로 이송되었고 그곳에서 다른 20명의 수감자들과 함께 큰 감방에 갇혔다. 나는 10월 중순까지 그곳에 있었다. 이 기간 동안 모스크바는 매일 밤 폭격을 당했다. 매일 아침 수감자들에게 허용되는 5분 간의 산책 중에 독일 포탄의 파편 조각이 땅바닥에 널려 있는 것을 볼 수 있었다. 10월 중순경 부틸카 교도소 전체가 대피했고, 나는 카잔 기차역에서 약 300명의 다른 수감자들과 함께 다른 열차로 옮겨졌다. 수감자들을 가득 실은 열차는 2주 동안 선로 위에 그냥 세워져 있었다. 그 동안 창문 너머로 여성과 아이들을 태운 열차나 기계와 장비를 실은 열차가 우리 좌우에서 차례로 빠져나가는 것을 볼 수 있었지만, 우리 열차는 꼼짝도 하지 않았다. 역에서 멀리 떨어진 곳에서는 철도를 수리하는 승무원들이 움직이는 모습을 볼 수 있었다. 이 무렵 모스크바는 삼면이 적에게 둘러싸여 있었고 카잔과 사라토프 노선이 유일하게 뚫려 있는 철로였다. 이 노선은 매일 밤 폭격을 당하였다. 늘 많은 열차가 철수했는데, 우리 열차는 마지막에 철수하는 열차 중 하나였다.

11월 초에 나는 사라토프 감옥으로 끌려갔다. 그 동안 내내 나는 그들이 나를 어떻게 할 것인지, 어디로 데려갈 것인지 전혀 몰랐고, 다른 수감자들도 그들을 어떻게 할 것인지 알지 못했다. 사라토프 감옥에는 탈영병으로 비밀경찰에 잡혀온 군인들이 꽤 많았는데, 그들은 일반 수감자 60여 명과 함께 우리 감방에 갇혀 있었다. 물론 우리 모두는 배가 고팠다. 내가 이 감방에 들어온 첫날 저녁 6시가 되자 저녁 식사로 교도소 죽 한 깡통이 들어왔다. 모두들 그것을 먹기 위해 뛰어들었고, 전직 군인들은 그 중에서도 최악이었다. 아직도 설명할 수 없는 이유로 나는 그 순간 무언가를 해야겠다는 충동을 느꼈다. 나는 저녁 깡통을 들고 모두가 볼 수 있도록 방 중앙으로 달려가 "우린 모두 배고프다, 모두 먹고 싶어 한다. 우리는 감옥에 오래 있었기 때문에 다른 동료도 나만큼 생각해야 한다는 것을 알고 있다. 그러니 허락해 준다면 저녁 식사를 최대한 균등하게 나누도록 최선을 다하겠다"라고 외쳤다. 그 말에 대부분의 오래된 수감자들이 동의했고, 새로 체포된 병사들의 분위기도 바뀌었다. 그 후 몇 주 동안 감방 동료들은 나를 감방장으로 선출했고, 우리는 매우 조용하고 질서 정연한 생활을 할 수 있었다.

나는 그렇게 조용한 감방에서 생활하는 것에 매우 만족하고 있었는데 11월 중순에 다른 곳으로 갈 준비를 하라는 지시를 다시 받았다. 교도소 차에 앉아서 나는 무슨 생각을 해야할지 몰랐다. 내가 어디로 끌려가는지 전혀 알 수 없었다. 동시에 나는 그들이 나를 수용소로 다시 데려갈 수도 있고, 중국 국경으로 보내서 그곳에서 나를 풀어줄 수도 있다고 추측했다. 그러나 이것은 나의 추측일 뿐이었고, 결국 나는 전시 수도였던 쿠이비셰프의 비밀경찰 감옥에 들어가게 되었다. 1941년 12월 8일 밤, 나는 감방에서 불러나와 비밀 경찰에게로 끌려갔다. 보르쿠타 수용소를 떠난 후 비밀경찰에게 불려간 것은 그때가 처음 있는 일이었다. 그의 첫 번째 질문은 "일본이 진주만을 공격한 것을 알고 있었습니까?"였다. 물론 나는 몰랐고, 그는 미국과 일본 사이에 전쟁이 벌어지고 있다고 말했다. 그것은 조만간 나의 조국 대한민국이 해방될 것이라는 뜻이었다. 경찰관은 계속해서 "당신의 사건을 재고할 수는 있지만 그럴 생각은 없습니다. 그렇게 되면 우리는 너무 많은 귀중한 시간을 낭비할 것입니다. 우리는 당신이 한국에 가서 동족을 위해 일하기를 바랍니다. 아마도 새 한국 정부에서 당신이 산업부 장관이 될 때가 올 것입니다." 나는 "물론 동포들을 위해 일할 용의가 있습니다"라고 대답했지만, 그들이 생각하는 '동포들을 위해 일한다'는 것과 내가 생각하는 '동포들을 위해 일한다'는 것은 전혀 다른 의미임을 느꼈다. 그러나 나는 내가 그들과 내 동포를 위해 일하겠다고 동의하면서 거짓말을 하고 있다고 느끼지는 않았다. 그래서 나는 그들이 나에게 기회를 준다면 조국과 동포를 위해 무엇이든 할 준비가 되어 있다고 말했다. 그러자 그는 나를 감옥에서 석방하는 절차를 진행하는 데 시간이 좀 걸릴 것이며, 전쟁이 끝날 때까지 중국으로 가서 그곳에 머물 수 있도록 중국 정부와 일을 협의해야 한다고 말했다. 또한 그는 내가 감옥에서 나오기 위해서는 그럴듯한 외모를 갖추도록 더 좋은 음식을 먹어야 한다고 말했다. 그때가 1941년 12월 8일이었고, 12월 9일부터는 정말로 러시아인들은 구할 수 없는 종류의 음식으로 하루 세 끼의 특별 식단을 공급받았다. 두 달 반 동안 그들은 나의 이 특별 식단을 지속했고 물론 내 몸 상태는 더 나은 음식으로 훨씬 좋아졌다.

    1942년 3월 1일, 나는 가방을 들고 불려 나와 이번에는 큰 수감자 차에 혼자 실렸다. 12월 8일 밤에 말했던 대로 그들이 나를 불러내어 풀어줄 것이라고 내내 기대하고 있었지만, 내가 다시 감옥차에 실려 어디론가 향하게 되자 매우 낙담했다. 그들이 나에게 암시했던 것처럼 나를 풀어주려면 비밀 경찰 본부로 데려가서 내 일을 처리해야 했다. 그들은 쿠이비세프에서 그렇게 할 수 있었을텐데, 나를 쿠이비세프에서 데려 나와 감옥차에 태우는 것은 마치 그들이 마음을 바꿔서 나를 다시 어떤 수용소로 보내는 것처럼 보였다. 내가 몰랐던 것은 1942년 3월에 모스크바의 모든 상황이 많이 나아져서 비밀경찰 본부가 모스크바로 다시 옮겨졌다는 사실이었다. 5일 동안의 불확실성과 나의 거친 추측 끝에 마침내 모스크바에 도착한 나는 루비얀카로 끌려가 독방에 감금되었다. 다음날 나는 비밀경찰 사무실로 불려 갔다. 그들은 나를 감옥에서 내보내려던 원래의 의도를 확인해 주었지만, 본부가 모스크바로 이전했기 때문에 석방이 지연되며 가능한 한 빨리 내 일을 처리할 것이라고 말했다.

    5월 중순쯤에 나는 다시 불려갔다. 이번에는 옷 치수를 재었고, 괜찮은 옷 한 벌과 외투 및 기타 물건들을 주었다. 그리고 5월 20일경에 그들은 나를 다시 쿠이비세프로 보냈다. 석방은 모든 외국 대사관이 있는 쿠이비셰프에서 이루어질 예정이었다. 마침내 5월 26일에 사무실로 불려가 여권을 돌려받았고 중국 대사관 외에는 다른 곳으로 가지 말라는 지시를 받았다. 중국 대사관에 갔을 때 소비에트 주재 중국 대사 소력자邵力子 씨를 만났다. 그는 아버지와 매우 절친한 친구이고 1940년 주 러시아 중국 대사로 임명되었을 때 아버지의 요청을 받아들여 나를 러시아 감옥에서 꺼내 주겠다고 약속했던 것이다. 중국 대사관의 도움으로 러시아를 떠날 출국 비자를 받았고, 중국 대사관이 마련해준 경로로 1942년 7월 초에 알마 아타에서 비행기를 타고 출국할 수 있었다.

번역 : 김재원

2. 김건후(金鍵/建厚) 연보
Kim Kun Hoo, Ching Chien-heo, Herbert KIM, Герберт Ким

연대	내용
1904/ 1905. 1. 7.	평안남도 강서군 함종면 훈련리 210번지 출생. 아버지 김홍서(사광학교 교감)와 어머니 김도경의 장남. (많은 자료에 1904년생으로 기록되어 있으나, 한국호적과 『South Dakota, State Census, 1925』에는 1905년으로 기록)
1910.경-1916.	고향 마을의 서당 및 보통학교 졸업.
1916.-1918.	평양 광성학교 졸업.
1918.-1921.	미국선교사가 설립한 남경의 금릉대학 부속중학 졸업.
1921. 7.	모친(김도경 여사) 상해에서 병사.
1922.	중국 국적 취득.
1921.-1923.	금릉대학 재학(Nanjing University: 현재의 남경대학)
1923.-1928.	미국유학: 콜로라도 광산대학(Colorado School of Mines) 졸업
1924.-1928.	매 여름방학에 사우스 다코다 리드(Lead) 소재 광산회사[Homestake]에서 근무
1928.-1930.	뉴욕 컬럼비아대학 졸업
1930. 4. 8.	뉴욕에서 폴린 립만(Pauline Liebman, 1908-2001)과 결혼.
1930. 7.	뉴욕의 소련 무역대표부[Amtorg]를 통해 광산 엔지니어로 취업, 소련으로 이주.
1930.-1937.	소련의 카자흐스탄(Kazakhstan) 북부지역에 위치한 여러 광산[Irkutsk, Minosinsk, Sverdlovsk, Dzhelambeg 지역]에서 엔지니어 및 광산 부소장으로 약 7년간 근무.
1934. 1. 4.	아들, 김득원(Robert Kim, 1934-2000) 출생.
1937. 11. 1.	카자흐스탄의 북부 행정도시 페트로파블로브스크(Petropavlovsk)의 NKVD에 의해 스파이혐의로 체포.

1937. 11.-1938. 12.	페트로파블로브스크의 NKVD에 의해 수사.
1938. 12. 10.	알마아타(Alma-Ata, 현재의 알마티)로 이송 재판: 소련 형법 58조 6, 8, 11항 위반 판결, 사형선고.
1938. 12. 19.	25년형으로 감형
1938. 11. 1. 1942. 5. 26.	4년 반 동안 강제수용소 수형; 알마아타 임시수용소 (Transitory Prison in Alma Ata, 1938. 12. 19-1939. 3.) 즐라토우스트 정치범 수용소 (Zlatoust Political Prison Ural, 1939. 3.-7.15.) 솔로브카 정치범 수용소 (Solovka Political Prison, Island Dolovka in White Sea, 1939. 8. 4.-1939. 11.) 쿠루폴다 수용소 (Kurupolda Prison Camp, Archangelsk District, 1939. 11.-1940. 4.) 아르한겔스크 임시수용소 (Archangelsk Transitory Prison Camp, 1940. 4.-1940. 7.) 보르쿠타 탄광 (Vorkuta Mine in Komi Republic near Usa river, 1940. 8.-1941. 5. 27.) 석방절차 시작(1941. 12. 8.) 모스크바 루비얀카 감옥 (Lubyanka prison, Moscow, 1942. 3. 5-5. 20.)
1942. 5. 26.	소련의 쿠이비셰브(Kuibyshev; 현재의 사마라Samara)에서 석방, 중국대사관에서 주소 중국대사 소력자(邵力子) 면담.
1942. 여름 - 1946. 초	7월에 중국 중경도착 중국 감숙성(甘肅省), 난주(蘭州)에서 감숙성 탄광국[煤鑛局] 광산엔지니어[總工程師]로 근무.
1946. 여름	귀국. 미군정청의 광산국 및 조선중석광업회사의 기술고문으로 재직:1947년 2월 21일, 기술고문의 지시 하에 중석을 고품위로 380톤을 생산, 세계시장으로 첫 수출.
1948.	8개월 간 미국 출장. 폴린과 이혼. 1949년 6월 귀국.
1949. 11. 15.	이화여대 교수 정정식과 재혼(춘원 이광수 중매).
1950. 6. 30.	6월 25일 한국전쟁 발발 5일 후, 을지로 자택에서 북한 인민군에 납북.
1950. 11. 17.	딸 김재원 출생.
1993. 4. 14.	김건후 사건은 카자흐스탄 군검찰청은 카자흐스탄 형법에 의거, 증거불충분으로 무혐의 종결.
1997. 7. 22.	김건후, 카자흐스탄 정부에 의해 복권.
2015. 10. 30.	아내 정정식교수(1921-2015) 작고.

2021. 5.	카자흐스탄의 페트로파브로브스크의 옛 NKVD 건물 앞에 조성된 희생자 추모광장에 위치한 추모벽에 게르베르트 김의 이름 기록.
2022. 4.	국회박물관(2022년 4월 개관) 제 1 전시실에 김건후 자료(독립유공자 김홍서 가족) 상설전시.

3. 사진자료

1) 가족

1923년경, 상해: 김건후의 도미기념 가족사진으로 추정.
김건후 기준으로 조부모(김봉합 부부), 아버지와 새어머니 부부, 동복동생 김건석과 이복동생 김건영(아기), 김윤서(김홍서의 동생).

좌로부터 김윤서, 김건영, 주요섭, 김건석, 상해 프랑스 공원(1926년).

김건석과 이복 동생들(건영, 건혁, 건억, 건옥).

2) 중국 / 남경, 상해

금릉대학 부속중학(현 남경시금릉중학) 전경(1925-1926년).

금릉대학 전경(1920년).

금릉대학 부속중학 기숙사.

금릉대학 부속중학 전경(1910년).

남경 고려학생 4주년 기념사진(1918년).

1919년 성탄, 상해 인성학교 단체사진.

대한민국 2년 3월 1일 남경 유학생(1920년).

남경 유학생(1921년).

부록_3. 사진자료   275

남경의 한인들(1921년).

금릉대학 재학시절, 중앙에 영어교사, 맨 왼쪽이 김건후, 맨 오른쪽에 차균현(1921년).

금릉대학 야구부, 앞 줄 중앙에 김건후(1923년).

3) 미국 / 휴론, 콜로라도, 뉴욕

휴론대학.

휴론대학 시절, 차균현 등과 함께(1924년 1월).

콜로라도 광산대학(Colorado School of Mines) 캠퍼스(1924-28년).

CSM의 광산학과 건물(2017년 촬영).

사우스 다코다 리드Lead시 풍경, Herbert는 긴 여름방학마다 이곳의 홈스테이크Home Stake 광산에서 일했다.

홈스테이크 광산에서 함께 일하던 한국인 친구들과 치킨파티(1926년 6월).

Estes Conference에 참석한 외국인 학생, 가운데 줄 중앙에 김건후(1927년 5월).

클리어 크릭 캐년Clear Creek Canyon에 오르며(1926년 9월).

Tom과 Herbert, 1927년 4월 CSM시절.

김윤서가 CSM을 방문하여(1927년).

CSM Senior Day 행사관련 지역신문 보도(1928년 5월 3일자).

여성 발레리나로 분장한 Herbert Kim.

CSM Stratton Hall 앞에서(1927년 4월).

Herbert가 CSM 재학 당시 2년을 식구로 살았던 총장공관.
그는 'Our Home'이라 불렸다.

1948년 경, 콜로라도의 쿨보총장가족을 방문한 김건후, 김건억, 김건옥.
'Our Home' 앞에서.

뉴욕, 컬럼비아 재학 시절.

컬럼비아 대학의 광산학과 건물(Lewisohn Hall).

컬럼비아 대학 졸업앨범(1930년).

CSM 졸업 앨범사진. 재학 시절 그의 별명은 "Fighting Irishman"이었다.

1930년 4월 뉴욕에서 결혼, 신혼시절의 김건후, 폴린 부부.

4) 소련

소련에서 광산 엔지니어로 근무(1930-1937년).

김건후와 폴린.

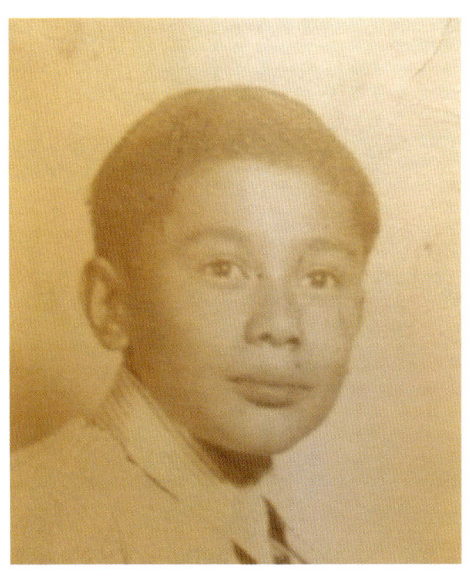

아들 김득원Robert, 1934년 1월 출생.

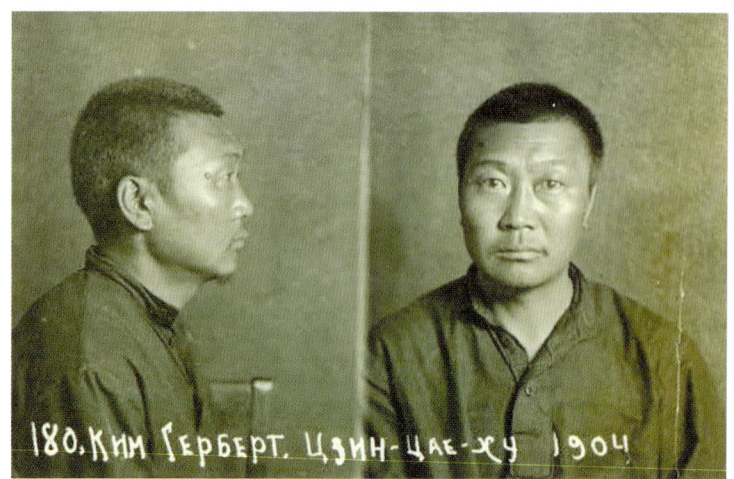

게르베르트 김, Герберт Ким (1937. 11. 1. –1942. 5. 27.), 수인 Nr. : 18940.

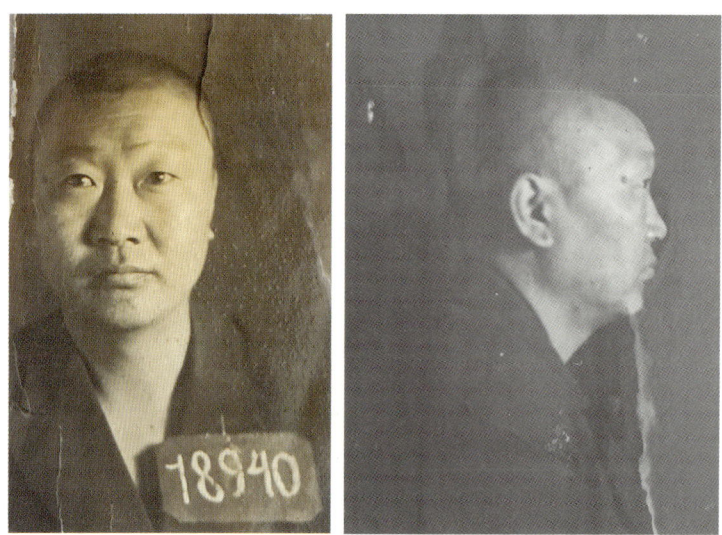

게르베르트 김, Герберт Ким (1937. 11. 1. –1942. 5. 27.), 수인 Nr. : 18940.

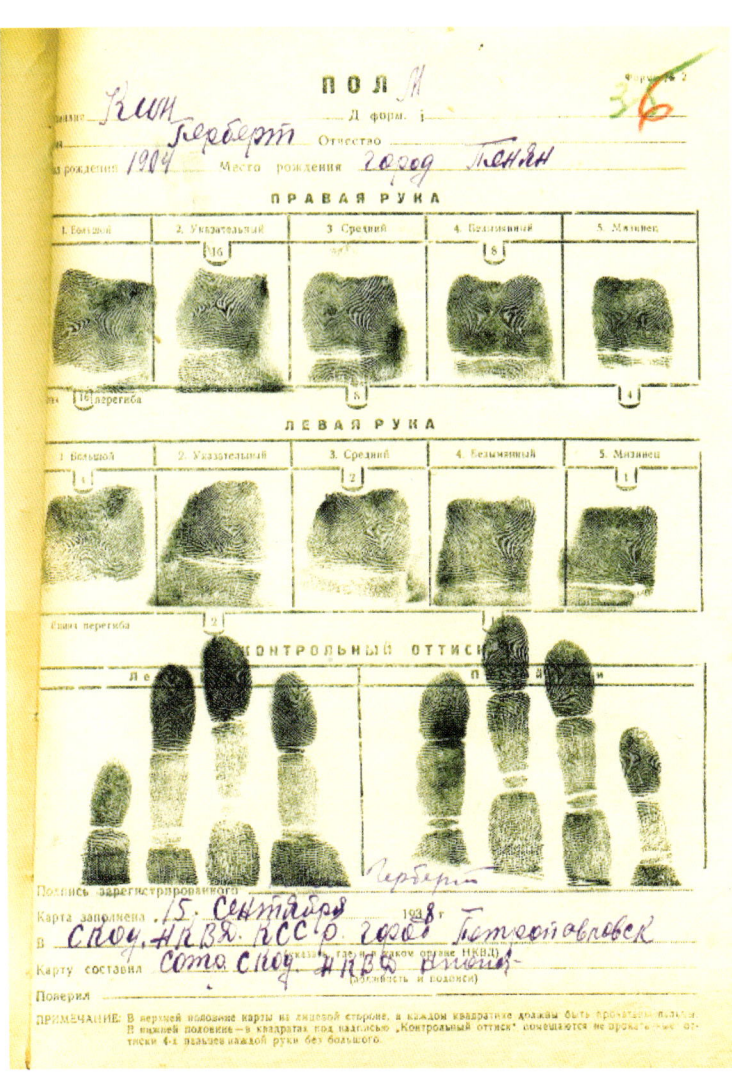

게르베르트 김의 지문.

5) 중국 감숙성

감숙성의 광산에서 김건억, 김건택과 함께.

6) 귀국, 결혼, 납북

상해를 떠나며(1946년).

귀국 후 서울(1947년 경).

상동광산에서(1946년 12월 30일).

상동광산 직원들, 그 가족과 함께(1946년 12월 30일).

서재필 박사 귀국기념 사진, 가회동 백인제 박사 저택(1947년).

피치 박사 주최 한미토론그룹에서, 좌로부터 8번째.

1947년 경.

| DIVORCE PETITION COUPON | 2787 |

(Coupon to be Forwarded by Clerk to State Registrar of Vital Statistics, State Capitol)

In **Garland** (County) Chancery Court
Pauline Liebman Kim, Plaintiff
White **X** Colored
v No. **25,232** (Docket Number)
Herbert Kim, Defendant
Date of filing **7-19-49**

(7) Petitioner **Wife** (Husband or Wife)
(8) Where married **Brooklyn, NY.** Date **4-19-30**
(9) Alleged cause for Petition **3 yrs separation**
(10) Residence of Defendant **not stated**

Leonard R. Ellis
By: Bonnie Halsell, Clerk

가족의 재회와 이혼(1948년).

부친 김홍서와 김건후(1948년경, 서울).

건양사 창업주 기농 정세권.

정세권의 차녀, 이화여대 음악과 교수 정정식(1921-2015).

김건후와 정정식의 결혼식(1949년 11월 15일).

신랑, 신부.

오천석, 주요한(신랑측 들러리), 신랑, 신부, 변석진, 최영옥(신부측 들러리).

납북자 명부.

납북자 명부에 기재된 김건후.

남겨진 가족. 정정식, 김건화(이복동생), 한순담(이복동생 김건영의 처), 김홍서, 김정숙, 김재원, 김금원(김건영의 딸)(1954년 경).

7) 카자흐스탄, 러시아 답사(2018년)

카자흐스탄의 졸림벹Zholymbet 광산, 위성사진.

졸림벹 광산 답사.

졸림벨 광산.

모스크바의 인권단체 'The NGO Memorial'.

'The NGO Memorial' 방문
(2018년 8월초).

8) 추모

카자흐스탄의 페트로파브로브스크Petropavlovsk의 옛 NKVD 건물 앞에 조성된 희생자 추모광장.

추모벽.

김건후의 러시아식 이름, "Ким Г."을 2020년 5월 추모벽에 새김(밑에서 5번째).

부록_3. 사진자료 309

국회박물관(2022년 4월 개관) 제 1 전시실.

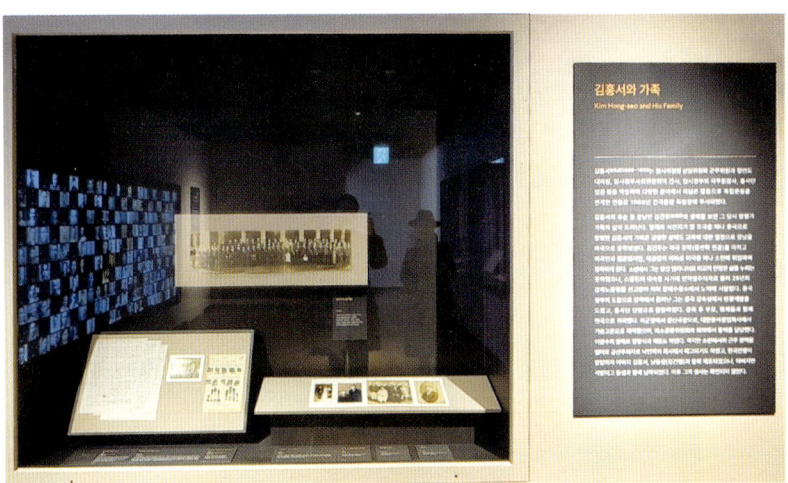

제 1전시실에 〈김홍서와 가족〉 상설전시.

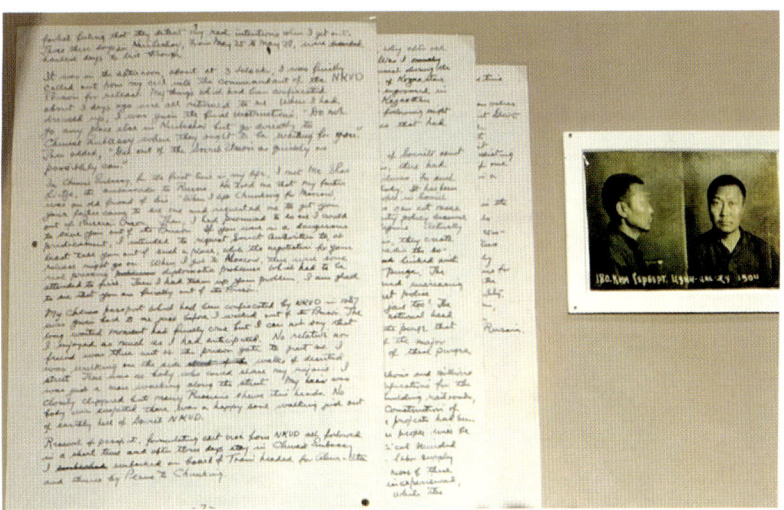

〈김홍서와 가족〉 진열장에 진열된 김건후의 친필수기와 사진.

부록_3. 사진자료　311

『잊혀진 역사, 잊혀진 이름』 출간(2022년 1월).

필진소개

글쓴이

김광재
동국대 사학과 박사(한국근대사 전공)
대표저서 - 『근현대 중국 관내지역 한인사 연구』, 경인 한국사연구총서 124, 2015, 『근현대 상해 한인사 연구』, 경인 한국사연구총서 156, 2018.
현재 국사편찬위원회 편사연구원

윤은자
중국 난징대학(南京大學) 사학과 박사(중국근현대사 전공)
대표연구논문 - 「청대(淸代) 가로회(哥老會) 산당고(山堂考) - 산당조직의 발전과 등급구조의 변천」, 2010, 「중국 국립 중앙대학의 힌인 유학생과 독립운동(1927-1949)」, 2016, 「20세기 초 남경 한인교회와 한인사회」, 2024.
난징대학교 한국어문학과 교수역임.
현재 고려대학교 아세아 문제연구소 연구위원

유승권
미국 미주리 주립대학교 정치학 박사
현재 미주리대 언어문화대학 한국학 교수, 미주리대 한국학 연구소 공동소장, 미국 게이트웨이 코리아 재단 이사장

쿠로미야 히로아키

미국 프린스턴대학교 사학과 박사(소련 스탈린시기의 역사 전공)

대표저서 - 『The Voices of the Dead: Stalin's Great Terror in the 1930s』, New Haven and London: Yale University Press, 2007

『Stalin (Profiles in Power)』, Harlow, UK: Longman, 2005 [Compact disc sound disc, Princeton, N.J.: Recording for the Blind & Dyslexic, 2009].

현재 인디애나 주립대 사학과 명예교수

잠빌 아르틱바예브

카자흐스탄 국립 구밀료프 유라시아 대학교 민속학과 박사

현재 카자흐스탄 국립 구밀료프 유라시아 대학교 사학과 교수

카세노바 하지라 오랄베코브나

카자흐스탄 국립 구밀료프 유라시아 대학교 사학과 박사

현재 카자흐스탄 국립 구밀료프 유라시아 대학교 박사연구원

이숭희

독일 뮌헨대학교 정치학 박사

대표 저서 및 논문 -『페레스트로이카의 충격과 파장』, 한국유럽연구협의회, 연구총서 4, 1990(공저), 「The North Korean Nuclear Issue Between Washington and Seoul, Difference of Policy Priorities」, The Journal of East Asian Affairs, 1997.

현재 국방대학교 명예교수

번역자

김재원
독일 뮌헨대학교 철학박사(서양미술사학)
인천가톨릭대학교 그리스도교미술학과(대학원) 교수 및 조형예술대학 학장 역임

이건욱
모스크바 국립대학교 민족학 박사, 현 문화체육관광부 전시기획 과장

경계인 김건후
金鍵厚, Ching Chien-heo, Herbert Kim, Герберт Ким

초판 인쇄 | 2024년 12월 13일
초판 발행 | 2024년 12월 20일

엮 은 이 김재원
발 행 인 한정희
발 행 처 경인문화사
편   집 김지선 한주연 김한별
마 케 팅 하재일 유인순
출판번호 406-1973-000003호
주   소 파주시 회동길 445-1 경인빌딩 B동 4층
전   화 031-955-9300 팩 스 031-955-9310
홈 페 이 지 www.kyunginp.co.kr
이 메 일 kyungin@kyunginp.co.kr

ISBN 978-89-499-6826-1 03810
가격 24,000원

* 저자와 출판사의 동의 없는 인용 또는 발췌를 금합니다.
* 파본 및 훼손된 책은 구입하신 서점에서 교환해 드립니다.